Kiesha Crowther

Erde, Wasser, Feuer, Wind

Kiesha Crowther
Erde, Wasser,
Feuer, Wind
Unsere Verbindung zu Mutter Erde
KOHA

Wichtiger Hinweis

Die im Buch veröffentlichten Empfehlungen wurden von Verfasserin und Verlag sorgfältig erarbeitet und geprüft. Eine Garantie kann dennoch nicht übernommen werden. Ebenso ist die Haftung der Verfasserin bzw. des Verlages und seiner Beauftragten für Personen-, Sach- und Vermögensschäden ausgeschlossen.

Aus dem Englischen von
Maria Müller-de Haën

Titel der Originalausgabe:
Earth, Water, Fire, Wind: Our Connection to Mother Earth.

Edited by Hans and Irene Brockhuis
Earth Mother Publishing, Santa Fe/USA
www.earthmotherpublishing.com

Deutsche Ausgabe:

Zeichnungen (Äste & Vögel) S. 2/3, 6/7, 20 u.v.a.: Shutterstock.
Fotos von www.pixelio.de: S. 2/3: Joujou; S. 18 li.: Rainer Sturm;
S. 18 re.: Daniel Stricker; S. 19 li.: Hexe061277; S. 19 re.: Rosel Eckstein;
S. 20: angieconscious; S. 60: twinlili; S. 94: Hans Peter Dehn;
S. 112: Martin Lorenz; S. 153: Adolf Riess.
Fotos S. 93, 151, 205, 218/219: Shutterstock.

Lektorat und Layout: Gitta Lingen
Gesamtherstellung: Karin Schnellbach
Druck: Books GmbH, Leck
ISBN 978-3-86728-328-1

Dieses Buch ist den großen Lieben
meines Lebens gewidmet: meiner Frau Joyce
und meinen beiden Kindern
Hannah und Jordan Crowther,
die es mir dank ihrer beträchtlichen Geduld und
Unterstützung ermöglichen, meine Arbeit zu tun.

Den indigenen Ältesten aus aller Welt – sie widmen ihr ganzes
Leben den uralten Traditionen, die wir unbedingt verstehen
müssen, damit wir das Verletzte heilen können.
Ich liebe, ehre und respektiere euch.

Dir, der Großen Mutter, bin ich dankbar
für alle deine unzähligen Gaben, all die Lektionen,
die du mich gelehrt hast, und die Liebe und das Leben,
die du uns beständig zukommen lässt.
Ich widme dir mein Leben –
von ganzem Herzen,
mit Respekt und Hingabe.

Inhalt

Einleitung

Seit Anbeginn der Menschheit kannten unsere Vorfahren die Antworten auf die Frage, wie wir in Harmonie mit unserem Planeten leben können und was es heißt, ein Mensch zu sein. Einst wussten die Menschen um die höchst wertvollen und wichtigen Verbindungen, die uns mit unserem Planeten und miteinander vereinen.

Lange bevor der Mensch sich Religionen ausdachte und sie mit der Vorstellung verband, die Zugehörigkeit zu der jeweiligen Religion würde uns in den Augen Gottes zu einem würdigeren und annehmbareren Menschen machen, gab es einen einzigen Glauben, ein einheitliches, absolutes Wissen darum, dass diese Erde, dieser heilige Planet unser aller Mutter ist und wir ohne sie nicht als Menschen existieren können.

Um uns selbst zu heilen und den Schaden wiedergutzumachen, den wir unserer geliebten Mutter Erde zugefügt haben, müssen wir meiner festen Überzeugung nach zunächst einmal lernen, sie wieder zu lieben und zu respektieren. Wir müssen von den alten Traditionen lernen, um weitergehen zu können. Wir müssen auf unsere Ahnen zurückblicken und uns das anschauen, was sie einst wussten und schätzten, um die tiefen Wunden heilen zu können, die wir alle heute in uns tragen.

Diese uralte Weisheit ist auch heute noch in unseren indigenen Kulturen zu finden, die nach wie vor in Harmonie mit der Natur, den wilden Tieren, den Elementen und den vier Himmelsrichtungen leben und diese Lehre weitergeben.

So viele Menschen leben ein unerfülltes Leben, suchen in der Informationsflut sozialer Medien nach Antworten und hören, sie müssten nur dieses Produkt oder jenes »Ding« haben, dann würden sie glücklich werden. Als kleinen Kindern wurden uns allen Ideale eingeimpft, die uns dazu brachten, uns selbst und andere zu be- und zu verurteilen. Uns wurde beigebracht, uns selbst einem Urteil zu unterziehen und Wert auf unser Aussehen, unsere Kleidung, unser Geld zu legen, viele Dinge zu besitzen und beruflich etwas zu machen, was in der Gesellschaft ein hohes Ansehen genießt. Wir haben keine Verbindung mehr zu dem, was real und auch wirklich wichtig ist. Das ist uns auf die eine oder andere Weise allen passiert. Von dem Augenblick an, als wir in die Schule kamen, lernten wir ganz schnell, in welche Schublade wir passen sollten. Wir wurden auf der Stelle in Kategorien gesteckt. Frage dich einmal: Warst du das trottelige oder das clevere Kind, das beliebte oder das unbeliebte, das komische oder das akzeptable Kind? Wir wuchsen heran und glaubten, was uns jemand anderes über uns gesagt hatte. Unsere Gaben und Talente sind einmalig, unterschiedlich und gleichwertig, aber das wurde uns nicht beigebracht. Uns wurde nicht gesagt, wir seien schön wegen unserer Verschiedenheit; vielmehr hieß es, wir müssten alle in ein und dieselbe Schublade passen, die Schublade der Gesellschaft.

Albert Einstein sagte einmal: »Jeder ist ein Genie! Aber wenn du einen Fisch danach beurteilst, ob er auf einen Baum klettern kann, wird er sein ganzes Leben glauben, dass er dumm ist.«

Das ist ein perfektes Beispiel für das Versagen unseres Schul- und Bildungssystems. Wir sind eben nicht alle gleich und sollten auch nicht dazu gebracht werden, konform und gleich zu sein. Diese eine Überzeugung hat in unserer menschlichen Gesellschaft eine so große Kluft geschaffen, dass wir unsere persönlichen Potenziale, unseren Selbstwert und unsere Größe als wunderbare Schöpfungen des Großen Geistes und von Mutter Erde vergessen haben.

Wie können wir das wiedergutmachen? Wie können wir erneut unser wahres Selbst und unsere Verbindung mit diesem Planeten und zueinander kennenlernen? Wie können wir unseren Selbstwert entdecken und Freude in diesem Leben finden?

Die Antwort ist viel einfacher, als man meinen möchte. In Wahrheit hat man uns beigebracht, die Antworten an den falschen Stellen zu suchen. Sie werden nicht dadurch gefunden, dass wir einen Kurs besuchen oder eine Prüfung bestehen, um einen Abschluss bzw. einen Titel zu erlangen, für den uns die anderen bewundern können. Die Antworten kommen, wenn wir das Ego und das, was laut der Gesellschaft angeblich wichtig ist, loslassen; wenn wir uns von dem lösen, was andere über uns denken, und stattdessen unsere ganz persönliche Verbindung zu unserem Herzen und unserer Seele finden. Du wirst die Antworten, die du suchst, an dem einen Ort finden, an dem du nie gesucht hättest, der dich aber dein ganzes Leben lang umgibt: Mutter Erde!

Eine sehr wirkungsvolle Möglichkeit, sich auf den Weg zurück zu Mutter Natur und unserem uralten Wissen zu machen, besteht darin, es den indigenen Völkern und denjenigen abzuschauen, die selbst gelernt haben, Mutter Erde, der Natur und den Elementen auf die alte traditionelle Art Respekt und Ehre zu erweisen. Uns selbst und Mutter Erde ehren wir besonders gut, indem wir uns einfach jeden Tag die Zeit nehmen, in die vier Himmelsrichtungen zu schauen und für die jeweilige Himmelsrichtung, das dazugehörige Element, die entsprechende Farbe und seine Bedeutung zu danken. Das ist eine sehr machtvolle und notwendige Praxis. Viele indigenen Völker und Stämme beginnen ihren Tag mit ehrerbietigen Gebeten und nehmen Verbindung zu den Elementen und den vier Himmelsrichtungen auf. Die Stämme, Klans und Gruppierungen dieser indigenen Völker haben jeweils ihre eigenen Gebete und Vorgehensweisen, die leicht voneinander abweichen, aber die Grundbedeutung und das Grundverständnis sind gleich.

Seit inzwischen neun Jahren reise ich durch die ganze Welt, um von verschiedenen indigenen Kulturen und Völkern zu lernen und ihnen zuzuhören. Immer wieder hat mich ihr tiefes, umfassendes Wissen und Verständnis mit großer Demut erfüllt. Wenn es um Veränderungen geht, halten gar zu viele Menschen aus dem »Westen« die indigenen Traditionen für zweitrangig oder meinen, sie würden nicht funktionieren; doch in Wirklichkeit nutzen sie die machtvollsten Werkzeuge und Praktiken, um sich rückzuverbinden und den Heilungsprozess mit tiefer Hingabe und Sinnhaftigkeit einzuleiten.

Ich erinnere mich an eine bewegende Erfahrung, eine Despacho-Zeremonie mit dem Inka-Schamanen Don Alejandro aus Peru. Bei einer Despacho-Zeremonie werden Pachamama, der »Mutter Erde«, Gaben und Gebete gewidmet; dadurch wird mit den Naturelementen kommuniziert. Wir brachten auf weißem Papier schöne Geschenke dar – Blumen, Samen, Kräuter, Baumwolle, Mais und Süßigkeiten, in die viele Gebete für Mutter Erde eingeflossen waren, mit großer Sorgfalt in Form eines Mandalas angeordnet. Als alle Gaben an ihrem Platz lagen, wurden sie in einem schönen Tuch mit einer Schnur zusammengebunden und dem heiligen Feuer übergeben. Alle Teilnehmer der Zeremonie standen mit dem Rücken zum Feuer gewendet da, während Don Alejandro die Gebete sprach, das Bündel verbrannt und von Mutter Erde empfangen wurde.

Auch meine Zeit bei den Kogi-Mamos, den Großen Hütern der Erde und Ältesten aus der Sierra Nevada de Santa Marta tief im kolumbianischen Dschungel, war für mich ein ergreifendes Erlebnis. Sie lehrten mich, wie wichtig und notwendig es ist, Mutter Erde Gaben darzubringen. Ich saß ehrfürchtig mit einem Stückchen ihrer heiligen Baumwolle auf den Knien da, und man zeigte mir, wie wichtig es ist, das, was ich Mutter Erde geben wollte, zu visualisieren (genau das Gegenteil davon, was die meisten Leute beim Beten tun, nämlich um etwas zu bitten). Wir saßen still da und boten große Mengen an Gaben dar: Pollen zum Befruchten der Blumen, Mineralien zur Anreicherung des Erdbodens, Samen für die Aussaat über das Weideland, Gold (welches, wie sie glauben, die Erinnerungen von Mutter Erde in sich trägt) und Kristalle, um das Energiegitter mit Kraft aufzuladen, viele gesunde Fischarten in den Meeren und dicke, stabile Eispanzer um die Pole, um die Temperatur auf unserem Planeten in Balance zu bringen. Bei jedem Gebet legten wir die Hände aufs Herz und streckten dann die Arme mit offenen Handflächen aus, damit unsere Gebete aus unseren Fingerspitzen in Mutter Erde hineinfließen konnten, wie Wasser aus einem Fluss.

Die Kogi Roberto und Mariana (ihre spanischen Namen) erklärten, wie die Kogi fast die ganze Zeit, wenn sie wach sind, in tiefer Meditation verbringen, sich mit der Heiligen Mutter verbinden und ihr unaufhörlich Geschenke darbringen. Immer wieder sagten sie, wie wichtig das sei, weil wir dadurch nicht nur mit unseren Intentionen einen gesunden, glücklichen Planeten visualisieren und kreieren, sondern auch eine echte emotionale Verbindung zur lebendigen Mutter herstellen. Die Mamos sind ein erstaunliches Volk! Sie schlafen nachts nur drei Stunden, essen sehr wenig und verbringen ihr ganzes Leben damit, die große Pachamama zu verstehen. Meiner Meinung nach waren und sind die Kogi schon immer das Volk mit der tiefsten und innigsten Verbindung zur Welt der Natur. Ihr Wissen über unseren Planeten, die Flora und Fauna, ja sogar unser Sonnensystem verblüfft weltweit sogar die angesehensten Wissenschaftler.

Eine weitere wichtige Lektion lernte ich während meines Aufenthalts bei einer kleinen Gruppe Aborigines in Australien. Eines frühen Morgens, während wir langsam durch den Wald gingen, ergriff eine Frau, Auntie Lila (engl. *Auntie*, Koseform für *aunt* = Tante), plötzlich meinen Arm und deutete auf einen Vorsprung mit großen Felsbrocken inmitten einer weiten, offenen Fläche. Ich wusste nicht so genau, wonach ich eigentlich Ausschau halten sollte. Da sagte sie: »Hörst du das? Siehst du das?« Ich schaute und lauschte, so gut ich konnte, und sah sie daraufhin mit fragendem Blick an. Mithilfe ihres Kinns und schief lächelnd deutete sie an, wo ich nochmals hinhören und hinsehen sollte. Ich strengte mich noch mehr an, und zu meiner Überraschung hörte ich tatsächlich etwas – so eine Art weit entferntes Klicken – und dann noch einmal einen deutlich wahrnehmbaren Laut, wie er in den »Corroboree«-Zeremonien der Aborigines vorkommt, erzeugt mit einem sogenannten »Bilma« bzw. Schlagholz. Ich dachte, mein Verstand würde mir einen Streich spielen, lauschte nochmals – und tatsächlich konnte ich immer diesen Laut hören, aber zu sehen war niemand. Ich schaute Auntie Lila an, woraufhin sie sagte: »Du hörst das auch, oder?« Ich lächelte und nickte. Da erzählte sie mir: »Das sind die Ahnen, die da spielen.« Noch einmal schaute ich hin, um womöglich auch zu sehen, wen sie da spielen sah, aber ich sah niemanden. Sie rüttelte mich am Arm, lachte leise vor sich hin und sagte: »Nein, nein, da ist kein Mensch. Die Felsen spielen für uns.«

In der kurzen Zeit, die wir miteinander verbrachten, flößte sie mir große Ehrfurcht vor allem Lebenden ein und lehrte mich zu erkennen, dass alles (auch die Felsen) heilig, wichtig und sehr lebendig ist und mit uns interagiert. Das Volk der Aborigines hat eine erstaunliche Verbindung zum Land. Sie meinen keineswegs, es gehöre ihnen; vielmehr gehören sie dem Land und alles hat eine gemeinsame Seele und einen gemeinsamen *Spirit*.

Ich war auch bei den indigenen Völkern der Truku und Atayal in den hoch gelegenen Dschungeln Taiwans, und ihre Fähigkeit, ihr Leben im Einssein mit der Natur zu leben, hat mir tiefen Respekt eingeflößt. Als ich im Dschungel ankam, fielen mir die bunten, im Gemeinschaftsbereich herumfliegenden Vögel auf sowie die aus dem Blätterdach des Dschungels herunterkletternden Affen, die vor uns, den Neuankömmlingen, überhaupt keine Angst hatten. Dieser magische Ort war voller Leben und Harmonie – ganz anders als die geschäftigen Städte, die wir gerade hinter uns gelassen hatten. Die kleinen Holzgebäude waren harmonisch in den Wald eingepasst, sie schienen mit ihrer Umgebung zu verschmelzen. Die jungen Stammesmitglieder versammelten sich und trugen uns ihre uralten Lieder und Tänze vor; Arme und Beine verwoben und verschränkten sich miteinander – ein Abbild der Verbundenheit aller Lebensformen auf der Erde. Nach all dem Tanzen und Singen gingen wir langsam den schmalen Weg zu unserer kleinen Hütte, die eng an den Rand des dichten Dschungels geschmiegt war. Kaum hatte ich mich auf das Kissen gelegt, hörte ich etwas aufreißen, gefolgt von einem dröhnenden Grollen, das die Erde zum Beben brachte. Riesige Felsbrocken fielen von hoch oben von der Bergkante herunter. Still lagen wir da und hörten, wie die riesigen Steine auf ihrem Weg nach unten in das kleine Tal, in dem wir uns aufhielten, große Bäume umrissen, als ob es nur Zweige wären. Wir konnten hören, wie die größeren Steine donnernd im Tal aufschlugen, während die kleineren Steine weiter durch die dichte Vegetation rollten, bis sie schließlich an der Rückwand unserer Hütte aufgehalten wurden.

Am nächsten Morgen begrüßte uns der Häuptling des Stammes, und wir stellten Fragen zu dem Bergsturz in der Nacht. Er lächelte nur und erklärte uns dann, der Berg sei heilig und sehr lebendig. Er sagte das ganz ohne Panik, einfach in dem Wissen, dass der Berg sich von Zeit zu Zeit in seinem eigenen Rhythmus bewegte, so wie es stimmig war. Die ungeheuer starke Koexistenz und Gemeinschaft zwischen den Völkern der Truku und der Atayal, dem Wald, dem Wasser und ihrem geliebten Berg bezeugte ihr »Einssein« mit Mutter Erde – das war etwas völlig anderes als unsere Denkweise, die uns glauben lässt, wir hätten das Recht, alles und jedes unter Kontrolle zu haben und es so hinzubiegen, wie es uns passt. Die Truku und die Atayal versuchen nicht, ihre heiligen Berge unter Kontrolle zu halten. Sie besteigen nicht den Berggipfel und verkünden dann, sie hätten ihn »bezwungen«! Sie respektieren und ehren den Berg als heiliges Lebewesen, mit dem sie ihr Leben verbringen.

Ich könnte zahllose Beispiele von Erfahrungen aufführen, durch die ich von indigenen Völkern aus aller Welt Wichtiges gelernt habe. Am erstaunlichsten dabei ist für mich: All diese Erfahrungen durchzieht dasselbe Thema. Diese Völker beschäftigen sich nicht damit, was nach dem Tod passiert, und sie hängen auch keinem religiösen Dogma an. Sie denken nicht ihr Leben lang darüber nach, wie wohl ihre vergangenen Leben ausgesehen haben, welche Art von Leben es womöglich auf anderen Planeten gibt oder was als letzter Schrei in der aktuellen Mode gilt. Sie richten sich auch nicht ihr ganzes Leben lang danach, was die Gesellschaft wohl von ihnen denkt. Stattdessen lieben sie die Große Mutter, respektieren sie, kümmern sich um sie und lernen von der Welt der Natur. Natürlich können wir alle über die großen Geheimnisse sinnieren – wo wir herkommen und wo wir nach diesem Leben hingehen –, aber darüber sollten wir nicht die Augen vor dem Leben verschließen, das wir gerade leben, und vor der Erde, die dieses unser Leben so gütig und wohlwollend unterstützt. Wir alle sind im großen Kreislauf des Lebens miteinander verbunden, und dieser wunderbare, heilige Planet ist unser aller Mutter. Wollen wir als Spezies überleben, müssen wir uns um die Welt der Natur kümmern, von ihr lernen und ihr unsere Liebe schenken.

Egal, wohin mich meine Reise auf diesem wunderschönen Planeten führt und von welchen indigenen Stämmen oder Ältesten ich lerne – eine Lehre wird immer vermittelt: Wir müssen die Erde, die vier Himmelsrichtungen und die vier Elemente ehren! Dieses Wissen ist eine wesentliche Voraussetzung, um verstehen zu können, wie das Leben auf der Erde in gegenseitiger Verbundenheit koexistiert und welchen Platz wir als Menschen in diesem wundersamen Kreislauf des Lebens einnehmen.

Älteste aus aller Welt lehren uns inzwischen, wie wichtig es ist, sich daran zu erinnern, wer wir sind, wie wir in Verbindung stehen und wie wir das, was im Leben heilig ist, zurückerlangen. Viele dieser Ältesten geben ihre Lehren das erste Mal außerhalb ihres Stammes weiter, an ihre »kleinen Brüder und Schwestern«, wie die Kogi sagen würden. Sie verlassen ihren Dschungel und ihren Wald, steigen von den Berggipfeln herab, um uns zu lehren, wie wir der Welt der Natur Respekt entgegenbringen können und wie unser Planet wieder gesunden kann. Sie flehen uns an, wieder unsere heiligen Stätten zu besuchen, die Zeremonien abzuhalten und Gebete zu sprechen, wie es auch unsere Vorfahren einst getan haben. Sie bitten uns, nicht nur um die Gesundung von Mutter Erde zu beten, sondern auch darum, dass unser Herz sich erneut mit dem heiligen Rhythmus des Lebens verbinden möge. Sie wissen, wie entscheidend wichtig und dringend es ist, jetzt zu handeln, damit wir noch eine Chance haben, die Gesundheit der Natur, von der wir alle abhängig sind, wiederherzustellen.

Es passiert nicht jeden Tag, dass die wichtigsten Ältesten der indigenen Völker uns weltweit darum bitten, wieder unsere heiligen Stätten zu besuchen. Wenn sie das tun, dann müssen wir auch darauf hören! Oft kommt dabei die Frage auf: »Und wenn bei mir in der Nähe keine solche heilige Stätte ist?« Die Antwort lautet ganz einfach: »Dann erschaffe eine!« Egal, wo ihr lebt, wer ihr seid, wie alt ihr seid oder welchen Hintergrund ihr habt – ihr habt alle Zugang zu Mutter Erde.

Ich möchte mit diesem Buch ein tiefes Gefühl der Verbundenheit mit dem Heiligen, mit Mutter Erde in all ihrer wundersamen Pracht, aber auch mit deinem wunderbaren Selbst, das eine Bestimmung hat, wieder zum Leben erwecken. Du bist viel größer, als du weißt, du bist buchstäblich ein Funken des Göttlichen, ein Kind dieser Erde, Bruder und Schwester allen hier existierenden Lebens. Ich hoffe, ich kann die in dir schlummernde Weisheit wieder erwecken, damit du dich daran erinnerst, dass du nicht von Mutter Erde getrennt, sondern ein sehr wesentlicher Teil von ihr bist. Die Elemente, die unseren Planeten erschaffen, bewegen, gestalten und verändern, sind auch in dir lebendig! Du hast einen Sinn und eine Bestimmung. Du hast eine Leidenschaft, und du hast die Fähigkeit, die Welt zu erschaffen, in der du leben möchtest.

Wie dieses Buch aufgebaut ist

Teil I, »Die vier Himmelsrichtungen, die vier Elemente und du«, lässt dich auf tiefer Ebene verstehen, welch wichtige Rolle die vier Elemente für die Gesundheit und die Bestimmung unseres Planeten spielen. Du lernst, wie sie alle gegenseitig voneinander abhängen und ineinandergreifen und wie jedes dieser Elemente sich im Menschen zeigt. In dem Wissen darum, wer wir sind, welche Talente wir in uns tragen und wie wir mit diesem unserem heiligen Planeten und den Elementen in Verbindung stehen, die ihn erhalten, können wir auch besser mit der Welt der Natur kommunizieren. Besonders gut gelingt das, indem wir unsere persönliche heilige Stätte bzw. unser Medizinrad kreieren. In diesem Teil des Buches wird die Bedeutung der einzelnen Elemente vermittelt; am Ende eines jeden Kapitels erfährst du, wie das jeweilige Element sich in deiner persönlichen Stätte bzw. deinem Medizinrad darstellt. Und du lernst auch, deine heilige Stätte zu errichten, wo du beten und Herz, Körper, Geist und Seele mit Mutter Erde verbinden kannst.

Teil II, »Uralte heilige Kristalle in aller Welt«, beschäftigt sich vor allem damit, wie wichtig Kristalle und die Zeremonien sind, die ich auf der ganzen Welt abgehalten habe. Als ich zu Little Grandmother wurde, wurden mir mehrere heilige Kristalle übergeben, die ich an bestimmten Plätzen mit hoher Schwingung hinterlegen sollte, um die Zeremonien und Gebete ins Energiegitter des Planeten einzubringen. Ich gehe genauer darauf ein, wo diese Kristalle platziert wurden und welche Aufgabe sie übernehmen, um die Menschheit und unsere geliebte Mutter Erde zu heilen.

In Teil III, »Was können wir tun?«, wird im Einzelnen darauf eingegangen, was wir unternehmen können, um die Gesundheit des Planeten, auf dem wir leben, nachhaltig zu fördern. Durch kleine Veränderungen im Leben können wir großen Einfluss auf die Gesundheit und Gesundung unserer Welt nehmen. Viele Menschen meinen, die Probleme der Welt wären viel zu groß, als dass wir sie lösen könnten, doch in Wirklichkeit können einfache, kleine Veränderungen in unserem persönlichen Alltag große Veränderungen für alle bewirken!

Teil I

Die vier Himmelsrichtungen, die vier Elemente und du

Das Element Erde

Das Element Erde ist für uns alle am wichtigsten und muss als Erstes verstanden werden, denn die Erde liefert und enthält alle anderen Elemente. Oft meinen wir, die Elemente seien etwas außerhalb von uns, aber das stimmt nicht. Wir haben vielleicht die alten Wahrheiten, unsere uralte Weisheit vergessen, aber sie sind nicht verloren gegangen. Es ist an der Zeit, dieses innere Feuer des Wissens neu zu entfachen und auf der Erde zu wandeln in dem Wissen, wer wir sind und was es bedeutet, ein Mensch zu sein.

Das Element Erde lässt uns an den Erdboden, die Bäume und die anderen Pflanzen denken und an unseren Planeten. Aber überlegen wir auch einmal, dass das Erdelement zugleich ein Teil von uns selbst ist? Es steht für den menschlichen Körper. Wir *sind* Mutter Erde. Es ist höchste Zeit, uns daran zu erinnern, dass wir in unserem Dasein als Menschen nicht von der Erde getrennt sind, es nie waren und auch nie sein werden. Indem wir lernen, die Erde zu lieben, lernen wir auch, uns selbst und unsere Mitmenschen zu lieben. Erkennen wir, dass sie uns unsere menschliche Existenz ermöglicht, beginnen wir auch, uns gegenseitig zu respektieren, zu schützen und zu lieben, ebenso wie diesen wunderschönen Planeten, den wir unser Zuhause und unsere Heimat nennen.

Unsere Vorfahren wussten um diese Wahrheiten, und ihr reicher Wissensschatz wird nach wie vor von den indigenen Völkern bewahrt und gelehrt. Der menschliche Körper kann nicht ohne die Große Mutter existieren, das wissen sie, und die indigenen Völker auf der ganzen Welt ehren Mutter Erde in allen möglichen Zeremonien, Gebeten und Tänzen. Sie wird über alles geschätzt, denn sie ist die Quelle des Lebens. Wie oft halten wir inne, um daran zu denken, dass wir – so wie unsere Ahnen und die indigenen Völker – alle dieselbe Mutter haben? Es ist höchste Zeit, die Lebensader zwischen uns und Mutter Erde wieder zu verbinden. Dazu müssen wir verstehen, wer sie ist und dass wir wahrhaft ihre Kinder sind. Wir müssen lernen, unsere Beziehung zu ihr erneut aufleben zu lassen, und indem wir sie neu kennenlernen, werden wir sie auch lieben; aus dieser Liebe heraus erweisen wir ihr Ehre, respektieren und schützen sie. Sie hat viele Namen: Mutter Erde, Pachamama, Kishar, Tlazolteotl, Gaia, Coatlicue und Humahuaca. Egal, in welchen Winkel der Erde du reist – immer gibt es einen heiligen Namen für die Erdmutter. Sie ist die älteste Gottheit der Menschheit. Unsere Ahnen kannten sie gut und wussten, wie sie mit der Heiligen Mutter harmonisch zusammenleben, sich mit ihr verbinden und mit ihr eine echte und sehr reale Beziehung eingehen konnten. Mutter Erde war als das heilige Weibliche und die Mutter aller Lebewesen, aller kleinen und großen Geschöpfe bekannt.

Einst wusste unsere Spezies sehr viel darüber, wer sie ist und wo unser Platz im Kreislauf des Lebens ist. Wir kannten die vier Elemente und ihre wertvollen Lektionen. Im Lauf der Zeit haben wir als gesamte Menschheit die alten Lebensweisen und wichtigen heiligen Lehren der indigenen Stämme und Weisheitsbewahrer nicht mehr beachtet oder sie komplett missachtet und zugleich unser Herz vernachlässigt. Wir haben das Heilige gegen weltliche Dinge und Vorstellungen eingetauscht, gegen Geld und Anerkennung, Prestige und bedeutungslosen Status. Das ist uns fast allen so ergangen, nicht weil wir uns bewusst dafür entschieden haben, sondern einfach, weil uns das so beigebracht wurde.

Die Nabelschnur zwischen dem Selbst und Mutter Erde zu durchtrennen, hat sehr lange gedauert. Leider leben wir in einer Zeit, in der sich Religion und Gesellschaft von ihr abgewandt haben, woraufhin die Massen von Unwahrheiten geblendet wurden. Im Lauf des Erwachsenwerdens haben wir diese unschuldige Verbindung zu Mutter Erde, die wir als Kinder hatten, verloren, und vielen von uns ist das nicht einmal klar. Als Kinder haben wir uns mit den Bäumen, Insekten und Tieren unterhalten, haben vor Freude gesungen und getanzt. Jetzt laufen wir auf diesem Planeten nur noch mit einer Leere im Herzen herum und wissen nicht, wie wir Erfüllung finden können. Als Kindern wurde uns fast allen beigebracht, so zu denken und zu handeln, wie es für die Gemeinschaft, Kultur oder Religion stimmig war; doch jetzt haben wir die Verantwortung, uns des von uns zugefügten Schadens bewusst zu werden und vieles zu verändern.

Deshalb nennen die Ältesten unsere Generation »die Stärksten der Starken«. Inmitten all des Chaos, das die Gesellschaft verursacht, dennoch für das Richtige einzustehen, erfordert großen Mut. Durch den Schaden, den wir unserem Planeten zugefügt haben, ist er an einem gefährlichen Wendepunkt angelangt, an dem er unsere selbstsüchtige Lebensweise nicht mehr unterstützen kann. Wir legen mehr Wert auf das, was die Gesellschaft von uns denkt – sei es nun die Mode, das Körperbild, ein Titel und die Religion –, als darauf, ein glückliches, ausgewogenes Leben in Verbundenheit zu führen. Die Menschheit als Ganzes bemisst ihren Selbstwert an Besitz und Status, doch genau das richtet für uns Menschen und unseren Planeten den größten Schaden an.

Mein ganzes Leben lang habe ich mich gefragt, wie wir so etwas bloß machen können. Wie können die Menschen so blind sein, den Planeten, der uns Leben spendet, so zu vernachlässigen und ihn so massiv zu schädigen? Darauf gibt es eine einfache Antwort: Wir vernachlässigen gerne das, was wir nicht lieben. Und etwas, dessen Existenz uns nicht einmal bewusst ist, können wir nicht lieben. Wie viele von uns sind sich bewusst, dass Mutter Erde ein lebendiges, atmendes Wesen ist, eine Quelle des Lebens für uns alle? Wir sind die großen »Verbraucher« auf diesem Planeten. Wir verbrauchen alles, noch dazu in ungeheuren Mengen. Die Gesellschaft lehrt: Je mehr du hast, desto mehr bist du wert. Uns wird beigebracht, die glücklose Leere in unserem Herzen durch Geldausgeben zu füllen: noch ein neues Paar Schuhe und noch ein kleines Schmuckstück. Einfach ausgedrückt, wurden wir in dem Glauben erzogen, »Dinge« könnten uns glücklich machen. Ständig denken wir: »Wenn ich nur dieses und jenes hätte, wäre ich zufrieden.« Doch Konsum wird uns letztendlich nie Erfüllung bringen! Du kannst dich in Wahrheit nicht lieben, solange du dich nicht kennst und weißt, wo wahres Glück herkommt. Wenn du dich nicht selbst liebst, wie kannst du dann etwas anderes oder jemand anderen wirklich lieben? Und wenn du etwas nicht liebst, wie oder warum solltest du dich dann darum kümmern und es schützen und ehren wollen?

Im Lauf der vielen Jahre, in denen ich um die Welt gereist bin, kam mir eine weitere schmerzvolle Erkenntnis, die ich nicht einfach abtun oder verschweigen kann: Die Vernachlässigung des Weiblichen auf unserem Planeten, in unseren Religionen und Kulturen ist, gelinde gesagt, beunruhigend. Wie ich herausgefunden habe, sind die Orte auf unserer schönen Mutter Erde, die unter schwerer Umweltverschmutzung, Vernachlässigung und Missbrauch leiden, genau jene, an denen das Weibliche ebenso schlecht behandelt wird. Besucht man einen Ort, wo die Straßen von Müll und Unrat übersät sind und die Flüsse zu fließenden Abwasserkanälen verkommen sind, kann man nicht umhin, zu bemerken, dass die Frauen in diesem Landstrich genauso schlecht behandelt werden. Dafür gibt es viele Beispiele; ich persönlich habe das in Ägypten erlebt.

Ägypten und das Weibliche

Als Kind war ich richtig süchtig nach den Fernsehserien »Wild Kingdom« und »Zoo Quest« von David Attenborough. Oft stellte ich mir vor, wie ich mit ihm im hohen Gras in einem fernen Land saß oder in einem Einbaum auf dem Nil entlangschipperte. Ich konnte mir nichts Schöneres auf der Welt vorstellen, als diese Sendungen anzuschauen und den *National Geographic* zu lesen (das Geld dafür sparte ich jeden Monat von meinem Taschengeld ab). Ich war vor allem immer total fasziniert von Ägypten – vom Nil und seiner ganzen Pracht, den Pyramiden von Gizeh, den Dattelpalmen und den wunderschönen Sanddünen.

Doch leider verging mir kurz nach meiner Ankunft in Kairo dieser kindliche Blick auf Ägypten ganz schnell. Sobald ich in einem neuen Land ankomme, gehe ich zunächst nach draußen und suche mir einen Baum oder ein kleines, einsames Fleckchen Erde, wo ich Gebete sprechen und meine Energie mit der Energie der Erde an diesem Ort verbinden kann. Doch als ich am Flughafen von Kairo ins Freie trat, bekam ich erst einmal einen Schock. Ich schaute mich gleich nach diesem besonderen Platz zum Beten um, aber es gab weder einen Baum noch ein Fleckchen Erde ohne Müll. Widerwillig beugte ich mich hinunter und räumte ein Stückchen Erde von Abfall und Zigarettenkippen frei, um mit dem Beten anfangen zu können. Doch schnell merkte ich, dass alles noch viel schlimmer wurde: Kaum hatte ich mit dem Gebet begonnen, kamen Männer auf mich zu, die mich mit Pfiffen und Spötteleien verhöhnten. Einer hatte sogar die Hand in seiner Djellaba (dem langen Hemd der ägyptischen Männer) und fasste sich selbst an.

Ich stand schnell auf und schaute zum Eingang des Flughafens, etwa 30 Meter entfernt. Männer blockierten wie eine Wand den Weg – da würde ich nicht hingehen. Ich schaute mich nach Hilfe um und erblickte meinen Retter: einen kleinen, friedlich aussehenden Großvater mit kurz geschnittenem weißem Bart, der an der Wand saß. In der einen Hand hatte er einen Stock, die andere streckte er nach mir aus. Er war wahrhaftig und gütig, das wusste ich sofort. Seine Augen waren voller Liebe und Mitgefühl. Ich nahm seine Hand, und er begleitete mich langsam zum Flughafeneingang, scheinbar ohne die Männer zu beachten, die immer noch lachten und Kussgeräusche machten.

Ich war nicht mehr in Kansas, das war mir nun klar. Unser lieber, süßer Reiseführer Mohammad und sein Bruder Abdul versammelten jetzt unsere kleine Gruppe und sagten uns, wir sollten nicht alleine ins Freie gehen und immer zusammenbleiben. Wir stiegen in den Bus und fuhren durch Kairo, wo die Situation noch entsetzlicher war. Die Unmengen an Müll und Unrat, die jeden Zentimeter Boden bedeckten, schockierten mich und machten mich fast sprachlos. Mein Kopf konnte gar nicht begreifen, was ich sah: etwas ganz anderes als in den Büchern meiner Kindheit und im Fernsehen. Das war kein Traum mehr, sondern ein Albtraum. Auf der Fahrt zum Hotel war vor lauter Abfallhaufen an der Straße und auf den Gehwegen nicht ein einziges Mal der Erdboden zu sehen.

Die Pferde, die die Wagen zogen, konnten kaum stehen, so dünn waren sie. Die Hunde und Katzen waren ausgemergelt. Der Nil und seine Nebenflüsse waren nicht von Erde gesäumt, sondern von Müllbergen, die man kilometerweit sehen konnte. An einer Stelle beobachteten wir einen Traktor am Rand eines Zuflusses, mit dessen Hilfe aus dem Flussbett eimerweise schwarzer Schlamm voller Müll herausgeholt wurde, woraus dann das Flussufer entstand. Es war herzzerreißend. Ich klammerte mich an den Vorhang. Die mich umgebende Realität brachte mich buchstäblich zum Zittern. Da rief auf einmal jemand: »Da sind die Pyramiden!« Wir zogen die Vorhänge auf und schauten in den Himmel, wo wir die Spitzen der Pyramiden sehen konnten. Sie waren so unbegreiflich groß! Wir starrten alle aus dem Fenster, sprachlos und ehrfürchtig angesichts dieses Anblicks.

Bei dem ständigen Gehupe und Gekreische der Bremsen im Verkehr und bei der ganzen Aufregung hatten wir gar nicht gemerkt, dass wir am Hotel Luxor angekommen waren. Es war wunderschön. Wir stiegen aus dem Bus aus auf eine weitläufige Rasenfläche, und da traf uns der Gestank mit voller Kraft. Die beißenden, stinkenden Abgase und die Luftverschmutzung waren so überwältigend, dass uns das Wasser in die brennenden Augen stieg. Man hatte das Gefühl, direkt am Auspuff eines Stadtbusses zu stehen und dabei tief einzuatmen.

Wie wir später erfuhren, entspricht ein Tag, den man atmend in Kairo verbringt, dem Konsum von zwei Päckchen Zigaretten. Als Joyce und ich endlich in unserem Zimmer waren, brachen wir zusammen und weinten; es war für Kopf und Herz schlichtweg zu viel. Die Unmengen an Müll im Wasser und auf dem Land, die erstickende Umweltverschmutzung, der völlige Mangel an Liebe und Fürsorge für das Weibliche und die Tiere zerrissen uns das Herz. Trotz des weiten Wegs durch die ganze Stadt hatten wir nicht eine einzige andere Frau gesehen – keine einzige! Der Respekt vor dem Weiblichen war völlig verloren gegangen. Ägypten, das einstmals stolze und am meisten geehrte Land auf der ganzen Welt, war zu einem Ort voller Schmutz und Missachtung für das Weibliche und für Mutter Erde geworden. Obwohl die Reise noch nicht einmal richtig begonnen hatte, war ich schon total erschöpft. Doch das war, wie mir noch nicht klar war, erst der Anfang.

Die Tempel und Pyramiden, wo ich betete und die Zeremonien abhielt, gefielen mir allerdings sehr. Diese Augenblicke gehören zu den Höhepunkten meines Lebens. Im Osiris-Tempel in Abydos sahen wir uralte Symbole der Blume des Lebens perfekt in Stein gemeißelt; wie sie entstanden, weiß man bis heute nicht. Im Seti-Tempel in Abydos sahen wir Hieroglyphen, die fliegende Untertassen, Helikopter und Panzer darstellten. Wir trafen die alten Hüter der Pyramiden und Tempel und durften viele geheime heilige Stätten besuchen.

Diese Reise war voller Widersprüche; wundervolle Erfahrungen und lebensverändernde Momente wechselten sich mit Augenblicken voller Abscheu und Unglauben ab. Trotz all der wichtigen Arbeit, die wir dort leisteten, und all den wunderbaren Dingen, die wir in Ägypten sehen durften, schmerzt mein Herz doch immer noch bei der Erinnerung an die vollkommene Missachtung und Respektlosigkeit gegenüber dem Weiblichen. Während der gesamten Reise sah ich nur drei kleine Mädchen: Eines hatte sich absichtlich den Arm abgeschnitten, damit es um Geld betteln konnte; ein anderes Mädchen (höchstens drei Jahre alt) in einem schönen pinkfarbenen Kleidchen musste auf Befehl ihres Vaters vor uns tanzen, während er um Geld bettelte; und das dritte Mädchen wurde vom Besitzer aus einem Touristenladen verjagt – mit einem Brett voller Nägel.

Zweimal betraten männliche Hotelangestellte unser Zimmer, ohne anzuklopfen, standen am Bett und betrachteten uns. Einmal machte einer mit Wucht die Tür auf und wollte zuschauen, wie Joyce sich umzog; ich musste ihn aus der Tür in den Flur stoßen.

Am meisten Angst jagte mir ein Erlebnis während der Nil-Kreuzfahrt ein. Ich war vor dem Schlafengehen noch einmal nach draußen gegangen, um zu beten, wie ich es jeden Abend tue. Ich stand am Rand des Schiffs und bedankte mich für den Tag, da packte ein Mann meinen Arm und versuchte mich die Treppe hinunterzuziehen. Zum Glück konnte ich mich losreißen und auf ein Paar aus Lettland zulaufen, das auf der anderen Seite des Decks stand. Als wir den Vorfall meldeten, sagte man uns, manche Frauen aus westlichen Ländern, die nach Ägypten kommen, seien auf Sex mit exotischen Männern aus. Also war sozusagen alles unsere eigene Schuld.

Diese Reise war sehr anstrengend, voller Höhe-, aber auch voller Tiefpunkte. In keinem anderen Land habe ich so wenig Achtung vor Frauen erlebt. Sogar als wir mit dem Bus im Stau standen, fassten sich die Männer draußen selbst an, während sie uns durch das Busfenster anstarrten. Einmal mussten wir eine Tempelanlage verlassen, weil unbekannte bewaffnete Männer unserem Reisebus bis dorthin gefolgt waren. Ein andermal wurde einem Reiseteilnehmer gesagt, man würde ihm seinen Reisepass abnehmen und ihn vernichten und ihn im Tempel dem Tod überlassen, wenn er nicht aufhören würde, zu behaupten, es gäbe schon länger als 6000 Jahre Menschen auf dem Planeten. Außerdem wurde uns erzählt, die Hieroglyphen von Panzern, Helikoptern und UFOs seien »missverständlich, wegen der Erosion«. Insgesamt erlebten wir das Beste vom Besten und das Schlechteste vom Schlechtesten.

Ich möchte hier keineswegs den Eindruck vermitteln, ich hielte alle Leute in Ägypten für schlecht; das stimmt nicht. Unser Reiseführer Mohammad, sein Bruder Abdul und seine Mutter gehören zu den nettesten und liebevollsten Menschen, die ich je getroffen habe. Das alles war einfach eine wichtige, unmissverständliche Lektion: Wenn eine Kultur das Weibliche nicht achtet, bringt sie auch Mutter Erde keine Achtung entgegen und umgekehrt. Nirgendwo anders hatte ich eine solche Misshandlung der Erde und solche Grausamkeit gegenüber Frauen erlebt. Beides geht Hand in Hand. Egal, wohin du auf dem Planeten gehst: Wenn dort die Erde gering geschätzt und vernachlässigt wird, dann, so garantiere ich dir, wird das Weibliche genauso schlecht behandelt. Ich sah, wie die Leute ihre Kartoffelchips oder ihr Fast Food verzehrten, die Verpackung und den Abfall einfach auf den Boden fallen ließen und sich weiterunterhielten – eine komplette, unverkennbare Missachtung des Planeten. Mich schockierte es. Nie zuvor hatte ich eine solche Respektlosigkeit gegenüber der Natur erlebt. Das Traurigste daran: Das sind keineswegs die einzigen Menschen, die sich so verhalten; nicht nur diese eine Stadt oder dieses eine Land achtet die Umwelt so gering. Wie oft hast du schon gesehen, wie jemand Müll aus dem Autofenster wirft? Ich verstehe einfach nicht, wie man so etwas machen kann. Die Natur ist doch keine Mülltonne! Für ein solches Verhalten gibt es meiner Meinung nach nur zwei Erklärungen: entweder totales Unwissen dahingehend, was man da tut und wie es sich auf die Welt auswirkt (ein Kind, das einfach nachmacht, was seine Eltern ihm vorleben), oder Selbstsucht, absoluter Mangel an Mitgefühl, Respekt und Fürsorge für die Tiere und Pflanzen, den Erdboden und das Wasser, die von all diesem Müll unzweifelhaft in Mitleidenschaft gezogen werden, weil man zu bequem war, ihn in einer Abfalltonne zu entsorgen.

Wir haben vergessen, Mutter Erde zu achten und zu schützen, weil wir vergessen haben, dass sie die lebendige, liebevolle Quelle unseres Lebens ist. Sie *ist* unsere Mutter! Wenn wir uns zu einem wunderbaren Mahl hinsetzen, denken wir dann daran, Mutter Erde für das Fleisch, das Gemüse, das Obst und das Getreide zu danken, die sie unserem Körper liefert, um uns am Leben zu erhalten? Kommt es uns in den Sinn, wenn wir einen Schluck Wasser trinken, dass dies eine Gabe von Mutter Erde ist, mit der sie unserem Körper Energie und Leben schenkt? Jede Mahlzeit, die du in deinem Leben verzehrt, jeder Schluck Wasser, den du getrunken, jeder Atemzug, mit dem du deine Lunge mit Luft gefüllt hast, waren reine, selbstlose Geschenke von Mutter Erde. Wasser ist nicht menschengemacht; Sauerstoff ist nicht menschengemacht; Nahrungsmittel sind nicht menschengemacht! Kein Mensch kann ohne all das leben, doch nur sehr wenige Menschen versuchen, genau das zu schützen, was ihnen diese lebensnotwendigen Gaben spendet. Die meisten Leute haben darüber noch nie nachgedacht. Sie behandeln den Planeten, als wären die Ressourcen unerschöpflich und nicht etwas, das man schützen und bewahren muss.

Denke einmal an die Frau, die dich geboren hat, deine physische Mutter. Spüre, wie sehr du sie liebst angesichts dessen, was sie alles für dich getan hat; sie hat dir das Leben geschenkt, hat sich vom Tag deiner Geburt an um dich gekümmert und dir geholfen – bis heute. Würdest du sie jemals herabsetzen, sie mit Müll bewerfen? Mehr von ihr nehmen, als sie geben kann? Sie missbrauchen oder von anderen missbrauchen lassen? Natürlich *nicht!* Wir würden im Traum nicht daran denken, unserer eigenen Mutter so etwas Abscheuliches anzutun oder der Frau, die uns so sehr geliebt hat, so etwas antun zu lassen. Aber warum gestehen wir uns und anderen zu, die Große Mutter, die für uns alle sorgt, zu erniedrigen, zu missbrauchen und zu missachten?

Wir vergessen immer wieder, unsere Mutter Erde zu ehren und ihr Respekt zu erweisen, selbst diejenigen unter uns, die sich als spirituell oder mit der Erde verbunden betrachten. Die meisten Menschen vergessen das einfach im Lauf des Tages, weil sie voll und ganz von ihren täglichen Aufgaben in Beschlag genommen sind – von all dem, was nun mal erledigt werden muss, den beruflichen Anforderungen und dem ständigen Trubel.

Ich will keineswegs sagen, wir sollten uns nicht mehr auf unseren Alltag und unsere Arbeit konzentrieren; aber wir sollten uns bei allem Tun und Machen dennoch mehr des wunderbaren Lebens um uns herum bewusst werden. Jedes Lebewesen in der Natur hat seinen Platz, dient einem Zweck, verlässt sich auf den Kreislauf des Lebens und trägt dazu bei. Wir müssen lernen, hinter all der Betriebsamkeit zu erkennen, welche Gaben Mutter Erde uns Tag für Tag großzügig schenkt. Wenn wir lernen, die Große Mutter zu lieben und all ihre Geschenke wirklich zu schätzen, dann lernen wir auch, uns um sie zu kümmern und für sie zu sorgen.

Der Kreislauf des Lebens

Der große, so hochkomplexe Kreislauf des Lebens ist wahrhaft etwas Unglaubliches. Alle Arten von Flora und Fauna sind voneinander abhängig und verlassen sich aufeinander, vom höchsten Baum bis hin zu den allerkleinsten Pilzen. Jede einzelne der Millionen von Spezies auf dem Planeten ist wichtig und hat eine Aufgabe. Alles und jedes ist ein unverzichtbarer Teil des Ökosystems. Die Menschen vergessen in vielerlei Hinsicht diese große Kette des Lebens, in der wir uns auf jeden einzelnen Mitspieler verlassen müssen, um ein Ganzes zu schaffen.

Man denke beispielsweise an die schlimme Situation der Paranussbäume. In drei Ländern ist es verboten, sie zu fällen. Man lässt sie auf großen Flächen mit unfruchtbarem, entwurzeltem, abgeholztem Erdreich stehen. Und die Regierungen klopfen sich gegenseitig auf die Schulter und sagen: »Wir haben den brasilianischen Nussbaum gerettet!«, ohne die geringste Ahnung, vielmehr blinden Auges für das, was sie da wirklich angerichtet haben. Es ist nämlich so: Es gibt nur eine Spezies, die die harte Fruchtkapsel des Paranussbaums knacken kann: das Aguti, gerade einmal so groß wie eine Hauskatze und darauf spezialisiert, die extrem harte und extrem dicke Fruchtkapsel aufzubeißen, um an die sehr nahrhaften Nüsse heranzukommen. Hat das Aguti das geschafft, isst es eine von den ungefähr 20 Nüssen und vergräbt die anderen Nüsse irgendwo, wo sie keimen und zu einem neuen Paranussbaum heranwachsen können. Doch das ist noch lange nicht die ganze wunderbare Geschichte. Noch bevor eine Fruchtkapsel wachsen kann, muss der Paranussbaum erst einmal befruchtet werden, und das geht nur durch eine weitere Beziehung mit gegenseitigem Nutzen: zwischen dem Paranussbaum, der Orchideenblume und der männlichen Orchideenbiene. Letztere wird von den Orchideen angezogen, die auf den oberen Baumzweigen im Laubdach wachsen. Die männliche Biene wird vom Duft der Orchidee angelockt und weiß, dass die weiblichen Bienen sich nur mit der männlichen Biene paaren, die am stärksten nach Orchidee riecht. Die Orchideen können nur von männlichen Orchideenbienen befruchtet werden; die weiblichen Bienen wiederum befruchten eine ganz andere Spezies: den Paranussbaum! Einmal pro Jahr taucht auf dem Nussbaum eine große weiße Blume auf und zieht die Bienenweibchen an, die die Blüte öffnen und an den Pollen gelangen können, was nur wenigen Insekten gelingt. Diese gegenseitige Verbundenheit ist erstaunlich! Der Paranussbaum braucht unten auf dem Waldboden die Agutis, damit die Samen aufgeknackt und verteilt werden können. Das Aguti braucht die weibliche Orchideenbiene oben im Blätterdach, um die Blüten des Paranussbaumes zu öffnen und zu befruchten, damit daraus eine Fruchtkapsel entstehen kann. Die weibliche Orchideenbiene braucht das Orchideenbienenmännchen, und das wiederum braucht die Orchideenblume.

Das ist nur eines von unzähligen Beispielen für komplexe Beziehungen in den verschiedenen Ökosystemen. Einfach nur einen Baum stehen zu lassen, weil uns das so passt, alles andere auszuklammern und dann zu meinen, wir retten die Spezies – das funktioniert eben nicht; es ist einfach ignorant. Ohne den intakten Wald gibt es kein Aguti, keine Biene und keine Orchidee, um den Paranussbaum am Leben zu erhalten. Wir müssen uns bewusst werden, wie wichtig und sinnvoll eine jede einzelne Spezies für die Erschaffung eines gesunden und vielfältigen Planeten ist. Eine Spezies vor der Ausrottung zu bewahren, gelingt uns nicht, wenn wir nicht auch das Ökosystem retten, in dem sie lebt. Was nützt es schon, den Orang-Utan zu retten, wenn wir das Abholzen und Verbrennen des Dschungels durch die Palmölindustrie nicht verhindern können? Wie sollte es möglich sein, den Berggorilla zu retten, wenn wir gleichzeitig das letzte bisschen Wald abholzen, in dem er lebt? Wir müssen das gesamte Ökosystem schützen, um diese Tiere bewahren zu können, denn alle Spezies, sei es Flora oder Fauna, brauchen sich gegenseitig, um überleben und gedeihen zu können.

Das gilt auch für die Menschheit, denn auch wir sind alle gegenseitig voneinander abhängig. Nicht ein einziger Mensch ist weniger wert als ein anderer. Wir alle sind bei aller Verschiedenheit und in den komplexen Beziehungen voneinander abhängig; so kreieren wir eine gesunde, intakte Menschheit. Wir Menschen neigen dazu, uns selbst danach zu bewerten, wie toll und großartig wir sind – aber erkennen wir auch, dass selbst das kleinste Talent etwas Großartiges ist? Jede Verbindung, jede Beziehung, jede Lektion und jedes Geschenk, das wir in dieser Welt geben und von ihr empfangen, ist wichtig und bedeutend. Der größte Baum im Wald bewertet die anderen Arten und ihre Aufgabe im Wald nicht als wichtiger oder weniger wichtig als andere, sondern interagiert und stützt sich auf das Ganze, um gemeinsam überleben und sich vermehren zu können. Die Natur ist selbstlos; sie ist formvollendet und gibt von allem großzügig. In der Natur gibt es keine Hierarchien und untergeordneten Kategorien. Die Natur unterstützt alle Spezies und arbeitet mit ihnen zusammen. In Wahrheit gibt es keinen Tod, sondern nur einen wunderbaren Kreislauf des Lebens!

Kennst du den Film »Avatar«? Immer wieder erzählen die Leute, es wäre doch wunderbar, an einem solchen Ort zu leben – einem Ort, wo alle Bäume und Tiere miteinander in Verbindung stehen und mit den Menschen reden können, wo die Pflanzen in fluoreszierenden Farben leuchten. Dabei leben wir doch in Wirklichkeit auf einem wunderbaren und erstaunlichen Planeten, auch ohne einen riesenhaften blauen Körper! Unsere Bäume, unser Erdboden, unser Pflanzenleben und unsere Wildtiere stehen alle mit der fortwährend und in Fülle fließenden Energie von Mutter Erde in Verbindung. Alles auf diesem Planeten ist in diesen enormen Kreislauf des Lebens eingebunden: der unglaubliche, vernetzte Strom von Mikropilzen im Erdboden; der Stickstoff, der den Pflanzen und Wiesen aus den Abfallprodukten der Tiere zugeführt wird; der erstaunliche Prozess der Photosynthese und des lebensspendenden Sauerstoffs, den Bäume und Meere produzieren;

die unzähligen biolumineszenten Arten – Haie, Aale, Shrimps, Algen, Korallen, Fische, Pilze, Insekten –, die die Fähigkeit haben, Licht zu erzeugen. Wir leben in einer Welt voller Magie, aber wir sehen sie nicht mehr! Wir sind nicht einfach willkürlich entstandene Lebensformen, die aus dem Ozean herausgekrabbelt kamen und aufgrund eines wundersamen Zufalls diesen Planeten mit all seinen Ressourcen geschenkt bekommen haben, um ihn nach Belieben zu nutzen und zu verbrauchen.

Wir müssen endlich aufwachen! Wir sind erstaunliche, wundersame Wesen mit Bewusstsein. Wir sind göttliche Funken von *Allem-was-Ist,* kosmische Wesen, die die Chance erhalten, hier bei dieser heiligen Göttin, unserer Mutter Erde, zu sein. Wir machen die Erfahrung, für einen Augenblick auf unserer ewigen Reise als das große *ICH BIN ihr* Kind zu sein. Wir sind nicht getrennt von ihr, sondern ein Teil von ihr und dem großen Rhythmus des Lebens. Uns Menschen wurden wunderbare Gaben geschenkt: Sprache, Arme zum Halten und Beine, die uns von einer Erfahrung zur nächsten tragen, Bewusstsein, freier Willen und Entscheidungsfreiheit. Dennoch sind wir nicht die höchste Spezies, die erschaffen wurde. Wir können nicht einfach nehmen und zerstören, was uns beliebt. Welche Auswirkungen wir als Spezies, die mit ihrer Umwelt nicht im Gleichgewicht steht und sie respektlos behandelt, auf diesen Planeten haben, ist für jedermann deutlich zu sehen. Wir haben uns aus dem großen Kreislauf des Lebens herausgerissen.

Wir haben großartige Gaben und Talente, aber große Gaben gehen auch mit großer Verantwortung einher! Durch unser Menschsein haben wir nicht nur einen freien Willen und Entscheidungsfreiheit, sondern auch die größte Gabe von allen empfangen: Handlungsfähigkeit. In der kurzen Zeit unseres Hierseins muss jeder selbst entscheiden, wie er handeln will. Wir Menschen sind eine Spezies mit der Fähigkeit bewussten Handelns, und durch diese Gabe und Verantwortung können wir unglaublich viel Schaden anrichten oder große Heilung bewirken. Der Mensch ist das einzige Lebewesen auf Mutter Erde, das Müll erzeugt, verantwortungslos handelt, mehr nimmt, als er braucht, misshandelt und vernachlässigt. Wir sind die einzige Spezies auf dem Planeten, deren Handeln vom Ego bestimmt wird. Doch wir vergessen eines: Es ist unsere Entscheidung; wir haben die Wahl, diese großartigen Gaben und Talente zum Positiven oder zum Negativen zu nutzen. Als menschliche Rasse haben wir die Verantwortung, uns um Mutter Erde und all ihre kleinen wie großen Geschöpfe zu kümmern.

Verstehen wir erst einmal wirklich, wer wir als Kinder der einen Großen Mutter sind, wird uns vieles klar und wir können unser Gewahrsein ändern, anders handeln und ein gesundes Mitglied vom Kreislauf des Lebens werden. Wir brauchen einander, so wie der Paranussbaum das Aguti und die Orchidee die Bienen braucht. Mit unseren Worten und Taten beeinflussen wir uns gegenseitig und gestalten und prägen das Leben der anderen. Sobald wir uns selbst und die anderen für ihre Unterschiede und individuellen Talente schätzen und lieben, werden wir zu einem gesunden Teil vom Kreislauf des Lebens.

Die schöne Mutter Erde ist ein ganz besonderer Ort voller Vielfalt, wechselseitiger Beziehungen, Ökosysteme und Elemente. Sie ist unser aller Mutter und unsere größte Lehrerin.

Das Element Erde ist nicht nur mein Lieblingselement, sondern enthält auch alle anderen Elemente; um sie zu verstehen, müssen wir mit der *Erde* beginnen.

Das Element Erde

Das Element Erde zeigt sich für uns alle in unserem menschlichen Körper. Wir sind nicht von Mutter Erde getrennt, sondern *sind* vielmehr Mutter Erde! Das müssen wir unbedingt verstehen. Wir sind ihre Kinder, und jeder von uns existiert in einem wunderschönen Körper, weil sie ihn erhält, ihn mit ihrer Energie versorgt und uns Leben spendet, Tag für Tag. Um die Mutter zu respektieren und zu lieben, müssen wir als Allererstes erkennen, dass sie lebendig ist, und zweitens uns selbst lieben und respektieren. Den meisten Menschen fällt es leichter, Mutter Erde zu ehren und zu lieben, sie in all ihren Aspekten – Liebe, Schönheit, Mitgefühl und sogar ihre Stürme – als vollkommen wahrzunehmen. Doch lieben wir uns selbst genauso? Hast du wirklich das Gefühl, du seist perfekt – also *alles* an dir? Kannst du dich für alles lieben, was du bist, was du bei allen Erfahrungen, die du in deinem Leben gemacht hast, als gut oder schlecht betrachtest? So viele Menschen lieben sich nicht und können sich nicht so lieben, wie sie sind. Wir erkennen nicht, dass alles, was wir an Gutem wie Schlechtem durchgemacht haben, uns zu dem Menschen gemacht hat, der wir heute sind. Stattdessen denken wir an all die Fehler, die wir gemacht haben, das, was wir lieber nicht hätten tun sollen, und all die Gründe dafür, warum wir sündig, schlecht oder unwürdig sind. Die Wahrheit ist ganz einfach: Es gibt keine Fehler – nur Chancen, zu lernen und zu wachsen.

Nimm dir einen Moment Zeit und überlege, wie oft du im Lauf des Tages etwas Negatives über dich denkst oder sagst – gleich nach dem Aufstehen am Morgen, wenn du in den Spiegel schaust, bis du abends einschläfst. Wie viel deiner Energie, deiner Gedanken und Emotionen waren negativ bzw. positiv? In vielen Fällen konzentrieren wir unsere Energie viel zu sehr auf das, was wir unserer Meinung nach falsch gemacht haben oder was wir gerne an uns ändern würden, anstatt uns so zu akzeptieren, wie wir sind, und die Lektionen, die es zu lernen gilt, anzunehmen. Sich auf ein Ziel zu fokussieren und zu versuchen, durch spirituelles und persönliches Wachstum unser Leben besser zu machen, ist etwas völlig anderes, als uns für das, was wir nicht wissen oder nicht haben, fertigzumachen.

Wir machen uns viel zu viel Sorgen um unsere Arbeit, unseren Status, unser Aussehen und unseren Besitz; darüber vergessen wir, uns selbst als die großartigen Wesen wertzuschätzen, die wir in Wahrheit sind. Die Religion hat uns gelehrt, wir seien Sünder und verdienten Bestrafung, sooft wir Fehler machen oder etwas tun, das nicht im Einklang mit der jeweiligen Religion steht. Aber kannst du dir vorstellen, wie sehr sich dein Leben verändert, wenn du dich nicht mehr für deine »Fehler« fertigmachst und dich stattdessen dafür liebst, dass du dich auf diese Reise des Lernens und Wachstums begeben hast?

Wir sind hier, um Menschen zu sein, nicht um perfekt oder ständig erleuchtet zu sein. Wir sind hier, um zu lernen und zu wachsen, hinzufallen und wieder aufzustehen, uns das Herz brechen zu lassen, uns zu verlieben oder ab und zu auch mal zu versagen. Es geht immer darum, zu lernen, zu wachsen und Fortschritte zu machen. Wir sollten es genießen, ein Mensch zu sein. Wir sollten diese Reise genießen, es genießen, wer wir sind. Wir sollten unseren Körper lieben – egal, welche Form er hat und wie schwer er ist, und lernen, uns als göttliche Wesen zu lieben.

Das Leben ist zweifellos nicht einfach. Wir müssen auf unserem Weg dazulernen, und je älter wir werden, desto schwieriger werden die Lektionen, wie in der Schule. Was würden wir auch lernen, wenn wir Jahr für Jahr im Kindergarten blieben? Nicht besonders viel – also gehen wir weiter, und jedes Jahr ist eine Herausforderung, die Prüfungen werden schwerer, zuweilen fallen wir durch, und manchmal bestehen wir.

Mit den Herausforderungen des Lebens ist es nie zu Ende; ständig gibt es etwas Neues zu lernen. Oftmals stellen wir uns im Leben die Frage: »Warum passiert mir das immer wieder?«

Nun ja, weil dein großes *ICH BIN* dir eine Lektion zum Lernen und Wachsen gibt. Falls du sie beim ersten Mal nicht lernst, wird sie dir erneut vorgesetzt, bis du sie eben doch kapierst. Alles und jedes im Leben, jedes Geschehen, jeder Moment eines jeden Tages wird dir von dem gegeben, was dich am meisten liebt, was dich besser kennt als jeder andere und alles andere: von *dir!* Dein ewiger Funke des großen *ICH BIN,* dein Höheres Selbst, deine Seele und dein Geist, dein großes *ICH BIN,* die ewige Verbindung zum Großen Geist, weiß ganz genau, was du brauchst und wann du es brauchst. *Du selbst* gibst dir jeden Moment eines jeden Tages sowie jede Lektion. Wenn dein großes *ICH BIN* also eine bestimmte Lektion für stimmig hält, dann wird dir diese Lektion so oft vorgesetzt, wie du sie brauchst, bis du die Prüfung bestanden hast.

Es gibt keinen Gott dort oben im Himmel, der wie ein alter Mann mit einem langen weißen Bart aussieht, ein weißes Gewand trägt und sagt: »Du musst auf die Erde. Das wird sehr, sehr hart sein. Du musst ein vollkommenes Leben führen, sonst darfst du nicht nach Hause kommen. Oh, und übrigens, es gibt keinen vollkommenen Menschen außer Jesus – na, dann viel Glück!« Oh nein! Ganz bestimmt ist es nicht so gewesen. Du selbst hast dich entschieden, auf diesen Planeten zu kommen. Es war deine Wahl! Du hast dich entschieden, hierherzukommen und die Erfahrung zu machen, auf diesem Planeten zu leben, die Dualität, das Gute, das Schlechte, das Schwierige und das Einfache zu erfahren und dabei zu lernen und zu wachsen. Du bist auf die Erde gekommen, um Beziehungen zu führen, dich zu verlieben und dir das Herz brechen zu lassen. Du hast dich entschieden, hierherzukommen, um deine Leidenschaften auszuleben.

Du hattest eine Aufgabe und einen Plan dahingehend, warum du gekommen bist. Betrachte also die Herausforderungen und Lektionen deines Lebens nicht als Strafe. Betrachte Schwierigkeiten nicht als »Karma« aus einem früheren Leben, für das du den Preis bezahlen musst. Sei in diesem Leben präsent, mein Freund, meine Freundin, denn es ist dieses Leben, das zählt. Du steckst jetzt in diesem Körper, lernst im Hier und Jetzt, also sei im Jetzt präsent.

Ganz bestimmt weiß niemand mit Sicherheit, wie sein Vorleben ausgesehen hat, welche Entscheidungen in dem betreffenden Leben getroffen wurden, ja nicht einmal, in welcher Form du dieses Leben gelebt hast. Einem früheren Leben die Schuld zu geben oder es als Grund anzuführen, um dein Ego zu stärken oder für die Herausforderungen der Gegenwart eine Ausrede zu finden, bringt dich nirgendwohin. Wichtig ist, immer vollkommen wach für diese große Prüfung namens »Leben auf dem Planeten Erde« zu sein. Sei jeden Moment und bei jeder Herausforderung präsent – sei es nun einfach oder schwierig. Du bist hier, um etwas zu lernen, und du selbst hast dich entschieden, hierherzukommen.

Es gibt ein altes Sprichwort: »Man sieht den Wald vor lauter Bäumen nicht.« Das ist bei fast allen Menschen der Fall. Wir sind so mit dem alltäglichen Unsinn beschäftigt, dass wir nicht innehalten, um uns aus einer höheren Perspektive zu betrachten. Wenn du dir dafür einen Augenblick Zeit nimmst, kannst du erkennen, wohin du deine Aufmerksamkeit, deine Energie und deine Emotionen lenken solltest. Aus dieser Perspektive heraus siehst du, dass du vollkommen bist, und zwar wegen all dem, was du durchlebt hast, und nicht nur wegen dem, was eine Religion und die Gesellschaft dir als »gut« oder »schlecht« eingeimpft haben.

Nimm dir wirklich einmal einen Augenblick Zeit und leg dich an einem ruhigen, ungestörten Ort hin. Stell dir vor, wie du, dein großes *ICH BIN,* aus diesem Ort namens Himmel auf dich herunterschaust, und sei Zeuge des Lebens, das du bislang gelebt hast. Sieh dich als kleines Kind, den Ort, wo du gelebt hast, wie dieses Leben aussah, die Lektionen, die du gelernt hast. Und dann sieh dich als Teenager. Wie war das Leben für dich? Auf welche Weise hast du gelernt und dich weiterentwickelt? Welche Ereignisse im Leben haben dich geformt? Dann beobachte dein Leben als erwachsener Mensch – deine Entscheidungen, deine Herausforderungen. Wer bist du geworden? Nimm dir einen Moment Zeit, um wirklich Zeuge zu werden von allem, was du gelernt hast und was dich weitergebracht hat.

Betrachtest du dein Leben aus einer höheren Perspektive, kannst du den Sinn deiner Herausforderungen erkennen und sehen, was dich stark gemacht hat und wie du dadurch zu dem Menschen geworden bist, der du heute bist. Nur wenn du aufhörst, dich wegen deiner Vergangenheit oder scheinbaren Fehler selbst fertigzumachen, nur wenn du dir nicht mehr wünschst, jemand anderes zu sein, kannst du dich wirklich lieben. In Wahrheit gibt es so etwas wie Fehler nicht. Alles, was du durchgemacht hast, hat dich zu der Person gemacht, die du bist. Mach es dir zu eigen! Sei stolz auf dich und auf das, was du gerne ändern möchtest oder was dir fehlt. Bestrafe dich nicht selbst für das, was dir das Gefühl gibt, ein Sünder bzw. eine Sünderin zu sein. Denn das bist du nicht. Du lernst und wächst wie alle anderen Menschen, die jemals auf diesen Planeten gekommen sind. Lass die Selbsturteile sein und hör auf, deine ganze Energie in das zu stecken, was du gerne anders hättest; steh stattdessen für dich ein. Dann wirst du erkennen, wie vollkommen du in Wirklichkeit bist und wie all deine vergangenen Erfahrungen dich zu der Person gemacht haben, die du heute bist.

Ständig vergleichen wir uns mit anderen; das ist einer der größten Fehler im Leben. Wir meinen: »Wäre ich doch bloß so weise wie diese oder so spirituell wie jene Person. Hätte ich doch bloß all das, was andere haben, dann wäre ich glücklich und würde es verdienen, glücklich zu sein.« Wir stellen andere Menschen wegen ihrer Lebensleistungen aufs Podest, anstatt uns darauf zu fokussieren, was *wir* selbst im Leben erreichen. Kein Leben ist wie ein anderes und keine Reise ist gleich, ebenso wenig wie die Herausforderungen, und egal, wen du aufs Podest stellst: Ich garantiere dir, auch diese Person musste ihre Lektionen lernen. Denn in Wahrheit ist niemand von Lektionen und Nöten befreit. Genau deshalb sind wir alle vollkommen! Dein Leben ist vollkommen; deine Reise ist vollkommen. Wir alle lernen tagtäglich dazu.

Deshalb gräme dich nicht über die Härte des Lebens, sondern versteh einfach, dass du eine Lektion durchläufst, um zu lernen und zu wachsen und auf dieser Reise besser zu werden. Wie gesagt, das Leben ist hart – und das gilt für uns alle. Keine Lektion, kein Lebensniveau ist besser oder weniger wert als ein anderes. Vielleicht bist du mit deinen Lebenslektionen noch in der ersten Klasse und fängst gerade erst an, das ABC zu lernen; vielleicht machst du aber auch schon deine Abschlussprüfung und erwirbst dein Diplom. Ist das eine besser als das andere? Ist das Kind weniger Liebe und Respekt wert als der Hochschulabsolvent? Natürlich nicht! Ist der Schüler weniger wert als der Lehrer? Nein! Wir alle lernen auf unterschiedlichen Niveaus, und wir alle sind gleich. Anstatt also unsere Aufmerksamkeit auf andere Menschen und ihre Entwicklung zu richten, müssen wir uns auf uns selbst fokussieren, ganz egal, wo wir auf unserer Lernreise stehen.

Allzu oft vergleichen wir uns mit anderen und bewerten uns danach – zum Guten wie zum Schlechten. Egal, welche Lektionen du lernst und in welche »Klasse« du in der Schule des Lebens gehst: Alles ist, wie es sein soll. Die Gesellschaft hat uns beigebracht, wen wir streng verurteilen dürfen und wessen Taten akzeptabel oder inakzeptabel sind. Was denken wir beispielsweise automatisch über den Betrunkenen auf der Straße, der uns um Geld anbettelt? Fällen wir ein härteres Urteil über ihn als über die Millionäre, die blinden Auges an dem hilfsbedürftigen Mann vorübergehen? Wir sind oft ganz schnell mit Urteilen über Menschen und ihre Herausforderungen bei der Hand. Doch egal, wie es »aussieht«: In Wahrheit werden wir alle auf der einen oder anderen Ebene einer Prüfung unterzogen. Warum meinen wir, es sei schlechter, eine Sucht überwinden zu lernen, als zu lernen, Mitgefühl zu entwickeln oder Reichtum zu teilen? Das eine wie das andere ist eine Lektion und eine Herausforderung. Die Person, die unter einer Sucht leidet, muss eine sehr harte Lektion lernen, bei der es darum geht, mit Schmerzen und Leiden umzugehen, den Körper zu lieben und sich selbst wertzuschätzen, und das auch noch vor aller Augen. Dem gegenüber steht der Mensch, der im Leben großen materiellen Wohlstand hat und der nun mit einer anderen Prüfung bzw. Herausforderung konfrontiert ist: großzügig oder habgierig zu sein, viele andere Leben zu unterstützen oder nicht. Materieller Wohlstand macht einen Menschen nicht besser, aber wir neigen dazu, Menschen, die unter Armut leiden, eher abzuwerten als eine wohlhabende Person. Das hat uns die Gesellschaft gelehrt – traurig, aber wahr.

Uns allen wurde beigebracht, Menschen aus höheren bzw. vornehmen Gesellschaftsschichten stünden über den »normalen« Menschen. Welches Bild kommt dir in den Kopf, wenn du beispielsweise an den Alkoholsüchtigen denkst? Meistens denken wir dann doch an den armen Typen in mittleren Jahren, in einem alten T-Shirt, ungepflegt und schmutzig, mit der Bierflasche in der Hand, oder? Dieses Bild kommt automatisch hoch, aber in Wirklichkeit, so belegen die Zahlen der (amerikanischen) Gesundheitsbehörden und der (amerikanischen) Bundeszentrale für Gesundheitsstatistiken, liegt der Anteil reicher Alkoholiker um erstaunliche 24,7 Prozent höher, verglichen mit armen Menschen, die unter Alkoholismus leiden.

Und was denken wir automatisch über wohlhabende Menschen, deren Herausforderung im Leben darin besteht, anderen zu helfen oder nicht? Also ich denke gerne, je mehr man hat, desto mehr Gutes kann man tun; doch leider sagen die Zahlen der Behörde für Arbeitsstatistik etwas anderes: Die ärmsten Haushalte spendeten durchschnittlich 4,3 Prozent ihres Einkommens an Wohltätigkeitsorganisationen, während es bei den Reichen nicht einmal die Hälfte war, nämlich 2,1 Prozent. Es gibt viele Beispiele dafür, wie unser Denken konditioniert wurde: Je mehr Geld du hast, desto mehr Besitz hast du und desto beliebter und schöner bist du – und desto mehr hast du dir die Akzeptanz der anderen verdient.

In Wahrheit weiß niemand, was ein anderer Mensch wirklich in seinem Leben durchmacht und mit welchen Herausforderungen er zu kämpfen hat. Wir haben also nicht das Recht, ihn zu be- bzw. verurteilen. Wir müssen unsere Urteile beiseitelassen und uns als Brüder und Schwestern betrachten; und darüber hinaus müssen wir auch uns selbst und unsere Herausforderungen anschauen und sie respektieren. Ganz egal, was du im Leben durchmachst, welche Herausforderungen du zu bewältigen hast: Deine Seele lernt und entwickelt sich weiter, und alles ist so, wie es sein soll. Fühle dich niemals einem anderen Menschen gegenüber wegen deines Weges minderwertig, sondern ehre und respektiere dich und deine Reise. Nimm dir die Zeit, zu verstehen, worum es bei der Lektion geht und was du aus der Erfahrung lernen kannst. Mach dich nicht nieder wegen all deiner Prüfungen und gib auch niemandem die Schuld an deinen Herausforderungen.

Jemand anderem die Schuld an unseren »Lektionen« bzw. Lebenssituationen in die Schuhe zu schieben ist fast schon so etwas wie eine automatische Reaktion. Doch egal, um welche Situation es geht und wie schlimm oder schrecklich sie ist: Nur du selbst bist für deine Taten und Reaktionen verantwortlich.

Wir meinen gern, jemand anderem die Schuld an unserer jeweiligen Situation zu geben, entließe uns aus der Verantwortung für unser Handeln, doch das stimmt nie. Nur wir selbst sind für unsere Taten, Reaktionen, Gefühle, Worte und persönliche Entwicklung auf diesem Planeten verantwortlich. Jemandem die Schuld zu geben oder wütend auf diese Person zu sein – ob sie nun die jeweiligen Umstände verursacht hat oder nicht –, ändert an unserer Lebenslektion nichts und bringt keine Lösung.

Als ich in Südafrika den Häuptling der Volksgruppe der Khoisan besuchte, brachte er dieses Thema auf den Punkt. Mit seinem schönen kahlen Kopf und dem runden Bauch saß er da und strahlte Ruhe und Weisheit aus. Er schaute mich an und sagte: »Wenn ein Mann mit seinen Frauen und Kindern in seiner Hütte sitzt und nur eine einzige Kartoffel zum Essen hat, soll er dann wütend sein auf die Welt, weil sie ihm keine Nahrung gibt? Soll er von einem Nachbarn erwarten, zu arbeiten, um Nahrung zu haben, und sie ihm dann zu geben, während er wartend mit seiner

Familie in der Hütte sitzt? Soll er darauf warten, dass ein Fremder auftaucht und sie rettet? Soll er wütend herumbrüllen und sich beklagen, dass er nichts zu essen hat und niemand dieses Problem für ihn löst? Oder darauf warten, dass Essen vom Himmel fällt, weil er darum gebetet hat? Oder sollte er die eine Kartoffel anpflanzen, um daraus viele Kartoffeln zu gewinnen und seine Familie ernähren zu können?«

Wir alle kennen die Antwort auf diese Fragen, oder etwa nicht? Wie oft sitzen wir da und klagen über unsere Situation oder unsere Probleme, übernehmen aber keine Verantwortung dafür? Oder beten womöglich um etwas und denken, unser Wunsch würde sich erfüllen, ohne dass wir einen Finger rühren müssen?

Wir können uns ein Problem oder eine Situation immer anschauen und daraus lernen und uns weiterentwickeln, anstatt jemand anderem die Schuld zu geben oder zu erwarten, dass andere das für uns ändern. Wir müssen Ärger und Schuldzuweisungen loslassen und stattdessen fragen: »Was kann ich tun, um etwas daraus zu lernen, und wie kann ich die Situation ändern?« Wir können entweder zu Hause herumsitzen und uns über die Welt beschweren oder die Veränderung *sein!* Wir können nicht im Supermarkt billiges Rindfleisch aus Massentierhaltung kaufen und dann zu Hause darüber klagen, dass die Massentierhaltung für die Abholzung, die hohen Emissionen und die Umweltgifte verantwortlich ist. Wir können uns nicht gegen Kinderarbeit aussprechen, wenn unser T-Shirt von Kindern produziert worden ist, die dazu gezwungen wurden. Wir können uns nicht über das Bienensterben aufgrund der hohen Pestizidbelastung empören und die nächstbeste Biene erschlagen, die uns zu nahe kommt, oder das mit den tödlichen Pestiziden behandelte Obst kaufen. Wollen wir eine Veränderung sehen, dann müssen wir selbst diese Veränderung sein. Wir müssen für all unser Handeln die Verantwortung übernehmen. Wir müssen die eine Kartoffel anpflanzen!

Wer auch immer du bist, wo auch immer du lebst und wie deine Lebensumstände sind: Deine Prüfungen und Lektionen machen dich zu der Person, die du bist; du allein hast die Verantwortung dafür, was dabei herauskommt; du kannst dazulernen, dich weiterentwickeln, dich und dein Leben lieben. Liebe dich für all das, was du bist, dann kannst du auch andere so lieben, wie sie sind, mit all dem, was sie durchmachen, und ihre Reise respektieren, ohne zu urteilen. Wenn wir aufhören, uns selbst und andere zu verurteilen, öffnen wir uns der Fähigkeit, allen gegenüber ungeheure Liebe und Akzeptanz zu entwickeln und uns als miteinander verbundene Wesen wahrzunehmen – nicht nur in Verbundenheit mit unseren Brüdern und Schwestern, sondern auch mit Mutter Erde.

So wie wir lernen müssen, zu verstehen, was Leben wirklich bedeutet, und uns selbst und andere auf unseren vielen unterschiedlichen Wegen zu lieben, müssen wir auch die Große Mutter verstehen und lieben. Für die meisten Menschen sind das zwei verschiedene Dinge, doch eigentlich ist es ein und dasselbe. Mutter Erde gibt dir deinen Körper, versorgt dich mit Nahrung und Wasser, mit Luft für deine Lungen, mit menschlicher Erfahrung und stellt dir alle anderen kleinen wie großen Lebewesen zur Seite. Wenn du also lernst, dich selbst zu lieben, beginnst du auch Mutter Erde zu lieben. Du kannst dich einfach nicht selbst lieben, ohne auch sie zu lieben, und umgekehrt. Dein Körper ist Mutter Erde. Du bist das Erdelement. Die größte Frage für uns alle lautet also: Kennen wir unsere Mutter wirklich?

Verstehen wir, dass jede Pflanze und jedes Tier, seien sie nun groß oder klein, eine Seele und einen Geist hat, einen Sinn und eine Aufgabe? Beim Anblick von etwas Grünem, das wächst, wissen wir wohl alle, dass das etwas Lebendiges ist; aber wissen wir, dass es auch einen Geist hat? Verstehen wir erst einmal, dass alles lebendig ist, Geist und Seele hat, dann bringen wir diesen Dingen auch mehr Wertschätzung entgegen und kümmern uns um sie.

Es gibt eine meines Erachtens sehr wichtige Praxis, die uns allen hilft, verbunden zu bleiben und uns in unserem hektischen Leben daran zu erinnern, dass es eine Welt gibt, die viel größer und bedeutender ist, als wir normalerweise wahrnehmen. Bei dieser Praxis ist es viel wichtiger, zu *fühlen,* anstatt davon nur als Konzept zu lesen. Deshalb bitte ich dich, nicht einfach nur weiterzulesen, sondern dir nach der Lektüre einige Augenblicke Zeit zu nehmen, ins Freie zu gehen und dich wirklich durch die Übung »durchzufühlen«.

Dein Selbstgefühl

Finde eine bequeme Stelle im Freien, setz dich auf Mutter Erde oder leg dich hin und schließe die Augen.

Sobald dein Atem langsamer geworden ist und du deinen Geist von der Außenwelt und dem ganzen Chaos frei gemacht hast, geh nach innen und finde dein »Selbstgefühl«. Spüre, wer du bist und wo dein Selbstgefühl ist. Spüre mit geschlossenen Augen deinem Selbst nach und stelle dir einen Augenblick lang vor, du wärst ohne Beine auf diese Welt voller Wunder gekommen … Frage dich: »Bin ich noch da? Lebe ich noch? Kann ich mein Selbst noch spüren?« Spüre, wo *du* dich in deinem Körper befindest; spürst du dein Selbst immer noch in dir, obwohl du keine Beine hast? Natürlich spürst du es noch!

Jetzt stell dir vor, du wärst auch ohne Arme geboren worden … Bist du noch da?

Stell dir vor, du wärst in diesen Körper geboren worden ohne einen Mund zum Sprechen oder Augen zum Sehen. Lass dein Gesicht zu einer leeren, unbeschriebenen Tafel werden. Ist dein Selbstgefühl noch vorhanden? Existierst du immer noch? Natürlich tust du das; dein Selbstgefühl existiert nicht in einem Teil deines Körpers und hat auch nichts mit der Größe oder Form deines Körpers, deiner Augen- oder Haarfarbe zu tun. Es existiert in deinem Inneren.

Nur allzu oft glauben wir, wir seien unser Aussehen, unsere äußere Erscheinung, unsere Schönheit, unsere Kleidung, unser Geld, unser Image und unser Besitz. Uns wurde beigebracht, an das in uns zu glauben, was uns andere Menschen gesagt haben. In Wahrheit hat das nichts damit zu tun, wer du bist! Du, dein wahres Ich, dein Selbstgefühl, dein großes ICH BIN, deine Seele und dein Geist lebt in dir, und dieses Selbstgefühl gab es schon immer und es wird in vielen verschiedenen Formen und Größen und Leben auch immer weiterexistieren.

Unser Körper ist ein großartiges Geschenk von Mutter Erde; ohne sie hätten wir keinen Körper. Wir sind Menschen, die ihr Erdenleben in Fleisch und Blut, also in physischer Form verbringen; doch *du* existierst auf einer viel höheren Ebene; *du* entstammst dieser herrlichen Quelle, die wir *Alles-was-Ist,* Gott, den Großen Geist, die Einheit nennen, um nur einige der vielen Namen aufzuführen. Wir alle haben die Wahl getroffen, einen Funken unserer selbst in diese Welt zu schicken, um diese Prüfung mitzumachen, uns auf diese Reise des Lebens zu begeben und daraus zu lernen. Wir alle haben uns dafür entschieden!

Bleib mit geschlossenen Augen sitzen und spüre noch einmal deinem Selbst nach …, wer du bist, der Funken deines großen *ICH BIN*, dein Geist und deine Seele. Stelle dir den großartigen Ort vor, von dem du kamst, die Quelle allen Lichts und aller Liebe, allen Lebens und der Einheit. Wie fühlt es sich an, Teil von *Allem-was-Ist* zu sein, als reine Form unendlichen Lichts und unendlicher Schöpfung? Verweile ein wenig in diesem Moment und spüre dein Selbst. Wenn du so weit bist, stell dir vor, du würdest dich bewusst dafür entscheiden, einen kleinen Funken deiner selbst aus diesem Licht der Einheit auf die wunderschöne Mutter Erde zu senden, wie du es ja vor vielen Jahren getan hast, um diesen Körper zu bekommen, in dem du jetzt lebst. Lass dich auf diesen wunderschönen Planeten mit seinen wundervollen blauen Ozeanen, den grünen Wäldern und sandbedeckten Wüsten, den tropischen Regenwäldern und wogenden Wiesen zutreiben, um dann langsam und sanft darauf zu landen.

Dein Bewusstsein stellt sich nun vor, dein Selbstgefühl sei diesmal in einem Baum erwacht. Du bist angekommen und bereit, zu lernen, zu wachsen und das Leben auf dem Planeten Erde zu erfahren. Spüre, wie es ist, in diesem Baum zu sein, spüre, wie sich deine Äste ausstrecken und deine Blätter das Licht in sich aufnehmen. Deine Wurzeln wachsen tief ins Erdreich hinein, saugen die Feuchtigkeit auf und verbinden sich mit den Nährstoffen. Als Baum gehst du unzählige Beziehungen und Partnerschaften ein. Wie fühlt es sich an, all dem Leben um dich herum Leben zu schenken, den Insekten, Vögeln, Pilzen Nahrung zu geben und so vielen anderen Lebensformen Schutz und Zuflucht zu gewähren? Du bist lebendig und ein großartiger, integraler Bestandteil vom Kreislauf des Lebens auf Mutter Erde. Als Baum hast du weder Beine zum Laufen noch Augen zum Sehen, die du öffnen kannst; du hast keinen Mund zum Sprechen und keine Arme, um etwas festzuhalten, und doch bist du lebendig, du existierst, dein Selbstgefühl *ist nach wie vor vorhanden,* so wie vorhin, als du dir deinen Körper ohne Beine oder Arme vorgestellt hast. Wer du bist, die Essenz des Selbst, ist nicht der Körper; dieses Selbst lebt im Körper, und genau dasselbe Selbstgefühl, dieser Funke einer lebendigen Seele, lebt in jedem Geschöpf und jeder Pflanze, ob groß oder klein.

Nun komm langsam in deinen Körper und dein Selbstgefühl im Hier und Jetzt zurück. Spüre deine Beine, bewege deine Zehen, spüre deine Arme und Hände, öffne die Augen und schau dich um. Betrachte all das Leben um dich herum, vom kleinsten Grashalm bis zum größten Baum. Alles Lebendige um dich herum hat einen Geist, einen Lebensfunken. Auch wenn es nicht in Worten sprechen, weggehen oder dich umarmen kann, ist es doch noch da und existiert.

Ja, es ist wahr: Die Natur hat nie aufgehört, zu uns zu sprechen, aber wir haben einfach nicht mehr zugehört. Überall auf diesem wunderschönen Planeten spricht die Natur ständig zu uns. Nicht in menschlicher Sprache, aber durch Emotionen und Gefühle und durch Herzbewusstsein. Deshalb reden die Urvölker und Ältesten davon, den Wäldern und Gewässern zu lauschen. Seit Jahrhunderten wird zur Natur gebetet und durch Stille und die großen Weisheiten des Unsichtbaren etwas gelernt. Die Natur kann zu uns sprechen, uns als Lehrerin dienen und uns Einsichten in unser Leben vermitteln; sie kann uns zeigen, wie wir Antworten auf all unsere Fragen finden. Wir müssen nur still sein und lauschen.

Allzu oft meinen wir – egozentrisch, wie wir sind –, nur das, was man sehen kann, wäre die Wahrheit. Sobald wir uns aber die Zeit nehmen und wirklich hinschauen und hinhören, eröffnet sich uns eine ganz neue Welt. Durch Wertschätzung und echtes Verständnis und Erkennen des Lebens, das uns umgibt, lernen wir, unsere wunderschöne Welt zu beschützen, anstatt sie uns anzueignen und als unseren Besitz zu betrachten.

Ich habe kürzlich Vorträge und Workshops in Hongkong und China gehalten. Am letzten Tag war ich total erschöpft; ich stand in einem Wäldchen mit riesigen Pappeln und fragte mich, ob ich das zu Ende bringen könnte. Ich sprach ein Gebet zur Großen Mutter und bat um Kraft. Da bemerkte ich, dass ein bisschen Pappelflaum über mir herumwirbelte; es fiel mir direkt vor die Füße. Klein und winzig lag dieser Samen, umhüllt von seinem Kokon aus Pappelwolle, zu meinen Füßen. Ich schaute ihn mir genauer an und dachte daran, wie erstaunlich die Natur doch ist. Dieser winzige Samen konnte zu einem dieser Riesen heranwachsen, die um mich herumstanden. Ich kniete mich hin, steckte den Samen in den feuchten Erdboden und wusste: Gelänge es mir, die Energie aufzubringen, die Botschaft noch ein paar Stunden weiterzuverbreiten – wer weiß, wie dieses Samenkorn des Wissens in dem einen oder anderen heranwachsen konnte. Also stand ich auf, praktizierte die Erdatmungs-Meditation und ging zurück zum Haus.

Das war keine welterschütternde Erfahrung, sondern einfach die Natur, die auf ihre reinste, sanfteste Weise zu mir sprach. Die Natur spricht andauernd zu uns, ist ständig unsere Lehrerin und zeigt uns den Weg. Dieses ganze Wissen gibt sie großzügig an uns weiter; wir müssen nur darauf achten. Der Schlüssel für das Gespräch mit der Natur und das Lauschen auf ihre Lehren ist ein Gefühl. Unzählige Male wurde mir erzählt: »Ich hab immer wieder versucht, dem Baum zu lauschen, aber ich habe nichts gehört.« Oder: »Ich wünschte, ich könnte so wie du zu den Tieren sprechen, aber ich höre nie etwas.« Dann muss ich immer leise lachen und sage: »Wenn du darauf hoffst, Worte von ihnen zu hören, kannst du lange warten, denn das wird nicht passieren.«

Wir Menschen sind immer so stolz, nicht wahr? Wir meinen, etwas sei nur dann real, wenn es so ist wie wir. Warum in aller Welt sollte ein Baum Englisch oder Holländisch oder sonst eine Sprache sprechen? Manchmal sind wir einfach gar zu arrogant.

Es stimmt: Die ganze Natur spricht, aber nicht mit Stimmbändern. Wie also funktioniert es? Wie können wir es zuwege bringen? Nun ja, wahrscheinlich hast du das schon gemacht, es aber einfach nicht gewusst. Hattest du zum Beispiel schon einmal ein Haustier? Es konnte nicht zu dir sprechen, stimmt's? Zumindest nicht mit Worten. Woher wusstest du dann, wenn etwas mit deinem geliebten Haustier nicht in Ordnung war? Woher wusstest du, dass es ängstlich, krank, glücklich war oder sich wohlfühlte? Du hast es gespürt! Und wie ist es bei Kindern? Erinnere dich einmal an dein Kind, als es noch ganz klein war und noch nicht sprechen konnte. Als Eltern wissen wir innerlich einfach, wenn etwas nicht stimmt. Egal, ob das Kind in der Nachbarstadt oder auch im Ausland ist, wir *wissen,* wenn etwas nicht in Ordnung ist; wir wissen es, weil wir es spüren, weil wir durch die gegenseitige Liebe zu diesem Kind eine so tiefe Verbindung haben. Wir alle sind nicht nur über das Bewusstsein, sondern auch über Emotionen miteinander verbunden. Jeder einzelne Mensch auf diesem Planeten kann sich wieder das Wissen aneignen, wie man zur Natur sprechen und auf sie hören kann. Das ist eine angeborene Gabe, die wir alle haben, vom ersten Menschen, der auf dieser Erde wandelte, bis heute. Während wir in diesem menschlichen Körper stecken, sind wir mit diesem Planeten und allem Lebendigen darauf für immer verbunden. Um zu diesen anderen Lebewesen sprechen und sie hören zu können, müssen wir sie wahrhaftig lieben.

Ich sage »wieder aneignen«, denn als Kinder wussten wir, wie das geht. Erinnere dich an deine Kindheit und wie einfach es war, mit den Tieren und Bäumen zu sprechen, beim Laufen durch das Gras Liedchen zu singen und sich mit den Blumen oder Bächen zu unterhalten. Wir alle waren so unschuldig und offen für das Leben um uns herum …, und dann wurden wir erwachsen. Wir alle wurden in diesen Strudel hineingerissen, versuchten uns einzufügen, versuchten mit dem Strom zu schwimmen, bemühten uns, so zu werden, wie es die Gesellschaft von uns erwartete und wollte. Da war es nicht mehr akzeptabel, mit Pflanzen und Tieren zu plaudern, und wir richteten unsere Aufmerksamkeit immer mehr auf das, was angeblich wichtig war.

Zum Glück haben viele Menschen liebevolle Beziehungen zu ihren Haustieren, wodurch dieses innere Wissen lebendig erhalten wird. Du musst keine Angst haben, dass diese Gabe dir für immer verloren gegangen ist. Du musst sie einfach von Neuem zum Leben erwecken bzw. wieder »einschalten«.

Als Erstes müssen wir lernen, still zu sein. Allzu viele Menschen sind ständig mit Reden und Denken beschäftigt und finden nie zur nötigen Ruhe, um zuzuhören, wirklich zuzuhören und wirklich zu sehen. Wir werden nie in das Bewusstsein kommen, von dem aus wir wirklich mit dem Herzen hören können, solange wir unseren Kopf nicht von all dem »weißen Rauschen« und den Gedanken an unsere Alltagssorgen frei gemacht und ihn zum Schweigen gebracht haben.

Spazierengehen in der Natur

Ich lebe seit einigen Jahren in Europa, und hier ist mir etwas Seltsames aufgefallen, das mich immer wieder verblüfft, nämlich was die Leute darunter verstehen, Zeit in der Natur zu verbringen. Da wird zuerst einmal alles Mögliche vorbereitet; ich bezeichne das als »Ritual vor dem Spaziergang«. Das Wichtigste dabei ist zunächst einmal der Konsum von Unmengen Tee oder Kaffee, gefolgt von einer Kleiderprobe. Man muss nämlich Wanderhosen anziehen, und zwar nicht irgendwelche, sondern solche mit einem Reißverschluss in Kniehöhe, falls man beim Laufen vielleicht lieber Shorts tragen möchte. Zweitens kann man keinesfalls irgendwelche Schuhe anziehen; es müssen die besten und robustesten Wanderschuhe aus wasserfestem Leder sein, mit einer Isolierung, die für Bergsteigerbedingungen auf dem Mount Everest geeignet ist. Dann wird ein moderner Stock aus Titan am Handgelenk festgeschnallt. Und dann kommen noch Fleece- und Regenjacke, Gürteltasche oder Rucksack, und schon ist der Naturbursche nach dem letzten Schluck Tee bereit, sich auf den total flachen, viel bevölkerten und oft sogar geteerten holländischen Wanderweg zu begeben.

Alle versammeln sich am Wegrand und sind im Geheimen ganz stolz auf sich, weil sie sich trotz ihres überfüllten Terminkalenders die Zeit nehmen, in den Wald zu gehen und eins mit der Natur zu sein. Und dann geht's los. Jetzt wird's erst richtig seltsam: Wir reden und reden, und dann plaudern wir noch ein bisschen darüber, wie der Tag war und was wir alles machen müssen, erzählen von unserem Job und den Kollegen, unserer Ehefrau bzw. dem Ehemann und den Kindern. Wir reden darüber, wie toll dieser Kaffee war und wie gut es doch ist, in der Natur zu sein. Ist der Spaziergang oder die Wanderung dann vorbei und wir sind wieder am Startpunkt unserer Route angelangt, ist es höchste Zeit für die nächste Runde Tee oder Kaffee, und alle sagen, wie toll doch ihr Spaziergang war und wie furchtbar gerne sie »in der Natur sind«.

Wie viele von uns können sich da wiederfinden? Selbst ohne das »Ritual vor dem Spaziergang« und bei einem Spaziergang, den wir alleine machen – wie viele von uns denken beim Laufen über ihre Sorgen nach, über all das, was zu erledigen ist, all die Pflichten und Probleme des Lebens? Hast du während des Spaziergangs überhaupt mit dem Reden aufgehört? Hast du irgendetwas von dem gehört, was die Natur uns zu sagen hat, bzw. von dem Leben gelernt, das um dich herum ablief? Hast du dir die Zeit genommen, die Energie einzuatmen, die Mutter Erde dir angeboten hat? Hast du dir die Zeit genommen, all die Geräusche und Klänge der Natur zu hören, all das Leben zu hören, das dich begrüßt hat? Hast du die Erde gerochen und das grüne Leben, das aus dem Erdboden und den Bäumen hervorbricht? Hast du dir die Zeit genommen, wirklich zu sehen, was da war, und Liebe auszusenden und zu empfangen, oder hast du nur geredet? In der Natur spazieren zu gehen und sie nicht wirklich wahrzunehmen – das ist, wie ein Buch zu lesen und nebenbei den Song im Radio mitzusingen. Aus dem Buch wirst du nichts lernen.

Der Punkt ist: Solange wir nicht lernen, still zu sein, werden wir nichts hören oder lernen. Zeit in der Natur in Stille zu verbringen, ist entscheidend wichtig, denn solange wir den Kopf nicht zur Ruhe bringen und all die herumschweifenden Gedanken außen vor lassen, können wir die Emotionen und Gefühle, über die die Natur mit uns kommuniziert, nicht bewusst wahrnehmen.

Sobald du auf dein Herz und die Liebe und den Respekt für das Leben um dich herum eingestimmt bist, erkennst du auch die Lektionen, die überall zu finden sind, kannst spüren, wie sehr dich Mutter Erde und alle ihre Geschöpfe lieben. Du wirst Teil des großen Kreislaufs des Lebens und erkennst, dass alles eins ist.

Ein Spaziergang in der Natur sollte dazu dienen, den Kopf klarzubekommen und uns wieder mit der Präsenz von Mutter Erde zu verbinden. Beim Gehen ist es wichtig, auf alle Sinne zu achten und zu erkennen, was es heißt, ein wahrhaft wacher Mensch zu sein. Bleib zwischendurch stehen und wecke nacheinander alle Sinne auf. Achte also zum Beispiel nur auf das, was du riechst, dann auf das, was du hörst. Spüre deinen Körper. Spüre Sonne und Schatten auf der Haut, die leichte Brise, die durch dein Haar weht. Spüre das Gewicht deines Körpers auf dem Erdboden. Dann öffne die Augen und beobachte all das Leben um dich herum. Zieh die Schuhe aus und nimm über deine Füße Verbindung zur Erde auf, atme die Energie von Mutter Erde ein. Umarme einen Baum; setz dich einen Moment still hin. Sei dankbar und spüre die Liebe, die du für alles hegst, was dich umgibt. Spüre die Liebe der Erde zu dir, wie die Liebe einer Mutter zu ihrem Kind. Sei dieser Baum, diese Blume, dieser Grashalm; verbinde dich mit der Natur und Mutter Erde.

Wir sind aufrecht gehende Wesen, mit den Füßen auf dem Boden, und das ist keineswegs ein Zufall. Die Poren unserer Füße gehören zu den größten des menschlichen Körpers; jeder Fuß hat mehr als 2000 davon. Wir können über unterschiedliche Punkte am Fuß Zugang zum ganzen Körper gewinnen. Solange wir mit unseren Füßen auf der Erde stehen, strömt die Mutterenergie über die Chakras empor und verteilt sich in unserem ganzen Körper. Deshalb ist es so wichtig, barfuß zu gehen und über die Fußsohlen Verbindung mit der Erde aufzunehmen. Unser Körper wird dank der Energie von Mutter Erde am Leben erhalten und kann sich dank dieser Energie bewegen; daran denken viele Menschen nicht. Wir verstehen, dass unser Geist, unsere Seele, dieser Funke des großen *ICH BIN,* in unserem menschlichen Körper lebt. Dieser Funke ist das wahre Selbstgefühl – das, was uns mit allem Lebendigen verbindet, denn es entspringt der Quelle. Unser physischer Körper wiederum ist ein Geschenk von Mutter Erde. Ohne Nahrung und Wasser und ohne ihre Energie können wir keinen menschlichen Körper haben und am Leben erhalten. Unser Geist steckt in unserem Körper wie die Hand im Handschuh, aber ohne die Energie, die durch uns fließt, würde diese Hand im Handschuh nur daliegen. Erst dank der Energie von Mutter Erde können wir uns bewegen, sprechen, handeln und funktionieren.

Im Leben sinkt unser Energiepegel oft ab. Der Alltagsstress erschöpft uns; wir essen ungesund und schlafen schlecht, verbinden uns nicht mit der Lebensenergie um uns herum. Wir tragen Schuhe mit Gummisohlen, welche die Energie von Mutter Erde nicht durch unsere Füße in den Körper hochfließen lassen. Unsere Ahnen trugen keine solchen Schuhe mit Gummisohlen. Sie wussten, wie wichtig es ist, sich in der Energie der Mutter zu erden.

Damit will ich nicht sagen, wir sollten den ganzen Tag barfuß herumlaufen; in der Gesellschaft, in der wir leben, wäre das nicht praktikabel bzw. unbequem. Doch wir müssen daran denken, die Schuhe abzustreifen, wann immer das möglich ist. Nimm dir ein paar Minuten Zeit für die Erdatmungs-Meditation, die so wichtig ist, um deinen Körper gesund und stark zu erhalten. Dazu musst du dich nur wenige Minuten von deinem vollen Terminkalender befreien; dadurch kannst du deine körperliche Gesundheit und Kraft erhalten und die Verbindung zur lebensspendenden Energie aufrechterhalten, die immer zur Verfügung steht.

Erdatmungs-Meditation

Für uns alle ist es wichtig, in Verbindung zu gehen, im Alltag regelmäßig Kraft zu sammeln und ins Gleichgewicht zu gelangen. Oft verlieren wir die Erdung bzw. erschöpfen unsere Energie.

Diese Meditation ist perfekt zum Tagesbeginn geeignet. Ich mache sie oft, bevor ich zu einem Vortrag auf die Bühne gehe oder eine Zeremonie durchführe, um mich selbst mit Energie zu versorgen und so gut wie möglich zu erden. Auch vor dem Beten und der Verehrung der vier Himmelsrichtungen praktiziere ich diese Atemmeditation. Sie bringt unsere Energie gut in Fluss und baut Blockaden in den Chakras und an anderen Stellen ab, wo der Fluss der Lebensenergie verlangsamt oder behindert wird. Sie kann uns zudem helfen, uns für spirituelle Führung zu öffnen und uns auf tiefere Zustände des Gebets und der Meditation vorzubereiten.

Stell dich barfuß im Freien auf den Boden, das Erdreich oder das Gras. Zunächst atmest du über die Fußsohlen die Farbe Grün ein, die Farbe der Erdenergie; spüre, wie die Erdenergie deine Zellen erfüllt und dich nährt, jeden einzelnen Zentimeter.

Ziehe mit dem ersten Atemzug diese grüne Energie von Mutter Erde möglichst weit entlang den Beinen hoch und atme sie dann durch die Fußsohlen wieder in die Erde aus. Das wiederholst du so oft wie nötig, bis du wirklich spüren bzw. dir vorstellen kannst, wie die Erdenergie in deinen Körper emporfließt. Beim Ausatmen lässt du die Energie nach unten über die Fußsohlen zu Mutter Erde zurückfließen.

Beim zweiten Einatmen ziehst du die Erdenergie langsam noch ein bisschen höher bis zum ersten Chakra bzw. ins Becken und atmest sie über die Füße wieder in die Erde aus. Versuche beim Einatmen, dir wirklich vorzustellen bzw. zu spüren, wie die Energie über den Blutkreislauf, die Muskeln, die Knochen hochfließt, deine Füße und Beine umgibt und zum Beckenboden heraufsteigt. Sobald du die Wärme der Energie im Körper spürst, bist du bereit für den nächsten Schritt; dabei atmest du ein, ziehst diese Energie hoch über das Becken, hinauf bis zum Unterleib, zum zweiten Chakra. Atme ein und halte den Atem mühelos an, dann atme über die Beine und Füße wieder in den Boden aus.

Nun atmest du mit dem nächsten Atemzug die Energie hoch bis zum Oberbauch, dem dritten Chakra; versuche wirklich zu spüren, wie du von der Energie erfüllt wirst. Dann lässt du sie mit dem Ausatmen zurück in die Erde fließen und konzentrierst dich dabei auf jeden einzelnen Teil deines Körpers; geh also nicht nur flüchtig darüber hinweg, sondern visualisiere und spüre, wie die Energie nach unten strömt und deine Gliedmaßen und Muskeln, das Blut, die Knochen und Zellen füllt.

Nun atmest du die Energie hoch zum vierten Chakra, dem Herzen, und spürst, wie sie im gesamten Brustbereich zirkuliert und das ganze Herz erfüllt, bevor du wieder ausatmest. Manche Menschen müssen das mehrere Male machen, das ist vollkommen in Ordnung. Sooft du spürst, dass die Energie nicht voll und ganz da ist, atmest du einfach noch einmal ein. Sobald sich ein entspanntes, warmes Gefühl einstellt, weißt du, dass du weitermachen kannst.

Mit dem nächsten Atemzug lenkst du die Energie von Mutter Erde hoch zum Halsbereich, dem fünften Chakra, das mit der Stimme, dem Aussprechen der Wahrheit und Verbreiten deiner Leidenschaften und dessen, was du zu geben hast, in Verbindung steht. Dann atme über die Fußsohlen wieder in die Erde aus.

Mit dem nächsten Atemzug lenkst du die Energie hoch zum Punkt zwischen den Augen in der Stirnmitte (das sechste Chakra bzw. Dritte Auge) und spürst, wie dieser Teil, der mit spiritueller Vision, höherer Wahrnehmung und Intuition zu tun hat, sich öffnet und sanft liebkost und mit Mutter Erde verbunden wird. Dann atmest du über die Fußsohlen wieder in die Erde aus.

Mit dem letzten Atemzug ziehst du die Energie ganz empor bis zum Scheitelpunkt (das siebte bzw. Kronenchakra) und spürst, wie sich dein ganzer Körper mit der wunderbaren Energie von Mutter Erde füllt. Fülle auch dein Gesicht, die Augen und Ohren, das Gehirn, die Hypophyse, die Haare und den Nacken mit diesem grünen, nährenden Licht, das dich mit allem Leben verbindet.

Atme ein letztes Mal aus und führe die Energie über die Arme und weiter über die Finger zurück zu Mutter Erde. Damit ist ein kompletter Energiezyklus abgeschlossen. Dieser Schritt ist sehr wichtig und sollte immer nur als letzter Schritt ausgeführt werden, sobald du alle Chakras durchlaufen hast.

Jetzt bist du mit dem vollständigen Kreislauf der Lebensenergie verbunden. Diese machtvolle grüne Lebenskraft kann dir dabei helfen, zu heilen, dich neu zu beleben und dich insgesamt in Balance zu bringen. Es ist sehr wichtig, einen Schritt nach dem anderen zu tun, sich für jedes Chakra genug Zeit zu nehmen und die Schritte so oft wie nötig zu wiederholen. Spüre das Aufsteigen der Energie, bevor du mit dem nächsten Schritt weitermachst. Nimm dir die Zeit, wirklich zu spüren, wie die Energie mit jedem Ein- und Ausatmen herauf- und hinabsteigt. Spüre bei den letzten Atemzügen die Wärme und manchmal auch ein Kribbeln in den Händen und Fingerspitzen, wenn die Energie vom Kronenchakra über die Hände zurück zu Mutter Erde fließt.

Nun bist du mit einem gesunden, voll und ganz verbundenen Körper bereit für den Tag und bist für alle möglichen Herausforderungen gewappnet.

Eine ähnlich gestaltete Meditation
mit dem Titel »Erdmeditation – Verbindung mit Mutter Erde«
kann auf Deutsch –
oder persönlich von Little Grandmother Kiesha Crowther
auf Englisch gesprochen –
als Download erworben werden unter
www. littlegrandmother.momanda.de

Deinen heiligen Kreis (Medizinrad) errichten:

Erde

Wir beginnen mit dem Element Erde, der Himmelsrichtung Westen und seiner Farbe, nämlich Schwarz. Als Erstes musst du einen ruhigen, besonderen Platz im Freien für dich finden, einen Ort voller Frieden, wo du jeden Tag ungestört beten und einen kleinen »heiligen Kreis« bzw. ein »Medizinrad« für dich errichten kannst. Viele indigene Völker ehren mit einem solchen Medizinrad die vier Himmelsrichtungen und bringen ihnen heilige Gebete dar, und zwar alle auf ihre eigene Art, aber es gibt nicht den einen, richtigen Weg. Beim Beten gibt es kein Richtig oder Falsch, solange deine Gebete rein und ehrlich sind. Alle Gebete müssen vom Herzen und der Seele des bzw. der Betenden kommen. Jedes Gebet wird auf persönliche Weise gesprochen, aber immer mit Ehrerbietung und Dankbarkeit für all die Gaben und Geschenke, die man erhält. Ein Medizinrad kann auf viele Arten errichtet werden; ich gebe hier die Art und Weise weiter, die ich erlernt habe und die meinem Herzen am nächsten liegt.

Einmal sagte ein Ältester zu mir: »Für eine Zeremonie oder ein Gebet gibt es nur eine Regel: Du musst es auf vollkommene Weise ausführen; das heißt, es muss zu einhundert Prozent aus deinem Herzen kommen.«

Beim Erstellen deines heiligen Kreises musst du nicht bei indigenen Völkern sein oder deren Zeremonie ausführen. Du musst auch nicht in ihren Worten sprechen. Vielmehr geht es darum, aus dem eigenen Herzen heraus zu beten und zu kreieren, deine tiefsten, aufrichtigsten Gebete zu sprechen; dann machst du es genau richtig.

Zu Beginn dieses Kapitels ging es um das Element Erde, seine Bedeutung und wo es in dir lebendig ist. Das Erdelement steht für deinen physischen Körper, das heilige Gefäß deines Geistes und deiner Seele auf deiner Reise als Mensch.

Sobald du den Platz für deine Gebete gefunden und die Atemmeditation praktiziert hast, ziehst du die Schuhe aus und stellst dich mit den Füßen auf die geliebte Mutter Erde, mit dem Gesicht nach Westen gewandt.

Spüre einen Moment lang deine Füße auf dem Erdboden oder dem Gras. Nimm das Gewicht deines Körpers wahr. Sei dankbar für die Chance, die Erfahrung des Menschseins machen zu können. Du bist nicht nur einer von 7,3 Milliarden Menschen auf diesem Planeten, der aufsteht, zur Arbeit geht, isst und ins Bett geht. Oh nein! Sei dankbar und mach dir bewusst, dass du ein wahrer Funke von *Allem-was-Ist* bist; du bist das große *ICH BIN!* Du bist ein wundersamer Geist und Funke des Göttlichen, eine Seele, die mit bestimmten Absichten auf die Erde kam. Eine Seele, deren Bemühungen und Fähigkeiten das Bewusstsein der Menschheit verändern können, deren Liebe und Dankbarkeit die Wunden vieler Menschen berühren und heilen können. Du bist großartig und einzigartig! Du bist alles, was du dir vorstellen kannst! Eine unaufhaltsame Kraft des Guten, der ein menschlicher Körper geschenkt wurde, um zu leben, zu atmen und die göttliche Mutter Erde und all ihre erstaunlichen Geschöpfe zu erleben.

Du stehst also fest mit beiden Füßen auf Mutter Erde und erkennst in diesem Augenblick, wer du bist und welch großes Geschenk es ist, hier zu sein – all deine Erfahrungen zu machen. Schließe die Augen und spüre, wie es sich anfühlt, einen Körper zu haben, auf diesem Planeten zu sein. Wie sich die Wärme der Sonne auf deiner Haut anfühlt …, die kühle Brise im Haar …, der Erdboden zwischen den Zehen … Nimm dir die Zeit, all das zu spüren und dankbar zu sein.

Nun verschließe alle Sinne außer dem Gehör und lausche. Im Lauf des Tages sind wir immer wieder so beschäftigt, dass wir die Geschöpfe um uns herum nicht mehr hören. Achte nun einen Moment lang auf das Leben um dich herum, lausche dem Rascheln der Blätter, den Insekten und Vögeln, die sich zwitschernd unterhalten und ihre Lieder trällern. Die Natur spricht immer zu uns, aber wir haben einfach vergessen, ihr zuzuhören. Deshalb nimm dir jetzt die Zeit, wirklich auf die Gespräche all dieser Schönheit um dich herum zu lauschen.

Nun schaltest du alle Sinne außer deinem Geruchssinn ab. Weißt du, wie Mutter Erde riecht? Hast du schon einmal darüber nachgedacht? Hab keine Angst, beuge dich hinunter und rieche die Erde, den nährstoffhaltigen dunklen Erdboden, das grüne Gras, die Blätter und Bäume. Rieche die Luft. Rieche den Duft des Lebens um dich herum.

Dann schmecke die Luft, öffne den Mund und atme ein, schmecke die süße Luft, die deine Lungen füllt. Steck einen Grashalm in den Mund, einen kleinen Stein, ein Blatt. Sei dankbar für die Gabe des Geschmackssinns.

Nun steh auf, öffne langsam die Augen und schau dir das Leben um dich herum wirklich an. Nimm alles auf, vom kleinsten Insekt bis zum größten Baum, betrachte die Pracht, die Mutter Erde erschaffen hat, um dir Freude zu schenken. Allzu oft nehmen wir alles für selbstverständlich und vergessen, dass unsere Sinne zu unseren größten Gaben gehören; doch meistens achten wir nur auf das, was wir sehen können. Dabei gibt es so viel mehr!

Spüre einen Moment lang mit allen Sinnen. Fühle, lausche, rieche, schmecke und erlebe alles, was Mutter Erde dir schenkt, und sei dankbar! Dankbarkeit ist die höchste Ebene von Bewusstsein, die einfachste und effektivste Art, das Gefühl der Liebe zu entzünden und eine hohe Energieschwingung im Körper zu erzeugen. Schau nach Westen, sei dankbar dafür, ein Mensch zu sein, sei dankbar für deinen Körper und all die Gaben von Mutter Erde, die dir in diesem Leben zuteilwurden.

Dein Körper ist das Erdelement. Als Mensch kannst du gar nicht von der heiligen Mutter Erde getrennt sein; das warst du nie und wirst es nie sein. Es ist unmöglich. Ja, wir können sie vergessen, aber wir können nie von ihr getrennt sein, … denn *wir sind sie!*

Von dem Augenblick an, als du in diesen Körper geboren wurdest, bis zum Tag deines Ablebens, wenn dein Geist zur Quelle zurückkehrt, bist du ein Teil von Mutter Erde. Sie ist keineswegs nur irgendein Stück Felsgestein, das um eine gelbe Sonne kreist, irgendwo im Weltraum unter Abermilliarden von Galaxien im Universum. Sie ist für jeden Menschen, der jemals gelebt hat und jemals leben wird, eine lebendige, lebensspendende, kostbare Mutter. Auf dem Planeten Erde leben über 8,7 Millionen verschiedene Spezies, mit denen wir im großen Kreislauf des Lebens verbunden sind. Wir haben das große Glück, diesen magischen Ort eine Zeit lang auf der ewigen Reise unserer Seele gemeinsam zu erleben.

Spüre so viel Dankbarkeit, wie du nur aufbringen kannst, für diesen großartigen Planeten – für das Element Erde und was es für dich als Mensch, dem ein kostbarer Körper geschenkt wurde, bedeutet. Wir blicken nach Westen und assoziieren diese Himmelsrichtung mit der Farbe Schwarz, weil im Westen die Sonne untergeht. Aus dieser Himmelsrichtung kommt die Nacht, die Zeit der Träume, der Dunkelheit und der Meditation.

Die Farbe Schwarz ist eigentlich gar keine Farbe; vielmehr entsteht Schwarz aus dem totalen Mangel an Farbe. Im sichtbaren Spektrum reflektiert Weiß das gesamte Licht- und Farbspektrum; Schwarz dagegen absorbiert Licht und ist die Abwesenheit von Farbe. Schwarz wird definiert als der visuelle Eindruck, wenn kein sichtbares Licht ins Auge fällt.

Bei den meisten indigenen Völkern steht die Farbe Schwarz für Anfang, Leere, Zeit der Meditation, Abschalten des Geistes. Von diesem Ort der Leere aus kann alles beginnen und alles gegeben werden. Wenn wir also nach Westen blicken, bedanken wir uns für den Anfang aller Schöpfung, die Erschaffung der Erde, die Zeit tiefer Meditation und die reinste Form des Empfangens von Wissen aus der Quelle. Indem wir zurück zur Schwärze, dem Ort der Meditation, gehen, bedanken wir uns für die Erschaffung von Mutter Erde, für uns und unsere unendliche Verbindung zur Quelle.

Ich stelle mich beim Beten immer so hin, dass ich in die Himmelsrichtung schaue, für die ich mich bedanke. Bevor ich Worte spreche, versuche ich, tiefstmögliche Wertschätzung und die Heiligkeit des Augenblicks zu spüren. Erst dann beginne ich, die Gebete laut auszusprechen. Ich danke der Himmelsrichtung Westen, allen Ahnen, den weisen Männern und Frauen, den Ältesten, den Großmüttern und Großvätern, den Geistern des Westens für ihr uraltes Wissen. Ich danke dem Element Erde und bedanke mich für alles, was die Erde in meinem Leben bedeutet. Ich bedanke mich für meinen Körper und die großartigen, reichlichen Gaben, die sie ständig schenkt, das Sichtbare wie das Unsichtbare. Ich danke der Farbe des Westens, der Schwärze, aus der uns alles gegeben wird.

Wenn du das auf deine ganz persönliche Art und Weise, mit höchstem Respekt, Ehrerbietung und in deinen eigenen, aus dem Herzen kommenden Worten gemacht hast, kannst du dich mit Tabak bedanken und dabei beten; entweder rauchst du den Tabak oder du verstreust ihn in Richtung Westen. Sollte etwas anderes stimmiger für dich sein, ist das auch in Ordnung. Es geht nur darum, Mutter Erde und dem Großen Geist immer ein Geschenk darzubringen, weil sie deine Gebete gehört haben.

Am wichtigsten dabei ist: Es sind *deine* Gebete, die aus *deinem* Herzen kommen. Noch einmal: Es gibt keine festgelegte Art des Betens; irgendwelche auswendig gelernten Gebete anstatt ein Gebet aus vollem Herzen zu sprechen, wäre das Ungünstigste, was du tun könntest.

Es gibt viele Beispiele dafür, wie man zu den vier Himmelsrichtungen beten kann. Die Kelten schließen dabei zum Beispiel auch die Baumgeister, das Feenvolk mit ein. Die peruanischen Schamanen beten auch zu den Tiergeistern der vier Himmelsrichtungen: dem Kondor, dem Kolibri, der Schlange und dem Lama. Zahllose andere Stämme verwenden andere Farben für die Himmelsrichtungen. Es geht darum, es *aus dem Herzen heraus* zu tun, dann kannst du nichts falsch machen.

Wenn du mit dem Beten fertig bist, finde etwas, womit du diesen Ort, an dem du dem Westen deine Ehrerbietung bezeugt hast, kennzeichnen kannst: einen Stein, einen Kristall, etwas Natürliches, das für die Himmelsrichtung Westen und die Farbe Schwarz steht; das ist der Anfang deines Medizinrads. Lege diesen ersten Stein hin, knie dich auf die Erde und erweise noch einmal deinen Respekt und deine Anerkennung. Bekunde deine Intentionen, warum du das Medizinrad erstellst, diesen heiligen Ort, an den du immer wieder zurückkehren wirst, um dich mit dir selbst und mit Mutter Erde rückzuverbinden. Danke dem Westen, dem Segensgeschenk der Schwärze und deinem göttlichen Planeten und erinnere dich, wie reich gesegnet, wichtig, bedeutungsvoll und wunderschön du bist.

Das Element Feuer

Beim Gedanken an die Elemente kommen uns einfach Wind bzw. Luft, Wasser, Feuer und Erde in den Sinn, aber nehmen wir uns wirklich die Zeit, um zu verstehen, was das bedeutet und wie diese Elemente unseren Planeten und uns selbst beeinflussen? Wir haben mit dem Erdelement angefangen, weil Erde alle anderen Elemente in sich trägt, so wie der Körper (Erde) die anderen drei Elemente von uns enthält. Wenn das Element Erde dein Körper ist – was ist dann das Element Feuer? Da sollten wir zunächst überlegen, welche Aufgabe das Feuer auf unserem Planeten hat.

Man kann sich Feuer leicht als einen großen Flammenball vorstellen, der auf unseren Planeten scheint und somit das Licht und das Leben auf der Erde andauern lässt. Oder es kommt uns das Bild einer geschmolzenen, kochend heißen Felsmasse tief im Erdinnern in den Sinn. Doch in Wirklichkeit steht Feuer für noch viel mehr. Ich möchte näher darauf eingehen, worum es bei diesem Element geht, was es macht und wie es sich auf uns Menschen auswirkt. Wie bereits erklärt, existiert alles, was es auf dem Planeten gibt, auch in uns. Beim Element Feuer müssen wir uns fragen: Welche Aufgabe hat es? Was macht es? Was ist seine wahre Kraft als Naturelement auf unserem Planeten?

Mutter Erde ist eine außergewöhnliche Lehrerin. Wir müssen nur unsere Beziehung zu ihr wieder neu entfachen, dann verstehen wir, wie viel grenzenloses Wissen sie uns vermittelt.

Man nehme zum Beispiel die enorme Kraft des Feuers: Die Natur erzeugt anhand des Feuers im Erdinnern flüssige Lava (auf der Erdoberfläche) und Magma (unterirdisch) und bildet damit ständig die Erdoberfläche um. Das Element Feuer produziert den fruchtbarsten Erdboden auf dem Planeten, recycelt Kohlendioxid (Nahrung für die Pflanzen) und erzeugt hydrothermale Schlote, über die chemische Substanzen und Wärme aus dem Erdinnern an die Oberfläche steigen, wodurch wiederum die gesamte Meereschemie reguliert wird.

Feuer assoziieren wir auch oft mit der Sonne. Wie wir alle wissen, könnte auf dem Planeten Erde ohne die Wärme und das Licht, das uns die Sonne Tag für Tag schenkt, nichts Lebendiges existieren. Doch haben wir auch schon einmal überlegt, warum es Flächenbrände gibt und weshalb wir sie brauchen? So einen Brand halten wir normalerweise für etwas Schlimmes und eilen mit Löschfahrzeugen heran, um ihn zu löschen. Doch die Natur kümmert sich selbst um sich. Flächenbrände gehören seit Anbeginn der Zeit zum Reinigungs- und Erneuerungsprozess von Mutter Erde. Flächenbrände sind für die Natur – für die Wälder und Graslandschaften – extrem wichtig und spielen eine entscheidende Rolle im Kreislauf des Lebens. Hast du schon einmal eine Wiese oder ein Feld voller gelbem, abgestorbenem, trockenem Gras im Frühling gesehen, das entweder von Menschen abgebrannt oder von der Natur in Brand gesetzt worden ist? Die erste Reaktion darauf ist: »Oh nein!« Doch man braucht nur ein paar Wochen zu warten, dann passiert etwas Erstaunliches: Genau dieses abgebrannte Feld bzw. die verbrannte Wiese ist grüner als das sie umgebende Land. Das Alte, Tote wurde verbrannt, und seine Asche dient jetzt als Dünger für die neuen Pflanzen, die wieder gedeihen und stark werden können. Ohne die Brände können die toten Ablagerungen des Waldes nicht schnell genug wiederverwertet werden, sammeln sich mit der Zeit an und ersticken das neue Leben im Keim.

Beim Spaziergang in einem Kiefernwald, in dem es seit vielen Jahren nicht gebrannt hat, sieht man beispielsweise nur sehr wenige junge Bäume. Das Erdreich erstickt unter toten, abgefallenen Kiefernadeln, sodass das Unterholz und die kleineren Pflanzen weder wachsen noch ein gesundes Ökosystem aufbauen können; irgendwann stirbt dadurch der Wald ab. In der Welt der Natur erneuert sich Mutter Erde durch solche Flächenbrände selbst – ein sehr wichtiger, ganz natürlicher Prozess zur Gesunderhaltung des gesamten Waldes.

Auch die Geschichte der nordamerikanischen Banks-Kiefer ist ein Beispiel dafür, wie wichtig Waldbrände sind. Die Zapfen dieser Kiefernart sind mit Harz gefüllt und sehr widerstandsfähig; sie bleiben geschlossen, bis ein Feuer ausbricht und das Harz schmilzt; erst dann spreizen sich die Schuppen durch die Hitzeeinwirkung auf und setzen den Samen frei. Ein paar Jahre nach einem solchen Brand sprießen überall junge Zitterpappeln, Banks-Kiefern, Tannen und Fichten.

Banks-Kiefern und Zitterpappeln waren stark vom Aussterben bedroht, weil in der nördlichen Hemisphäre Waldbrände inzwischen einer starken Kontrolle unterliegen. Feuer ist ein extrem wichtiges Naturelement für die Gesunderhaltung unseres Planeten und für uns Menschen. Leider haben wir fast alle Waldgebiete der Welt besiedelt und dadurch oftmals den natürlichen Prozess der Erde gestört.

Zweifellos ist die Entdeckung des Feuermachens einer der wichtigsten, wenn nicht sogar der entscheidendste Moment der Menschheitsgeschichte. Mit dem Feuermachen konnte man Wärme erzeugen; die Menschen konnten also kältere Klimazonen besiedeln und sich neue Jagdgebiete erschließen. Sie waren nun in der Lage, sich vor den Elementen und gefährlichen Tieren zu schützen, konnten sich neue Lebensräume mit Aussicht auf neue Nahrungsmittel zu eigen machen. Ja sogar unser Aussehen wurde durch die Nutzung des Feuers verändert. Dank der neuen Nahrungsmittel und der Möglichkeit des Kochens standen uns mehr Nährstoffe zur Verfügung. Der große, fassförmige Brustkorb und die breiten Hüften, die Menschen brauchten, um den großen Magen und die schweren muskulösen Kiefer für das Zerkleinern zäher Fasern zu stützen, bildeten sich zurück. Dank Feuer konnten wir Fleisch essen, was uns mit Protein und Nährstoffen für ein größeres Gehirn versorgte. Anfänglich brachte Feuer nicht nur Schutz, Wärme und Nahrung, sondern die Feuerstelle diente der Gemeinschaft auch als Ort, an dem man sich versammelte.

So wie unsere Vorfahren kommen indigene Völker heute noch an der zentralen Feuerstelle zusammen, um zu essen, Geschichten zu erzählen, wichtiges Wissen weiterzugeben, Rituale auszuführen und zu beten. Überall auf der Welt gibt es noch viele dieser uralten Rituale wie das Verbrennen von Salbei, Palo-Santo-Holz, Tabak und anderen Kräutern und Gräsern zur Reinigung der Energie, sei es nun von Personen oder Gebieten. Die Martu, ein Aborigines-Stamm in Australien, taufen ihre Kinder nach wie vor mit Rauch und nicht mit Wasser. Wir alle erinnern uns gern daran, wie wir gemeinsam gegessen oder gekocht haben oder mit der Familie in der Küche zusammengesessen sind. Feuer ist für uns heute noch genauso wichtig wie für unsere Vorfahren. Sei es nun die Steckdose, der Mikrowellenherd, die Herdplatte, die Heizung oder das Auto – für alles werden fossile Brennstoffe benötigt. Feuer ist heutzutage noch genauso überlebenswichtig wie vor Tausenden von Jahren – ein sehr machtvolles Geschenk. Man könnte Hunderte von Gründen dafür aufzählen, aber zugleich kann Feuer aus vielerlei Gründen auch katastrophale Schäden bewirken.

Feuer ist eine der zerstörerischsten Kräfte auf dem Planeten und kann leicht außer Kontrolle geraten, wenn man es wüten lässt; dann richtet es verheerende Schäden an, bevor ihm Einhalt geboten werden kann oder es von alleine ausbrennt. Nach aktuellen Schätzungen haben nicht einmal 3 Prozent aller Flächenbrände heute eine natürliche Ursache; 97 Prozent entstehen aufgrund menschlicher Fahrlässigkeit, vor allem durch vorsätzliche Brandstiftung, weggeworfene Zigaretten und unbeaufsichtigte Lagerfeuer. Häufige Brände in einer bestimmten Gegend zerstören das Ökosystem. Heutzutage werden Wälder ihres natürlichen Pflanzenbewuchses beraubt; stattdessen gedeihen dort invasive Pflanzen, die feuerbeständiger sind. Waldbrände lassen den Kohlendioxidgehalt der Atmosphäre ungeheuer ansteigen, wodurch wiederum der Treibhauseffekt verstärkt wird. Vom Menschen verursachte Waldbrände holzen riesige Landflächen ab, die daraufhin erodieren. Bei Regen entstehen durch die Erosion Sturzfluten, Landrutsche und Schlammlawinen, wodurch der Oberboden kein Wachstum mehr hervorbringen kann. Nach Angaben des US-amerikanischen National Interagency Fire Center verbrannten im Jahr 2015 mehr als 8 Millionen Morgen Land aufgrund von Flächenbränden. Das Feuerelement ist sehr mächtig; es kann Neues erschaffen, reinigend und regenerierend wirken, Licht und Wärme spenden, aber es hat auch eine sehr zerstörerische Kraft, wenn es aus dem natürlichen Gleichgewicht gerät.

Das Feuerelement spielt auf unserem Planeten also eine wichtige Rolle; doch was ist seine Aufgabe für uns Menschen und unseren Körper? Welche Rolle spielt es in unserem Leben? Wofür steht es?

Unser Feuer ist unsere *Leidenschaft!* Jeder Mensch hat nicht nur die Entscheidung getroffen, auf diesen Planeten zu kommen und hier zu leben, sondern trägt auch Leidenschaften in sich und hat eine Aufgabe zu erfüllen. Wir alle tragen ein Gefühl der Sinnhaftigkeit in uns: das, woran wir glauben und wofür wir einstehen, was wir so sehr lieben, dass allein der Gedanke daran unser Herz schneller schlagen lässt und uns eine Gänsehaut verursacht. Das, was du wirklich bist, hat nichts mit deinen Besitztümern, deinem beruflichen Erfolg oder deinem Aussehen zu tun, auch nichts mit der Meinung, die andere von dir haben. Ich spreche hier davon, wer *du* bist.

Was verursacht dir rasendes Herzklopfen? Wofür stehst du im Leben? Warum bist du hier und was *liebst* du? Das sind deine Leidenschaften im Leben, das bist du wirklich. Die Leidenschaften deines Lebens sind dein Feuer, deine Flamme, und solange dein Feuer von deinem Herzen regiert wird, verleihen deine Leidenschaften deinem Leben einen Sinn und sind deine Geschenke an die Welt.

Die Begriffe »Leidenschaft« oder »Passion« werden schnell mit Wörtern wie »Liebe«, »Güte« oder »Intimität« assoziiert, doch es hat ganz bestimmt nicht immer etwas damit zu tun. Streitest du dich nicht auch leidenschaftlich? Versuchst du nicht leidenschaftlich, zu beweisen, dass deine Gefühle und Meinungen wichtiger sind als die der anderen? Versuchen wir nicht leidenschaftlich, andere davon zu überzeugen, dass unsere Lebensweise richtig und die der anderen falsch sei? Auch egoistische Verhaltensweisen sind durchaus leidenschaftlich. Krieg, Religion, Geld, Politik – die Liste ist schier endlos. Solche Dinge und Überzeugungen werden von einer Leidenschaft regiert, die nicht der Liebe entspringt, sondern vom Ego angefacht wird. Wir müssen das Feuerelement in uns sehr genau beobachten und ständig analysieren. So wie ein Waldbrand außer Kontrolle geraten und zerstörerische Wirkung haben kann, kann unsere Leidenschaft von unserem Ego beherrscht werden. Und dann, das garantiere ich, trägt jemand entsprechende Verbrennungen davon.

Denk einmal an deinen letzten Streit zurück und frage dich: »Warum habe ich mich gestritten?« Warst du dabei liebevoll, freundlich, verständnisvoll und hast die andere Person angenommen? Waren deine Worte und deine Stimme voller Mitgefühl und Fürsorge? Und wie hast du dich gefühlt? Warst du voller Freude und Frieden oder wolltest du beweisen, dass du recht hast und der andere unrecht? Geriet deine Leidenschaft außer Kontrolle, wie ein zerstörerischer Waldbrand, sodass du dir selbst und anderen Schaden zugefügt hast? Leidenschaften, die vom Ego gesteuert werden, lassen meistens die Wut immer heißer lodern, bis wir schließlich verletzende Worte aussprechen, die wir sonst nie sagen würden. In einem Streit wollen wir nicht nur beweisen, dass wir recht haben, sondern auch, dass der oder die andere unrecht hat.

Da breitet sich dann das Feuer immer weiter aus, bis niemand mehr den brennenden Flammen und dem dadurch verursachten Schaden entkommen kann. Wieder gilt: Unser Feuer kann das strahlendste Licht sein und unser Leben mit Wärme erfüllen, unsere Hoffnungen und Träume nähren und damit Nahrung für die Seele sein; oder es kann für uns und andere eine äußerst zerstörerische Kraft sein.

Welche heilende, aber auch verletzende Kraft unser inneres Feuer hat, zeigt sich besonders in unserer sexuellen Vorgeschichte. Nichts kann eine Person bzw. deren Familie so sehr schädigen wie sexueller Missbrauch. Heutzutage hat einer von drei Menschen sexuellen Missbrauch erlebt. Wenn das sexuelle Verlangen eines Menschen vom Ego beherrscht wird, verursacht diese Flamme zweifellos schlimme Schmerzen – Schmerzen, die zu den ärgsten gehören, die ein Mensch erleben kann. Wer das selbst erlitten hat, weiß, dass nichts anderes unser Selbstwertgefühl so schwer beeinträchtigen kann. Oft ist sexueller Missbrauch äußerst traumatisch, sowohl auf körperlicher als auch auf seelischer Ebene, und zieht unter anderem starken Stress, Angstzustände und Furcht, Schock, Depressionen, Stimmungsschwankungen und posttraumatische Belastungsstörungen nach sich.

Andererseits gibt es nichts Heilsameres und Schöneres, als sich zu verlieben und sich körperlich zu lieben. Wird der Liebesakt in echter Liebe vollzogen, kann er nicht nur Herz und Emotionen heilen, sondern wirkt sich insgesamt und ganzheitlich heilend aus, bringt Kopf und Körper zusammen und erzeugt eine entspannende Sicherheit, ein Gefühl des Friedens.

Wird unser inneres Feuer von der Liebe regiert, kann es zu höchster Lust und Heilung führen und ist der schönste, herrlichste, kostbarste, intimste, wunderbarste Akt, den zwei Menschen miteinander überhaupt erleben können. Richtig genutzt kann unser

Feuer Altes verbrennen, unsere Vergangenheit bereinigen und den Weg bereiten für das Wachstum neuen Lebens in uns. Doch unter der Herrschaft des Ego verbraucht es alles, was gut ist, und verbrennt uns und andere. Nicht immer führt egogetriebenes inneres Feuer zu dramatischem sexuellem Missbrauch, aber oft erhebt es sein hässliches Haupt in den kleinen Dingen des Alltags.

Schon in früher Kindheit wurde uns beigebracht, wir müssten »für das kämpfen, was uns zusteht«, dürften uns »nie unterkriegen lassen«; »der Stärkste gewinnt immer«, und »wer am lautesten schreit, wird gehört«. Uns wird die Überzeugung eingeimpft, wir seien nicht alle gleich und sollten nach Rasse, Geschlecht, sexueller Orientierung, körperlichen Attributen, Volkszugehörigkeit und Religion bewertet werden. Wir wurden in eine Welt hineingeboren, die das Ego höher schätzt als das Herz. Das zeigt sich deutlich im Alltag – in unserer Erziehung durch die Gesellschaft.

Viele Menschen wachen inzwischen auf, aber immer noch meinen viele Leute, sie stünden gesellschaftlich über anderen oder sie seien anderen überlegen wegen ihrer Nationalität, ihrer Klasse, ihres Berufs, ihrer politischen Partei, ihrer sozialen Gruppe, ihrer Erziehung, ihres Vermögensstandes oder (und das ist am lächerlichsten) ihrer Hautfarbe. Da wir von der Gesellschaft schon in so jungen Jahren dazu erzogen werden, unser Denken und Fühlen auf das Ego zu gründen, werden wir sozusagen zu kleinen Soldaten, die darauf trainiert wurden, das Leben so zu leben.

Doch zum Glück wachen weltweit immer mehr Menschen aus dieser Illusion auf, die uns blind gegenüber unseren Wahrheiten und Potenzialen gemacht hat. Wir befinden uns an einem wichtigen Scheideweg, einem gewaltigen Sprungbrett der Menschheit, und müssen uns entscheiden: Entweder wir folgen der Gesellschaft, den Regierungen und Religionen in den Abgrund und vernichten uns gegenseitig und unseren Planeten – oder wir entscheiden uns für einen anderen Weg: den Weg der Liebe; Liebe zu uns selbst, zu Mutter Erde und all unseren Brüdern und Schwestern.

Albert Einstein

Leben wir im Bewusstsein der Liebe, dann gewinnen wir wieder Vertrauen zu uns selbst, glauben an unserer wahres Selbst, an unsere Größe und daran, dass wir die wahren Schöpfer dieser unserer Welt sind. Echte Liebe ist die stärkste Energie im Universum!

Kannst du dir eine Welt vorstellen, in der wir alle unserem Herzen folgen und die Macht der Liebe wirklich verstehen?

Albert Einstein, einer der hellsten Köpfe, die jemals auf dieser Erde gelebt haben, hat das besser als jeder andere verstanden. In einem Brief an seine Tochter Lieserl schreibt er von der wahren Bedeutung der Liebe:

»Als ich die Relativitätstheorie vorschlug, verstanden mich nur sehr wenige Menschen, und was ich Dir jetzt schreibe, wird ebenso auf Missverständnisse und Vorurteile in der Welt stoßen. Ich bitte Dich dennoch, dass Du dies die ganze Zeit, die notwendig ist, beschützt. Jahre, Jahrzehnte, bis die Gesellschaft fortgeschritten genug ist, um das, was ich Dir hier erklären werde, zu akzeptieren.

Es gibt eine extrem starke Kraft, für die die Wissenschaft bisher noch keine Formel gefunden hat. Es ist eine Kraft, die alle anderen beinhaltet, sie regelt und die sogar hinter jedem Phänomen steckt, das im Universum tätig ist und noch nicht von uns identifiziert wurde. Diese universelle Kraft ist LIEBE. Wenn die Wissenschaftler nach einer einheitlichen Theorie des Universums suchten, vergaßen sie bisher diese unsichtbare und mächtigste aller Kräfte.

Liebe ist Licht, da sie denjenigen erleuchtet, der sie aussendet und empfängt. Liebe ist Schwerkraft, weil sie einige Leute dazu bringt, sich zu anderen hingezogen zu fühlen. Liebe ist Macht, weil sie das Beste, das wir haben, vermehrt und nicht zulässt, dass die Menschheit durch ihren blinden Egoismus ausgelöscht wird. Liebe zeigt und offenbart. Durch die Liebe lebt und stirbt man. Liebe ist Gott, und Gott ist die Liebe.

Diese Kraft erklärt alles und gibt dem Leben einen Sinn. Dies ist die Variable, die wir zu lange ignoriert haben, vielleicht, weil wir vor der Liebe Angst haben. Sie ist schließlich die einzige Macht im Universum, die der Mensch nicht nach seinem Willen steuern kann.

Um die Liebe sichtbar zu machen, habe ich eine meiner berühmtesten Gleichungen genutzt. Wenn wir anstelle von $E = mc^2$ die Energie akzeptieren, um die Welt durch Liebe zu heilen, kann man durch die Liebe multipliziert mal Lichtgeschwindigkeit hoch Quadrat zu dem Schluss kommen, dass die Liebe die mächtigste Kraft ist, die es gibt. Denn sie hat keine Grenzen.

… Nach dem Scheitern der Menschheit in der Nutzung und Kontrolle über die anderen Kräfte des Universums, die sich gegen uns gestellt haben, ist es unerlässlich, dass wir uns von einer anderen Art von Energie ernähren. Wenn wir wollen, dass unsere Art überleben soll, wenn wir einen Sinn im Leben finden wollen, wenn wir die Welt und jedes fühlende Wesen, das sie bewohnt, retten wollen, ist die Liebe die einzige und die letzte Antwort.

Vielleicht sind wir noch nicht bereit, eine Bombe der Liebe zu bauen, ein Artefakt, das mächtig genug ist, allen Hass, Selbstsucht und Gier, die den Planeten plagen, zu zerstören. Allerdings trägt jeder Einzelne in sich einen kleinen, aber leistungsstarken Generator der Liebe, dessen Energie darauf wartet, befreit zu werden.

Wenn wir lernen, liebe Lieserl, diese universelle Energie zu geben und zu empfangen, werden wir herausfinden, dass die Liebe alles überwindet, alles transzendiert und alles kann, denn die Liebe ist die Quintessenz des Lebens.

… Ich bedauere zutiefst, nicht in der Lage gewesen zu sein, das auszudrücken, was mein Herz enthält: Mein ganzes Leben hat es leise für Dich geschlagen. Vielleicht ist es nun zu spät, mich zu entschuldigen, aber da die Zeit relativ ist, muss ich Dir wenigstens jetzt sagen, dass ich Dich liebe und dass ich durch Dich zur letzten Antwort gekommen bin.

Dein Vater Albert Einstein«

[Auf Deutsch zitiert nach https://www.mystica.tv/brief_albert_einstein_mystica/ (Stand: 02/2018); die Zuschreibung des Briefes an Albert Einstein gilt derzeit nicht als gesichert (Anm.d.Red.).]

Liebe ist die mächtigste Kraft im gesamten Universum – sie ist die Energie, die alles verbindet und am Leben erhält. Die Liebe ist die Kraft, aus der das Universum und alles Leben geboren wurde.

Durch die Liebe können wir uns nicht nur miteinander verbunden fühlen, sondern auch mit der Schöpfung alles Lebendigen. Verstehen wir erst einmal die verbindende Kraft der Liebe, können wir Teil der Lösung werden, anstatt Teil des Problems zu sein. Wir können damit beginnen, uns selbst, einander und auch den Planeten, auf dem wir leben, wirklich zu lieben. Durch ein Leben in Liebe werden wir Teil des Wissens, der Weisheit, Dankbarkeit, Güte und Inspiration des Universums, was wir alle brauchen. Das Universum ist ein einziger großer lebendiger Organismus, und wenn du erkennst, dass auch du Teil davon bist, wirst du dir des göttlichen Rades des Lebens bewusst. Du bist Teil dieses Masterplans der Einheit, und sobald du das verstehst, beginnst du, dein volles Potenzial zu leben und all die Schmerzen, Ungleichheiten und Ablenkungen, die laut der Gesellschaft so wichtig seien, hinter dir zu lassen. Dann hast du die Freiheit, zu sein, wer immer du sein möchtest, das zu erschaffen, was du dir wünschst; wir sind dann die großen Mitschöpfer unserer Welt und unserer Erfahrungen. Wir sind nicht getrennt, sondern Teil der einzigartigen, göttlichen Schöpfung von *Allem-was-Ist.*

Du – und nur du – kannst dich entscheiden, im Fluss dieser mächtigen Kraft zu leben. Es ist immer deine Wahl, das Bewusstsein der Liebe oder des Ego zu nähren, glücklich oder unglücklich zu sein, eins mit der Schöpfung zu sein oder gegen sie anzukämpfen. Ist dein Leben von Kampf und Mühe geprägt? Dann frage dich: »Kämpfe ich, weil ich nicht so bin, wie die Gesellschaft mich gerne hätte? Oder kämpfe ich, weil ich nicht mühelos im Fluss bin mit der stärksten, freudvollsten, belebendsten, lebensspendenden Kraft des Universums auf der Erde?« Liebe ist die natürlichste und stärkste Emotion auf der Erde, und eine der besten Möglichkeiten, sich auf diesen Fluss auszurichten, besteht darin, zu wissen, wer du bist, dein inneres Feuer und deine Leidenschaften zu entdecken und dich selbst zu lieben.

Durch dein Feuer und deine Leidenschaft kannst du dir das Leben erschaffen, das du dir wünschst. Das zu sagen ist allerdings sehr viel einfacher, als es auch zu leben. Zur Zeit, da ich dieses Buch schreibe, fliehen Millionen von Menschen aus dem Irak und aus Syrien vor dem Islamischen Staat und überschwemmen

Europa. Über eine Million Flüchtlinge kommen nach Deutschland und Hunderttausende in die Nachbarländer. Die Emotionen der Menschen darüber sind geteilt. Ich saß bei vielen Familien in kleinen deutschen Dörfern und in den Niederlanden, die jetzt mit Tausenden von Flüchtlingen überlaufen sind. Viele dieser Leute sind wütend oder einfach überfordert, und ich kann das durchaus nachempfinden, denn ihr Leben und ihr normaler Alltag haben sich dramatisch verändert. Ich habe die Behelfsunterkünfte für Flüchtlinge besucht; auch an meinem Wohnort gibt es welche. Ich habe mit diesen Menschen gesprochen, die mit ihren Familien vor dem Terror geflohen sind. Für alle ist das gerade eine herzzerreißende Situation, doch wie ich festgestellt habe, gilt etwas immer – einerlei, wie der einzelne Fall aussieht: Es ist kein Platz für Hass! Hass hat diese Massenvernichtung, all das Chaos und den Kummer verursacht, und die Emotion des Hasses wird in keinem Fall die Probleme lösen. Wie schon gesagt, ist es viel einfacher, in einem Buch etwas über das Konzept der Liebe zu lesen und dann zu denken: »Oh, das ist schön – so will ich auch leben!« Ganz anders sieht es aus, wenn man die Chance beim Schopf ergreifen kann, nach innen zu gehen und sich zu fragen: »Wie kann ich am besten ein liebevolles Leben führen und mich jetzt nicht vom Ego beherrschen lassen?«

Es ist ja so einfach, auf die radikalen Kämpfer des Islamischen Staates im Irak und in Syrien (ISIS) wütend zu sein, sie zu hassen und damit in die Falle der vom Ego beherrschten Leidenschaft zu tappen, hasserfüllt und wütend zu werden, zu verurteilen und sogar zum Rassisten zu werden. Allerdings ist es genauso einfach, es aus einem anderen Blickwinkel zu betrachten. Du liest ja dieses Buch und bist somit wahrscheinlich auf dem Pfad des Liebesbewusstseins: Du erwachst und möchtest dein Bewusstsein verändern, in dem Wissen, dass unser Planet ein massives Problem hat, und bereit dazu, dein Leben zum Besseren zu wenden. Die meisten Leser und Leserinnen dieses Buches haben ein schönes Zuhause, einen guten Job, genug Geld, um Nahrung und sauberes Wasser sowie all die Annehmlichkeiten des Lebens zu kaufen, unter anderem auch ein gutes Buch zur Unterstützung ihrer spirituellen Reise. Wir gehören zu jenen, die Glück haben, und wir sind nicht in der Mehrheit! Uns wurde viel geschenkt; uns geht es gut, und wir können die Energie aufbringen, uns unserer spirituellen Entwicklung zu widmen. Doch leider lebt fast die Hälfte der Erdbevölkerung – über 3 Milliarden Menschen – von weniger als zweieinhalb Dollar am Tag. Schockierenderweise sterben *täglich* mehr als 22.000 Kinder aufgrund von Armut.

Wir, die wir im Westen leben, vergessen gerne, wie reich beschenkt wir sind. Wir leben unser Leben, essen und genießen die Wochenenden, beschweren uns über allen möglichen Unsinn und fällen ganz schnell Urteile über Menschen, von denen wir nichts wissen. In diese Falle tappen wir sehr leicht, stimmt's? Wir wollen die Welt verändern, wollen in einer Welt voller Liebe und Licht leben, und das können wir auch, aber *wir* müssen die Veränderung bewirken. *Wir* müssen die Arbeit tun – nicht die Mutter, die mit drei kleinen Kindern auf dem Lehmboden haust, ihren Kindern nichts zu essen geben kann, während draußen vor der Tür ein Krieg stattfindet. Und auch nicht der Vater, der sein Kind bei Eisregen auf dem Rücken trägt und den Bomben zu entkommen versucht. Es ist auch nicht die Aufgabe der Kinderarbeiter und der versklavten Frauen, die in überhitzten, überfüllten Fabriken unsere H&M- oder Walmart-T-Shirts und Handtaschen herstellen. Und auch nicht die Aufgabe derer, die versuchen, dem Völkermord zu entkommen, der von der eigenen Regierung und von radikalen Gruppierungen angezettelt wird. Sie alle wollen überleben. *Wir* dagegen müssen damit beginnen, ein liebevolles und mitfühlendes Leben zu führen, um die Welt zu verändern.

Die Welt kann nicht noch mehr Hass gebrauchen; es ist nur Platz für mehr Liebe. Wir müssen einander als Brüder und Schwestern, als Menschen lieben. Wir müssen an uns nicht die Hautfarbe oder den religiösen Hintergrund sehen, sondern einander als weiteres Abbild des Selbst erkennen.

Ich erinnere mich, wie ich einmal neben einer Frau saß, während sie sich über all die Flüchtlinge aufregte, die in die Stadt kamen, in der sie wohnte. Ich hörte ihrem Geschimpfe eine Weile zu – Tiraden nach dem Motto: »Die sollen doch alle wieder in ihr eigenes Land zurückgehen, da gehören sie hin. Sie sind nicht wie wir.« Je mehr sie herumzeterte, desto wütender wurde sie, desto mehr wollte sie mich überzeugen, und es wurde immer schlimmer. Ich versuchte, ihr richtig zuzuhören, und kommentierte nichts; stattdessen stellte ich ihr ein paar Fragen. Zunächst einmal, ob sie Kinder habe. Die Antwort lautete: »Ja.« Dann: »Wenn auf Sie und Ihre Kinder geschossen würde und Sie bombardiert und gejagt würden wie Beutetiere, um Sie zu Sexsklaven zu machen: Würden Sie dann irgendwohin laufen, wo es sicherer ist?« Sie starrte mich an, öffnete ein paarmal den Mund, konnte jedoch nichts sagen; dann ging sie weg. Ich versuchte nicht, sie zu beunruhigen, sondern stellte einfach etwas fest: Du würdest doch alles tun, um deine Familie, deine Lieben zu schützen, wirklich alles! Egal, wer du bist und woher du kommst – alle Menschen verdienen Güte, Freundlichkeit, Sicherheit und Wohlbefinden! Die grundsätzlichen Menschenrechte sollten für alle gelten, nicht nur für ein paar wenige!

Wir haben die Wahl, wie wir in dieser Flüchtlingssituation oder unter anderen tragischen Umständen reagieren. Wir werden entweder zu dem Hass, der die ganze Bescherung überhaupt erst ausgelöst hat, oder wir können darüber hinauswachsen. Du kannst dich entscheiden, dich über diese Menschen, die in deine kleine Stadt und in viele andere Städte strömen, zu ärgern, zu verbittern und darüber sauer zu sein, oder du kannst aus dem Haus gehen und Hallo zu ihnen sagen. Wir können uns darüber beschweren, dass die Regierung nicht genug für diese Menschen tut, oder wir können unsere Dachkammer leerräumen und eine Flüchtlingsunterkunft besuchen. Wir können Hass über die ISIS-Kämpfer verbreiten oder für sie beten und ihnen Liebe schicken, um ihre Herzen zu erweichen. Wir können tatsächlich wählen, wie wir unser Feuer im Leben zum Ausdruck bringen wollen; wir können leidenschaftlich lieben oder unsere Leidenschaft in unser Ego und in den Hass stecken. Das eine wird uns verbrennen, das andere wird allen Liebe und Wärme schenken. Wir haben die Wahl!

Als wir uns entschieden, auf diese Welt zu kommen, hatte das einen Sinn und Zweck; wir kamen mit einer Leidenschaft dafür, wer wir werden, was wir lernen und geben wollten.

Ich habe schon viele Menschen erlebt, die ihre Leidenschaft für das Leben verloren haben, diesen Funken, der uns morgens dazu bringt, aufzustehen. Sie haben vergessen, warum sie hier sind. Bei Einzelsitzungen lautet eine der häufigsten Fragen: »Was ist der

Sinn meines Lebens?« Ich gebe immer dieselbe Antwort: »Das weiß ich nicht, nur du selbst weißt die Antwort auf diese Frage.«

Weißt du nicht, was deine Leidenschaft im Leben ist? Dann ist es höchste Zeit, es herauszufinden. Setz dich hin, nimm ein Blatt Papier und mach eine Liste von allem, was dir ein gutes Gefühl gibt; damit meine ich *wirklich gut,* so gut, dass dir die Tränen in die Augen steigen und dir das Herz in der Brust schwillt. Wir müssen uns wieder daran erinnern, was uns einzigartig macht, nicht wodurch wir so werden wie alle anderen. Unsere Schulen haben uns gesagt, wir müssten alle in dieselbe Schublade passen. Sie haben uns zu kleinen Robotern gemacht. Das ist eine große Tragödie! Wir sind nicht alle gleich! Wir sind verschieden, haben unsere ganz eigene Schönheit und unsere individuellen Talente.

Sobald ich auch nur die Wörter »Mutter Erde«, »Wildnis« und »wilde Tiere« sehe, überläuft mich am ganzen Körper ein warmes, wohliges Gefühl. Mein Herz schlägt schneller, wenn ich an die wilden Orte denke, die ich auf diesem erstaunlichen Planeten gesehen habe. Das ist meine absolute Leidenschaft – das bin ich. Davon kann und werde ich mich nie abspalten. Das bin *ich,* und das *liebe* ich! Doch ich weiß, nicht alle Menschen fühlen und denken so und hegen diese Leidenschaft. Meine Frau Joyce hat andere Leidenschaften im Leben; bei ihr ist es die Leidenschaft für den menschlichen Körper und wie alles zusammenwirkt. Wir sind verschieden, und genauso soll es auch sein.

Was ist deine Leidenschaft?

Wo bist du mit Leidenschaft dabei? Was liebst du? Worin besteht dein Feuer? Wenn ich diese Frage einer Gruppe von Zuhörern und Zuhörerinnen bei einem meiner Vorträge stelle, haben wir eine Leidenschaft gemeinsam – die einen mehr, die anderen weniger: Wir möchten die Welt zu einem besseren Ort machen. Oft sage ich dann, ich könnte genau denselben Vortrag zu Hause vor meinem Computer auf YouTube geben. Es ist viel bequemer, im Schlafanzug und in Pantoffeln eine Aufnahme zu machen, als herumzureisen, unterwegs schnell etwas zu essen und in einem fremden Bett zu schlafen. Warum also mache ich das? Sooft ich Leute für einen Vortrag zusammenbringe, besteht der Hauptzweck eben darin: all diese Leute zusammenzubringen. Sobald du nämlich weißt, was der Sinn bzw. die Leidenschaft deines Lebens ist, ist es das Allerwichtigste, diese Flamme der Leidenschaft am Brennen zu halten! Es ist einfach, sich leidenschaftlich für etwas zu begeistern, doch solange wir damit nichts anfangen, uns nicht damit identifizieren und es nicht immer wieder bestärken, lassen wir dieses Feuer leicht ausgehen. Wir Menschen sind schon seltsame Wesen. Wir brauchen regelmäßig Bestätigung, müssen das Gefühl haben, nicht allein zu sein. So sind wir nun einmal; wir gehören gerne dazu. Wir sind gerne Teil von etwas, und genau dieses Bedürfnis macht uns so stark! Ich halte meine Vorträge nicht auf YouTube, weil ich euch alle zusammenbringen möchte, um euch zu zeigen, dass ihr nicht allein seid. Es gibt viele Menschen wie euch; ihr müsst euch nur finden.

Einer meiner Ältesten lehrte mich etwas, das ich nie vergessen werde: »Stell dir vor, du sitzt an einem Lagerfeuer und siehst die heiße rote Kohle brennen. Was passiert, wenn ich ein Kohlestück aus dem Feuer herausnehme und es im Dunkeln, abseits vom Feuer, liegen lasse? Was passiert praktisch auf der Stelle mit diesem heißen, rotglühenden Stück Kohle? Es wird schwarz und verliert sehr schnell die ganze Wärme. Doch was passiert, wenn ich eben dieses Stück Kohle wieder ins Feuer lege? Es fängt in Sekundenschnelle erneut zu glühen an, wird rot und heiß.« Auch wir sind wie die Kohlen im Lagerfeuer; wir brauchen einander, um so hell zu brennen, wie uns möglich ist. Auf uns allein gestellt haben wir vielleicht in uns noch ein bisschen Wärme, aber es ist sehr schwierig, diese Wärme, dieses innere Feuer am Brennen zu halten. Doch sobald wir mit anderen zusammen sind, die dieselben Überzeugungen, Gefühle und Leidenschaften hegen, beginnen wir wieder rot und heiß zu glühen.

Menschen brauchen Menschen; wir sind keine Spezies von Einzelgängern. Wir brauchen einander. Anstatt mit unserem Ego leidenschaftlich zu hassen, zu töten und zu verurteilen, können wir damit buchstäblich die Welt verändern. Wenn du weißt, wer du bist, warum du dich hierhergeschickt hast und welche Leidenschaften du hegst, beginnst du wirklich zu leben! Du kannst damit anfangen, Gleichgesinnte zu finden und gemeinsam eure Leidenschaften zu entwickeln, so wie wenn man Holz in ein Feuer legt. Das Schlimmste wäre es, das Feuer ausgehen zu lassen, und zwar nicht, weil man es nie wieder anzünden könnte, sondern weil es schwierig ist, es von Grund auf neu zum Brennen zu bringen.

Viele Menschen haben ihr Feuer verloren, und vielleicht denkst du beim Lesen dieses Buches: »Oh nein, was ist denn meine Leidenschaft?« Oder: »Verdammt …, mein Feuer ist ausgegangen!« Das ist in Ordnung! Auch wenn es schwierig ist, ganz von vorne anzufangen, so ist es doch möglich. Ich habe schon so viele Menschen getroffen, die in Tränen ausgebrochen sind und am Boden zerstört waren, weil sie in ihrem Leben keinen Sinn und keine Leidenschaft mehr hatten. Wenn auch du so jemand bist, dann trockne deine Tränen, denn diese Leidenschaft und dieser Sinn sind nicht wirklich verschwunden; du musst sie nur wiederfinden.

Meistens ist der Sinn bzw. die Leidenschaft nicht verloren gegangen, sondern steckt nur irgendwie fest. Ich weiß noch, wie ich mich, als ich zwei kleine Babys großzog, fragte: »Wo ist denn eigentlich Kiesha abgeblieben?« Damals gab es in meinem Leben keine Zeit und keinen Platz, um eine andere Leidenschaft auszuleben. Diese beiden Engelchen großzuziehen, wurde zu meiner Leidenschaft. Eine Freundin von mir musste sich um ihre beiden sehr kranken Eltern kümmern und hatte gleichzeitig zwei kleine Kinder und einen Vollzeitjob. Sie konnte sich mit keinem anderen Sinn oder mit ihrer Leidenschaft beschäftigen, sondern nur mit dem, was als Nächstes anstand.

Wenn wir uns nicht mehr auf unseren Sinn und unsere Leidenschaften fokussieren, kann das viele Gründe haben. Wichtig ist, nicht zu vergessen, dass wir immer zurückkehren können. Die Essenz deines Selbst, der Sinn deines Daseins hier auf diesem wundervollen Planeten ist immer in dir vorhanden. Ganz egal, wie tief er manchmal vergraben sein mag, er ist noch immer da; das solltest du nicht vergessen.

Meiner Erfahrung nach besteht das größte Problem für Menschen, die hier feststecken, in ihren Projektionen und Überzeugungen über sich selbst – Glaubenssätze, die schlicht und ergreifend nicht wahr sind. Zunächst einmal hast du einen Sinn und eine Leidenschaft, hast irgendwo in dir ein Feuer brennen. Du musst es nur finden, und wahrscheinlich hast du nicht am richtigen Ort gesucht. Ich bin fest davon überzeugt, dass jeder Mensch auf diesem Planeten leidenschaftlich von etwas begeistert ist! Wir hatten als Kinder alle unsere Träume, aber irgendwo auf dem Weg haben wir sie aus den Augen verloren, als sich das Ego breitmachte. Während wir heranwuchsen, passierte etwas, das uns solche Angst einjagte, dass wir unsere Träume ganz tief drinnen versteckten, wo sie sicher vor der Gesellschaft und den Meinungen anderer waren.

Wir verbergen unsere Leidenschaften vor allen, die sie zerschlagen könnten, und haben ihnen nie eine Chance gegeben. Womöglich haben wir nie auch nur versucht, unsere Leidenschaft zu leben, weil wir zu große Angst vor dem Versagen hatten, und so haben wir einfach aufgegeben. Andere wiederum haben ihre Leidenschaft für sich behalten, weil sie gar zu groß, zu klein, zu normal oder zu ungeheuerlich erschien.

Meistens läuft alles auf »Angst« hinaus: Angst davor, nicht gesehen zu werden, Angst davor, was die anderen wohl denken, Angst vor Zurückweisung, Angst vor dem Unbekannten … Angst, Angst, Angst! Weißt du, was mir einmal jemand aus dem Kreis der Ältesten sagte? Angst ist nur eine Krankheit des menschlichen Geistes! Wir haben Angst vor dem Unbekannten oder dem, was andere von uns denken, und das heißt: Wir denken uns etwas im Kopf aus. Wir überzeugen uns selbst von etwas, was noch gar nicht passiert ist und vielleicht auch nie eintreten wird. Wir steigern uns in dieses Szenario hinein und gestalten die Geschichte immer realer, nähren dadurch die Angst, bis wir irgendwann an den Punkt kommen, dass wir sagen: »Nein, auf keinen Fall werde ich das machen – ich werd's noch nicht mal versuchen!« Wir haben uns eine Geschichte ausgedacht und uns darüber so in Panik versetzt, dass wir keinen Schritt mehr weitergehen können. Doch in Wirklichkeit ist noch gar nichts passiert; wir haben uns lediglich im Kopf etwas ausgedacht und es für wahr gehalten.

Hört sich das nach einer Geisteskrankheit an? Tatsächlich, Angst ist eine Krankheit des Geistes. Manche Leute geraten schon allein bei der Frage »Was ist deine Leidenschaft?« in Panik. Als gäbe es auf diese Frage eine richtige oder eine falsche Antwort! Ihr Blick wandert hin und her, und ich kann sehen, wie sich Panik breitmacht. Sie denken: »Was soll ich bloß sagen? Was wäre eine gute Antwort? Was will sie von mir? Was würde sich wirklich beeindruckend anhören?« Es gibt keine richtige oder falsche Antwort, da kannst du ganz sicher sein; es ist eine einfache Frage, auf die es eine einfache Antwort geben sollte. Was liebst du? Was erfüllt dein Herz mit Freude? Wie sehen deine Träume aus? Was ist für dich wahrhaft erfüllend?

Wenn ich die »Leidenschaftsfrage« stelle, meinen die Leute oft, ich wolle etwas ganz und gar Erstaunliches hören, etwas ganz Grandioses; etwas ganz Tiefgründiges und Weltveränderndes, etwas ganz Besonderes, was sie von allen anderen abhebt. Oft glauben sie, sie müssten ein Superheld sein, um die Welt zu verändern oder in den Augen der anderen wichtig zu sein. Doch der Typ, der bei McDonald's die Hamburger brät, ist genauso wichtig und wird vom Großen Geist genauso geliebt wie der Diplomat. Willst du also deine Leidenschaft finden, musst du als Erstes dein Ego auf einen Spaziergang schicken und erkennen, dass du wertvoll bist; du bist gut, du bist einzigartig, und du hast eine Leidenschaft und ein inneres Feuer. Jedes einzelne Feuer ist gleich wichtig.

Immer wieder wurde uns vermittelt, wie wichtig Dinge sind, die eigentlich gar keine Rolle spielen. Als ich noch in Amerika lebte und gerade am Anfang meines spirituellen Weges stand, ging ich zum Beispiel zum Vortrag einer »spirituellen Lehrerin«. Alle Leute, mit denen ich damals zu tun hatte, waren ganz aufgeregt über die Gelegenheit, diese Lehrerin reden zu hören. Alle kauften sich ein Ticket, und irgendwann sprang auch ich auf diesen Zug auf und wollte diese Frau sehen und reden hören; schließlich war sie ja ein berühmter »Guru«.

Bei meiner Ankunft im Konferenzzentrum standen bestimmt schon hundert Leute an der Tür Schlange, ich traute kaum meinen Augen. Als sie ankam, verbeugten sich alle. So etwas hatte ich bis dahin nie erlebt. Es waren so viele Leute da. Nachdem ich endlich eingelassen worden war, konnte ich meinen Platz nicht finden. Ich fühlte mich in diesem großen Raum etwas verloren und war es einfach nicht gewohnt, mit so vielen Menschen in einem Raum zu sein. Da kam eine kleine alte Frau auf mich zu und fragte mich, ob sie mich zu meinem Platz führen könne. Sie brachte mich nach vorne in die erste Reihe, klopfte mir auf die Schulter und ging weiter, um anderen zu helfen. Von meinem Platz aus konnte ich hinter die Bühne schauen und sah die Lehrerin, den »Guru«; sie war von den Leuten umgeben, die ihr assistierten. Durch einen Spalt im Vorhang sah ich, wie sie die Arme ausstreckte, um von ihnen mit einem feinen Gewand und mit Schals angekleidet zu werden. Ich sprang buchstäblich vor Schreck aus dem Stuhl hoch, als sie eine ihrer Assistentinnen anschrie, weil sie ihr einen Schal falsch angelegt hatte. Das Geschrei war in den ersten drei Reihen deutlich zu hören. Ich verstand nicht genau, was sie sagte, denn sie sprach nicht Englisch, aber aus dem, was man sehen und hören konnte, ging klar hervor, dass sie mit ihrer Helferin schimpfte. Doch das war noch nicht alles, wie ich zu meinem Entsetzen feststellen musste; kurz darauf verpasste sie einer anderen Frau einen Schlag, weil sie das Mikrofon an einer falschen Stelle aufgestellt hatte.

Bald darauf winkte sie die Assistierenden beiseite, kam auf die Bühne, setzte sich auf ihren Thron und lächelte die Menschenmenge an. Bei dem Vortrag ging es darum, sich gegenseitig zu respektieren und zu lieben, zu dienen und bescheiden zu sein. Nach der Veranstaltung gingen die Leute zu ihr und waren voll des Lobes. Manche überreichten ihr Blumen oder auch Geld. Bevor man sich ihr nähern durfte, musste man sich verneigen. Das war alles ein bisschen zu viel für mich, und ich beschloss, mich davonzumachen. Während ich zum Ausgang ging, entdeckte ich wieder die kleine alte Dame, die mich zu meinem Platz geführt hatte. Sie ging herum und sammelte den Müll auf, den die Leute liegen gelassen hatten, stellte die Stühle wieder richtig in die Reihe und öffnete den Leuten, die gingen, die Tür. Niemand achtete auf sie. Sie hatte kein tolles Gewand an, wurde nicht verehrt und bewundert. Sie war eine freiwillige Helferin, die kostenlos ihren Dienst tat, und doch diente sie aus vollem Herzen. Sie war die Verkörperung dessen, wovon im Vortrag die Rede gewesen war. Schnell ging sie mit einem schiefen Lächeln zur Tür, um sie mir aufzumachen. Ich konnte nicht anders, ich musste sie einfach in den Arm nehmen. Genau das hatte ich gesucht, das war der Grund, warum ich zu dem Vortrag gegangen war; diese Frau lehrte mich, wonach ich strebte und auf der Suche war.

Diesen ganz besonderen Moment werde ich nie vergessen. Wie oft gelten unser Lob, unsere automatische Aufmerksamkeit und unsere Bewunderung bestimmten Menschen, weil uns das so gesagt wird oder weil alle es machen? Wie oft tun wir das aus den falschen Gründen? Wie viele Leute schätzen wir mehr als uns selbst und verneigen uns sogar vor ihnen, obwohl wir nicht einmal wissen, wer sie wirklich sind? Unsere Gesellschaft hat uns beigebracht, dass Kleinigkeiten nichts wert, Status, Reichtümer und Wohlstand dagegen alles sind. Ich erlebe das jedes Mal selbst, wenn ich einen Vortrag oder ein Seminar halte. Ist die Veranstaltung zu Ende, kommen die Leute und wollen sich mit mir fotografieren lassen oder mich umarmen oder mir für meine Arbeit danken. Doch habe ich diesen Leuten mehr gegeben als all diejenigen, die Zeit und Mühe investiert haben, um das alles überhaupt zu ermöglichen? Ja, ich habe den Vortrag gehalten, aber er hätte gar nicht stattfinden können ohne meine Partnerin Joyce, die sich um jeden einzelnen Besucher kümmert, die ganze Sache plant und organisiert, E-Mails verschickt, sich um die Tickets, die Reisevorbereitungen und die Unterkunft kümmert und dafür sorgt, dass alle glücklich und zufrieden sind.

Ja, es stimmt – ich weigere mich, pompöse Gewänder zu tragen, und es liest mir auch niemand jeden Wunsch von den Augen ab. Ich kann dieses »Guru«-Konzept nicht aussehen. Aber ich sehe auch, dass die Leute ihre Zuneigung und Dankbarkeit nur der im Rampenlicht stehenden Person entgegenbringen und nicht all den anderen, die sich voll und ganz dem Dienen widmen; sie sind ein lebendes Beispiel, bekommen dafür aber keine Anerkennung. Wir wurden einer Gehirnwäsche unterzogen und denken, all die Berühmtheiten und Persönlichkeiten, die im Rampenlicht stehen, verdienen unsere Aufmerksamkeit und Zuneigung.

Frage einfach einmal deine Kinder, wer ihre Helden und Heldinnen sind. Die Antwort fällt womöglich ziemlich erschreckend aus: Es sind Fußballspieler, Popstars, Schauspieler und Schauspielerinnen. Ihre Helden sind Entertainer! Und ein Blick auf die Gehälter von Lehrern, Krankenschwestern oder Feuerwehrleuten – im Vergleich zu dem, was ein Entertainer verdient – zeigt sehr deutlich, was in unserer Welt einen hohen Stellenwert genießt. Die Helden unserer Kinder sind erwachsene Männer, die einen Ball treten! Oh ja, ich verstehe, wie schnell man sich selbst abwertet, wenn man ständig hört, nur Status und Reichtum seien wichtig. Es ist schwierig, bei all dem Unsinn seinen wahren Wert zu erkennen und daran festzuhalten.

Es ist höchste Zeit, dich selbst dafür zu lieben, wer du wirklich bist, und für all das Gute in dir, für deine Talente und deine Aufgabe, dein inneres Feuer. Das musst du selbst für dich tun, denn die Welt tut es nicht! Fokussiere dich auf das, was real ist, für dich und deine Kinder! Wie bereits erwähnt, gibt es dieses alte Sprichwort »Man sieht den Wald vor lauter Bäumen nicht«. Ich finde, genauso ist es heutzutage mit unserem Bewusstsein: Wir sind vollkommen blind für das, was vor sich geht, weil wir uns in dem ganzen Irrsinn verlaufen haben und verloren umherirren.

Ein Blick auf die Geschichte zeigt, wo die Gesellschaft manipuliert worden ist; heute ist das allerdings nicht mehr so leicht zu erkennen. Man nehme beispielsweise den Kaiser Claudius Drusus Germanicus, auch unter dem Namen Nero bekannt – ein Musterbeispiel für einen sehr mächtigen, reichen, verwöhnten, brutalen, schwachen, unberechenbaren, extravaganten, sadistischen und ganz offensichtlich gestörten Führer. Dieser Mann ließ Christen zusammentreiben, in Tierhäute stecken und von wilden Hunden zerreißen oder sie mit Öl übergießen und abends als Fackeln für seine Gärten anzünden. Er tötete seine Ehefrauen und ließ seine Mutter erschlagen. Er richtete sein Reich zugrunde und ermordete alle, die ihm im Weg standen. Schließlich setzte er die Stadt Rom in Brand und ließ sie bis auf die Grundmauern niederbrennen. Doch interessanterweise wurde er von den Leuten auch geliebt, denn er veranstaltete für sie großartige Wagenrennen und spektakuläre Gladiatorenkämpfe im Kolosseum, warf den Zuschauern während der Zirkusspiele Brot zu. Die Leute liebten ihn, weil er sie glänzend unterhielt; damit machte er sie blind für seine unaussprechlichen Gräueltaten.

Sind wir etwa anders? Werden nicht auch wir von der ganzen Unterhaltung geblendet, die wir tagtäglich über uns ergehen lassen müssen, während unsere Führer schlimmste Verbrechen an den Menschen und der Umwelt begehen? Egal, wo man hinschaut, überall werden wir von der Gesellschaft geblendet und einer Gehirnwäsche unterzogen – ob es nun die Nachrichten sind, die behaupten, unser Land würde im Gegensatz zu den anderen das Richtige tun, oder die Zeitschriften, die uns und unseren Kindern vermitteln, wie unser Körper auszusehen hat, welche Kleidung wir tragen, was wir denken, sagen und glauben sollen. All das wird uns ständig eingebläut. Auch wir sind wie die jubelnde Menschenmenge in der Arena, denen Brot zugeworfen wird, während die Welt zusammenbricht. Es ist höchste Zeit, all den Unsinn nicht mehr für wichtig zu nehmen und stattdessen zu schätzen, wer wir wirklich sind und welche Talente und Gaben wir der Welt anzubieten haben. Ich möchte, dass unsere Kinder die Jane Goodalls, Desmond Tutus, Nelson Mandelas, David Attenboroughs, Vandana Shivas oder Sylvia Earles dieser Welt als Helden verehren und nicht irgendeinen Entertainer.

Unsere Kinder werden nur lernen, was richtig ist und wofür sie in dieser Welt einstehen müssen, wenn wir ihnen mit gutem Beispiel vorangehen. Wir müssen unbedingt das achten und wertschätzen, wofür wir als Menschen stehen: unsere Güte, unseren Mut und unsere Nächstenliebe. Wir müssen ihnen ein Beispiel geben, müssen aufwachen, um diese Welt zu verändern und unseren Kindern die Welt zu geben, die sie zum Leben verdient haben. Dazu müssen wir wissen, wer wir sind und wofür wir stehen; was wir tolerieren und was nicht. Wir müssen wissen, welches Feuer in uns brennt; und wir müssen herausfinden, was unsere wahren Leidenschaften sind, und uns daran erinnern, warum wir uns überhaupt hierhergeschickt haben.

Seit Jahrzehnten besagen die Prophezeiungen indigener Führer, die Stärksten der Starken würden auf den Planeten kommen – die mutigsten aller Seelen, die das menschliche Bewusstsein verändern und in eine andere Richtung lenken könnten, wenn wir an der Wegkreuzung stehen und uns entscheiden müssen, ob wir uns und unseren Planeten durch unser Ego zerstören. Jetzt sagen diese

Führer laut und deutlich: »Ihr seid diejenigen, auf die wir gewartet haben!« Wir sind die Stärksten der Starken, und das müssen wir auch sein! Wir alle wurden in eine Welt hineingeboren, die der Oberherrschaft des Ego unterworfen ist. Wir haben gelernt, in allen Aspekten unseres Lebens das Ego walten zu lassen. Wir müssen sehr stark sein, um erkennen zu können, dass es im Leben mehr gibt – es gibt einen anderen Weg. Wir müssen unsere alten Verhaltensweisen ändern, um unserem Planeten nicht weiterhin so furchtbaren Schaden zuzufügen.

Du würdest dieses Buch nicht lesen, wenn nicht auch du davon überzeugt wärst, dass es eine andere Art zu leben geben muss, als einfach blind durch die Dunkelheit zu stolpern und alles, was uns in den Weg gerät, zu zerstören. Ja, wir sind die Stärksten der Starken; durch uns hat sich die Prophezeiung erfüllt. Wir sind diejenigen, die aufwachen und sagen müssen: »Ich glaube daran, dass es mehr gibt, dass ich mehr bin, und ich werde diesen ersten Schritt tun.« Unsere Kinder sind der Wandel; sie kamen mit großen Talenten auf die Erde, können die Welt auf wunderbare Art und Weise spüren und sehen. Aber sie wissen mit sich nichts Rechtes anzufangen. Passen sie nicht in die Schublade, die wir für sie gemacht haben, bezeichnen wir sie als »autistisch« oder »gestört«. Doch in Wahrheit *sind* sie der Wandel, und *wir* müssen ihnen den Weg ebnen, damit sie die Welt bekommen, die sie verdienen und in der sie lernen, wachsen und Erfolg haben können.

Unsere Generation muss all ihre Kraft zusammennehmen, um diesen Irrsinn zu stoppen, und stattdessen am Bewusstsein der Liebe teilhaben. Führen wir ein Leben in Liebe, das einen Sinn hat und in dem unser inneres Feuer hell leuchtet, machen wir den Weg frei für unsere Kinder. Wir müssen sehr stark sein, und der Große Geist muss großes Vertrauen in uns haben. Denke daran: Du bist großartig; du, als die Person, die du bist, bist stark, und deine Talente zählen! Lass nicht zu, dass sie weiterhin abgetan werden; erhebe dich und stehe stolz dafür ein, wer du wirklich bist!

Die Liste deiner Leidenschaften

Nun bitte ich dich, aufzulisten, was du liebst und was deine Leidenschaften sind. Das kann alles Mögliche sein. Du liest gern gute Bücher; du magst es, mit Kindern zu spielen; du musizierst gern oder hörst gern Musik; du liebst es, die Leute zum Lachen zu bringen. Mir ist es völlig egal, ob es eine Kleinigkeit oder etwas ganz Tolles ist; schreib es einfach auf. Oft meinen die Leute, sie hätten gar keine Leidenschaft, weil das, was sie lieben oder wichtig finden, von anderen als unwichtig betrachtet wird … Wen interessiert schon, was andere denken?! Groß, klein, grandios oder still – wichtig ist, was du fühlst, liebst, für sinnhaft erachtest! Mach es dir zu eigen! In Wahrheit unternehmen die meisten Menschen nichts, um die Welt zu einem besseren Ort zu machen, weil wir meinen, wir wären zu unbedeutend und nicht sichtbar genug, um etwas Gutes zu erreichen. Da frage ich dich: Wie schaffst du es, ein loderndes Feuer zu entfachen? Legst du ein großes Holzscheit hin, zündest ein Streichholz an, und dann züngeln auf der Stelle die Flammen hoch? Nein! Wie wird ein Feuer geschürt?

Zunächst einmal sammelst du Kienspäne oder ein bisschen trockenes Gras, die Feuer fangen, dann kommen dünne kleine Zweige dazu, um das Feuer wirklich gut anzuschüren, dann kleine Äste, damit es noch heißer wird, dann gehacktes Holz, und erst, wenn das Feuer richtig heiß und stark brennt, kommt ein Holzscheit dazu, damit es gut weiterbrennt. Es ist in Ordnung, klein anzufangen und sich nach und nach zu dem lodernden Feuer »hochzuarbeiten«, das du in dir entzünden möchtest. Wir verfügen alle über inneres Feuer, wir müssen es nur entsprechend aufbauen, damit die Flamme genügend Wärme und Licht erzeugt, um unseren Körper (unsere Erde) am Leben zu erhalten. Und während du dein inneres Feuer nährst, denke immer daran, deine Leidenschaft mit Liebe auszuleben und niemals über das Ego. In Liebe brennt dein Feuer hell, ohne dich oder andere zu verletzen. Deine Leidenschaft im Leben muss nichts wahnsinnig Tolles sein; sie muss nicht den Treibhauseffekt besiegen und im Rampenlicht stehen. Es kann dabei auch um einen einfachen Dienst an den anderen gehen; es können allerkleinste Freundlichkeiten sein.

So leicht, wie dir dein Feuer ausgehen kann, kannst auch du ausbrennen. Wir kennen alle solche Leute: Menschen, die zu heiß brennen, die wirklich meinen, wenn sie am lautesten reden, erkennen die anderen ihre Wichtigkeit; oder wenn sie einen Tobsuchtsanfall bekommen, würde alles so laufen, wie sie es gerne hätten. Das sind genau die Leute, die bei jedem Kampf mitmischen würden, einfach um zu beweisen, wie recht sie haben, wie stark und mächtig sie sind.

Es gibt Menschen, die haben sich selbst eingeredet, sie hätten der Welt etwas so Tolles zu bieten, dass sie über allen anderen stehen und für ihre Größe entsprechend Anerkennung bekommen müssten. All das wird vom Ego gemacht und genährt.

Ich muss zugeben, bevor ich spirituelle Lehrerin wurde, sind mir nie so viele Egos begegnet. Traurig, aber wahr. Nie zuvor lernte ich so viele Menschen kennen, die aus dem Ego heraus leben, weil sie angeblich »talentierter« oder »spiritueller« oder etwas »ganz Besonderes« sind. Unglaublich viele Leute haben mir erzählt, sie seien Reinkarnationen von Jesus, der Mutter Gottes oder von Isis, von Königen und Königinnen. Diese Menschen suchen nach Anerkennung und Lob, weil sie gar so besonders sind. Andere wollten mich unbedingt davon überzeugen, sie kämen aus dem Erd-Inneren oder von Sirius oder sonst einem Planeten.

Wir alle haben vor diesem jetzigen schon viele, viele Leben gelebt und werden auch danach noch viele weitere Leben leben. Wir haben unseren Funken des großen *ICH BIN* ausgesandt, um in vielerlei Formen und an vielen Orten zu lernen und zu wachsen. Solange du dieses Leben in diesem Körper auf dieser Erde lebst, bist du erstens ein Mensch wie wir alle; du bist du. Zweitens sind wir alle hier, um in diesem Leben zu lernen und uns weiterzuentwickeln, und wenn dieses Leben vorbei ist, senden wir uns zur nächsten Prüfung, machen uns auf zu Größerem und Besserem.

Christus wird sich nicht als Postangestellter reinkarnieren, der noch nicht verstanden hat, dass die Behauptung, Christus zu sein, einfach seinem Ego entspringt, das nach Aufmerksamkeit schreit.

Allzu oft habe ich in der spirituellen Welt schon erlebt, wie Menschen versuchen, mit ihrer spirituellen Größe die anderen zu übertrumpfen. Einfach ausgedrückt kann man sagen: Bist du im

Leben damit beschäftigt, andere zu beeindrucken bzw. von ihnen beachtet zu werden, dann bist du von deinem Weg abgekommen.

Viele Menschen beschäftigen sich mit Spiritualität, weil sie von der Gesellschaft und ihren Werten genug haben. Wir wollen Titel, Geld, Aussehen, Mode und Ruhm als Wert hinter uns lassen und sehen, was im Leben wahrlich wertvoll ist. Wir wollen herausfinden, wer wir sind, wir möchten so geliebt und geschätzt werden, wie wir sind. Doch leider geben viele Leute die egobasierte gesellschaftliche Struktur mit den besten Absichten auf ... und tappen in der spirituellen Welt gleich wieder in dieselbe Falle.

Du musst dich im Leben nicht darum bemühen, etwas anderes bzw. ein anderer Mensch zu sein; das läuft auch dem Sinn deines Lebens hier auf dem Planeten zuwider. Versteckt hinter der Verkleidung, die dein Ego für dich geschaffen hat, kannst du nicht lernen und wachsen. Du kannst erst dann lernen, wie groß du wirklich bist, wenn du diese Verkleidung abwirfst und sagst: »Das bin ich; ich bin zerbrechlich; ich bin verletzlich; die Gesellschaft gibt mir das Gefühl, klein und minderwertig zu sein, aber ich fühle, dass ich wertvoll bin, und möchte herausfinden, was für mich wahr ist.« Wenn wir unser Ego und all die Lügen, die wir uns selbst eingeredet haben, um uns zu schützen oder zu verstecken, aufgeben, können wir wirklich wertschätzen, wer wir sind und welche Fähigkeiten wir haben. Wenn ein Mann oder eine Frau ehrlich sagen kann: »Ich bin einfach ich; ich versuche, mich wirklich zu lieben. Auch wenn ich jede Menge Probleme habe, möchte ich zu etwas Größerem gehören als dem, was die Gesellschaft mir bietet«, dann höre ich das sehr viel lieber als Sprüche wie: »Ich bin etwas ganz Besonderes, ich bin eigentlich Maria Magdalena; ich kann Portale sehen und bin hier, um dich mit meiner violetten Flamme zu heilen.«

Wir müssen unsere alten Denkweisen wirklich aufgeben – dieses Denken, wir seien besser als alle anderen und seien deshalb mehr wert. All unsere Leidenschaften und Lebensaufgaben sind wertvoll; sie machen die Person aus, die wir sind. Niemand ist besser oder weniger wert als jemand anderes. Die Meinung, der eine sei wegen seiner »Talente« wertvoller als der andere, ist uns vom Ego eingegeben worden. Wenn wir uns gegenseitig mit Liebe wertschätzen, können diese alten Überzeugungen nach und nach verschwinden.

Schreibe also all deine Leidenschaften auf, all das, was du liebst und wofür du dich wertschätzt. Achte bitte darauf, dass das, was du auflistest, nichts mit dem zu hat, wofür du gerne von den anderen geschätzt oder wie du gerne gesehen werden möchtest. Diese Liste hat nichts mit den Wünschen deines Ego oder der anderen zu tun, sondern dreht sich darum, was dein fühlendes Herz für dich als wahr erachtet. Aufzuschreiben, wofür du gerne Anerkennung hättest oder als etwas Besonderes angesehen werden möchtest, wäre ein großer Fehler. Wir alle sind etwas Besonderes wegen dem, was uns zu der Person macht, die wir sind, und nicht wegen der Geschichte, die die anderen über dich glauben sollen. Die Gesellschaft erzählt uns, wer im Rampenlicht steht oder eine tolle Geschichte zu erzählen hat, habe den größten Wert. Doch ziemlich oft verbergen jene, die es für nötig halten, sich als etwas ganz Tolles darzustellen, die schlimmsten Verletzungen und haben keine Ahnung davon, wer sie wirklich sind und welchen Wert sie als Mensch wirklich haben. Deshalb rate ich dir: Sei wahrhaftig und dir selbst treu, wenn du deine Liste machst.

Beginne die Liste mit all dem, was du in diesem Leben aufrichtig liebst und was dein Herz höher schlagen lässt – alles, was dich beglückt und dir am meisten Freude bereitet. Schreibe auch auf, wer du wirklich bist, was dich als Person ausmacht; notiere, was dich leidenschaftlich begeistert.

Und wenn du damit fertig bist, schreib noch die Antworten auf folgende Fragen auf: »Warum habe ich mich auf den Planeten Erde geschickt? Was möchte ich lernen und was sind meine Leidenschaften und Potenziale in diesem Leben? Wofür stehe ich?« Und schließlich noch: »Welche Gaben und Talente kann ich der Welt schenken?« Nimm dir Zeit, denke und fühle dich wirklich in die Antworten ein und schreib sie dann auf. Sobald du fertig bist, setzte auf das Blatt die Überschrift »Mein Feuer«. Dann mach dich bereit, noch einmal an diesen besonderen Ort im Freien zu gehen, um die vier Himmelsrichtungen und die vier Elemente zu ehren.

Deinen heiligen Kreis (Medizinrad) errichten:

Feuer

Wenn du bereit bist, gehst du (mit dem Blatt Papier »Mein Feuer« in der Hand) dorthin, wo du dein Medizinrad errichtest. Der Stein, der für den Westen steht, den Hüter der Erde und die Farbe Schwarz, sollte noch dort liegen. Zieh die Schuhe aus, in Verehrung für Mutter Erde und mit tiefem Respekt für die Gebete, die du gleich dem Element Feuer widmen willst. Du bist jetzt bereit, den Osten zu ehren. Wende dich dem Stein zu, den du in Richtung Westen abgelegt hast, dem Hüter der Erde und der Farbe Schwarz. Zwischen dir und dem Stein, der für den Westen steht, sollten ungefähr 120 Zentimeter Abstand sein (etwas mehr oder weniger, je nachdem wie groß dein Medizinrad werden soll). An dieser Stelle legst du den Stein ab, der für den Osten, die Farbe Rot und den Hüter des Feuerelements steht.

Bevor wir mit den Gebeten und der Ehrung des Ostens beginnen, müssen wir uns in eine ehrfurchtsvolle und dankbare Haltung bringen. Wenn du dich entschieden hast, wo du mit dem Blatt Papier in der Hand stehen möchtest, schließt du die Augen und bereitest dich auf das Beten vor. Du stehst fest mit deinen Füßen auf Mutter Erde und erkennst in diesem Moment, wer du bist und welch ein großes Geschenk es ist, hier zu sein, all das, was du erfahren wirst, zu erleben und daran teilzuhaben.

Wir beginnen genauso wie beim Erdelement mit der Atemmeditation. Atme zuächst die Farbe Grün, die Farbe der Erdenergie, über die Fußsohlen ein; spüre, wie diese Erdenergie deine Zellen erfüllt und jeden Zentimeter deines Körpers nährt. Mit jedem Atemzug bewegst du dich gedanklich und energetisch weiter hoch durch die Chakras. Denke daran, beim letzten Einatmen die Energie bis hoch zum Scheitelpunkt zu ziehen und beim Ausatmen die Energie über die Arme, Hände und Fingerspitzen zurück zu Mutter Erde zu führen. So durchläufst du einen kompletten Energiekreislauf. Dieser Schritt ist sehr wichtig und sollte als Letztes ausgeführt werden, wenn du in alle Chakras geatmet hast. Achte bei den letzten Atemzügen wieder auf das manchmal auch von einem Kribbeln begleitete Wärmegefühl in Händen und Fingerspitzen, wenn die Energie vom Scheitelchakra durch die Hände zurück zu Mutter Erde fließt.

Wie schon beim Erdelement müssen wir wieder ganz wach werden für die Welt der Natur um uns herum. Verschließe alle deine Sinne außer deinem Spürsinn. Fühle, wie es ist, einen Körper zu haben, auf diesem Planeten zu sein; spüre die Wärme der Sonne auf deiner Haut, die vom Himmel fallenden Regentropfen oder den Erdboden unter den Füßen. Nimm dir einen Moment Zeit, zu fühlen und dankbar zu sein.

Nun verschließe alle Sinne bis auf den Hörsinn. Achte und lausche einen Moment lang auf all das Leben um dich herum, vom Rascheln der Blätter bis hin zu den Insekten und Vögeln, die einander zurufen und ihre Lieder singen. Die Natur spricht immer; wir haben einfach vergessen hinzuhören. Lausche einen Augenblick lang wirklich auf die Gespräche all der Schönheit, die um dich herum stattfinden.

Dann verschließt du alle Sinne bis auf den Geruchssinn. Weißt du, wie Mutter Erde riecht? Hast du jemals darüber nachgedacht? Hab keine Angst, beuge dich hinunter und rieche die Erde, den nährstoffhaltigen, dunklen Erdboden, das grüne Gras, die Blätter und Bäume. Rieche die Luft – den Duft des Lebens, der dich umgibt.

Nun schmecke die Luft, öffne den Mund und atme ein, schmecke die süße Luft, die deine Lungen füllt. Steck einen Grashalm in den Mund, einen kleinen Stein, ein Blatt. Sei dankbar für die Gabe des Geschmackssinns.

Dann steh auf, öffne langsam die Augen und schau dir das Leben um dich herum wirklich an. Vom kleinsten Insekt bis zum größten Baum – nimm alles auf, betrachte die Pracht, die Mutter Erde erschaffen hat, um dir Freude zu schenken.

Allzu oft nehmen wir alles für selbstverständlich und vergessen, dass unsere Sinne zu unseren größten Gaben gehören; meistens achten wir nur auf das, was wir sehen können. Dabei gibt es so viel mehr! Spüre einen Moment lang mit allen Sinnen. Fühle, lausche, rieche, schmecke und erlebe alles, was Mutter Erde dir schenkt, und sei dankbar! Dankbarkeit ist die höchste Ebene von Bewusstsein, die einfachste und effektivste Art, das Gefühl der Liebe zu entzünden und eine hohe Energieschwingung im Körper zu erzeugen. Schau nach Westen, sei dankbar dafür, ein Mensch zu sein, sei dankbar für deinen Körper und all die Gaben von Mutter Erde, die dir in diesem Leben zuteilwurden.

Schau nur, wo du lebst! Sei dankbar für all das Leben um dich herum und werde eins mit dem Ort, an dem du stehst. Während du hier an diesem Platz stehst, den du zu etwas Heiligem machst, spürst du alle Dankbarkeit, die du aufbringen kannst, für die wunderschöne Mutter Erde und das Geschenk deines Körpers und all deiner Sinne. Wache auf, sei ganz wach, nimm nicht nur dich wahr, sondern auch deine Umgebung.

Nun bist du bereit, die Himmelsrichtung Osten zu ehren, dein Feuerelement und die Farbe Rot.

Du stehst mit geschlossenen Augen dort, wo dein Medizinrad den Osten repräsentiert, und spürst, wie deine Fußsohlen sich gegen die Erde drücken. Stell dir vor, wie deine Energie sich mit der Quelle von Hitze und Feuer im Erdkern verbindet. Atme diese kraftvolle Energie durch die Chakras, von den Fußsohlen bis ganz hoch zum Scheitelpunkt … und dann über die Hände wieder aus. Baue immer mehr Energie auf. Falls du das Gefühl hast, die Energie stecke fest und sei nicht mehr in Bewegung, atme weiter in den betreffenden Bereich hinein. Vergiss dabei nicht, dankbar zu sein, dankbar für alles, was du bist, für die Chance, hier zu sein und dieses Leben zu leben. Sei dankbar für die Leidenschaften in deinem Leben und deine Gaben und Talente, die du der Welt schenken kannst. Fühle die Liebe zu dir selbst, wegen deiner Authentizität, deinen Intentionen; fühle Liebe und Dankbarkeit für die Erfüllung, die dir zuteilwird, indem du DU bist! Atme diese wunderbare, heiße, brennende Dankbarkeit und Leidenschaft ein und lass sie in dir immer stärker werden.

Nun richtest du die Augen zum Himmel, streckst die Arme aus und spürst die Wärme der Sonne auf dich herunterstrahlen. Fühle Dankbarkeit und Wertschätzung für das Licht und die Wärme, mit der die Sonne unseren Planeten beschenkt. Erlebe all die Schönheit um dich herum und die Fülle des Lebens, die diesem wundervollen Planeten dank des Sonnenlichts geschenkt wird. Nimm das unglaubliche Lichtspektrum wahr, das wir sehen können, und genieße die unzähligen Farben und ihre Schönheit! Sei dankbar für jeden neuen Tag, an dem die Sonne aufgeht und dir einen neuen Tag, einen Neuanfang und eine neue Chance bietet, auf bestmögliche Weise *ICH BIN* zu sein, also dein höchstes Potenzial zu leben.

Fühle, welch ein Segen es ist, jeden neuen Tag eine Chance zu haben, ein besserer Mensch zu sein. Atme die Strahlen der Sonne in deine Chakras ein, zunächst in das Scheitelchakra und dann nach unten bis zu den Füßen, wo du sie tief in den Kern von Mutter Erde ausatmest, wodurch du das Feuer von oben mit dem Feuer von unten in dir verbindest. Spüre deine zunehmende Dankbarkeit; du bist das große *ICH BIN*. Du bist eine göttliche Seele, die sich hierhergeschickt hat, um zu lernen und zu wachsen und auf dieser wunderschönen Mutter Erde die Erfahrung des Menschseins zu machen. Du bist mit großen Talenten hierhergekommen. Du bist zu allem fähig, und du bist ein Funke von *ALLEM.* Du bist kostbar, einzigartig und vor allem DU, ein Individuum wie niemand anders!

Du hältst in deinen Händen das Blatt Papier mit der Liste dessen, was du liebst und was dich leidenschaftlich begeistert, was dich ausmacht.

Du schaust nach Osten und sprichst dabei laut aus, was dich leidenschaftlich begeistert und Feuer in deinem Herzen schürt. Spüre mit aller Liebe und Dankbarkeit diese Flamme, die hell und heiß in dir brennt. Bedanke dich für alles, was du bist und wofür du als Mensch auf dieser Lebensreise auf der Erde stehst. Sei dankbar für all jene, die bereits vor dir hierherkamen. Danke den Ältesten des Ostens, den Großmüttern und Großvätern, den Weisen und Lehrern, die dich mit ihrem Feuer und ihrer Leidenschaft inspiriert haben. Bedanke dich beim Feuer in deinem Leben, weil es den alten und toten Müll verbrennen kann, der dich davon abgehalten hat, dein höchstes Selbst zu sein.

Danke dem Feuer dafür, dass es dir den Weg zu deinem bestmöglichen *ICH BIN* bereinigt und bereitet. Sei dankbar für das Feuer in dir, das dich leidenschaftlich lieben lässt, das Feuer, das in deinem Herzen brennt und dich zu der Person macht, die du bist, zu dem, wofür du stehst und woran du glaubst. Danke jenen Menschen in deinem Leben, die dich darin unterstützen, hell zu brennen und dein inneres Feuer am Brennen zu halten. Bitte den Großen Geist und Mutter Erde, dir dabei zu helfen, ein dauerhaftes Feuer in deinem Herzen zu entzünden, damit du die Person werden und sein kannst, die du sein möchtest.

Zünde Tabak oder Salbei an, bete und blase dabei den Rauch in Richtung Osten, zur Sonne, dem Kern von Mutter Erde und deinem Herzen. Wasche dich im Rauch deiner Gebete und knie dich dann nieder auf Mutter Erde und lege das Blatt Papier vor deine Füße. Blase den Salbei- oder Tabakrauch über die Liste und empfinde Dankbarkeit für dein Feuer.

Sprich ein abschließendes Gebet und suche dir dann einen Stein oder einen Kristall, der in deinem Medizinrad die Himmelsrichtung Osten repräsentieren soll. Leg den Stein gegenüber von dem für den Westen stehenden Stein ab; das Blatt Papier »Mein Feuer« platzierst du unter dem Stein, wo es liegen bleibt (du kannst den Stein auch mit der jeweiligen dazugehörigen Farbe bemalen, in diesem Fall Rot für den Osten). Mach es so, wie du möchtest, denn es ist dein Medizinrad für deine Gebete.

Bevor du gehst, erinnere dich, wer du bist, was dich ausmacht, und ehre das Gute in dir. Erweise dir Ehre! Mit diesen Gebeten im Herzen kannst du nun aus dem Platz heraustreten und mit deinem Tag weitermachen, in dem Wissen, dass du jederzeit hierher zurückkommen kannst, um erneut die Kraft des Ostens und dein eigenes mächtiges Feuer zu besuchen.

Das Element Wind

Das Element Wind mag unsichtbar und im buchstäblichen Sinne nicht fassbar oder zu riechen sein. Seine Bedeutung und die Auswirkungen auf unseren Planeten und unser Leben dagegen sind auf vielerlei Weise zu erkennen, und die Beispiele reichen von einem Extrem zum anderen: die tanzenden Kräuselwellen auf einem Gewässer, die hin und her schwingenden Blätter und Zweige eines Baumes, die großen Gräser, die wie Meereswellen über die Prärie wogen. Manchmal ist der Wind allerdings auch sehr viel zerstörerischer, beispielsweise ein wirbelnder Tornado oder ein eisiger Blizzard. Ein Tropensturm kann Windgeschwindigkeiten von über 250 Stundenkilometer erreichen und die Kraft von mehr als 9 Billionen Liter Regen entfesseln. Diese unsichtbaren Kräfte wirken tagtäglich um uns herum, auf ganz subtile oder auch sehr grausame Art.

Der Wind kann spielerisch und sanft, wohltuend, kühlend und beruhigend sein, aber genauso gut eine höchst zerstörerische, stürmische, unvorhersehbare Kraft entfalten. Dieses Element kann man weder festhalten oder berühren noch riechen. Wir können es weder sehen noch einfangen, noch dressieren. Der Wind bringt die Atmosphäre ins Gleichgewicht. Er transportiert Feuchtigkeit, Hitze, Treibhausgase sowie Schmutz- und Schadstoffe über große Entfernungen. Im Sommer weht er uns den frischen, süßen Duft von Blumen in die Nase, im Winter bringt er Eiseskälte mit sich. Er kann mit seiner Kraft riesige Segelschiffe über die Meere tragen und ganze Gebäude aus ihrem Fundament reißen. Egal, wie ruhig oder wie stürmisch er ist – eines ist sicher: Der Wind ist für das Leben auf unserem Planeten zwingend notwendig.

Beim Gedanken an die Elemente kommt einem nicht unbedingt gleich der Wind in den Sinn. Wir lassen ihn gerne völlig außer Acht oder beschweren uns, weil es draußen zu windig ist. Nur wenige Menschen gehen wohl ins Freie und denken: »Es ist windig, gut so!« Vielleicht bringen wir dem Windelement keine Wertschätzung entgegen, weil wir nicht wirklich verstehen, wie ungeheuer wichtig es für uns alle und den Kreislauf des Lebens auf unserem Planeten ist. Deshalb müssen wir zunächst einmal begreifen, was Wind eigentlich ist, wie er sich bildet und warum er auf diesem Planeten unbedingt erforderlich ist.

Am besten lässt sich Wind als Luft in Bewegung beschreiben. Er bildet sich aufgrund einer ungleichmäßigen Erwärmung der Erdoberfläche durch die Sonne und damit der ungleichmäßigen Aufnahme der Sonnenwärme, weil die Oberfläche unseres Planeten aus Wasser- und Landformationen besteht. Durch die Erwärmung der Erdoberfläche erwärmt sich auch die Atmosphäre. Manche Gebiete der Erde werden jahraus, jahrein ununterbrochen direkt von der Sonne bestrahlt und sind immer warm, beispielsweise der Äquator. Andere Gebiete empfangen das Sonnenlicht indirekt und haben deshalb ein kühleres Klima. Warme Luft hat ein geringeres Gewicht als kalte Luft und steigt deshalb auf. Kühle Luft fließt nach und ersetzt die aufsteigende warme Luft. Diese Bewegung der kühlen und warmen Luft lässt den Wind wehen. Wie wir ja auch wissen, ist in Luft immer Wasserdampf enthalten. Warme Luft, die aufsteigt und sich ausdehnt, kühlt schnell ab, und kühle Luft kann nicht so viel Wasserdampf halten wie warme Luft. Ein Teil dieses Wasserdampfes verbindet sich mit winzig kleinen, in der Luft schwebenden Staubteilchen, und so bilden sich Wassertröpfchen. Millionen dieser Tröpfchen bilden eine Wolke; ohne Wolken gäbe es keinen Regen, und ohne Regen nicht das Leben, wie wir es kennen.

Eines der erstaunlichsten Beispiele dafür ist auf dem Tafelberg in Kapstadt, Südafrika, zu sehen. Wer schon einmal dort war, weiß, was ich meine. Auf einem Berg zu stehen und zuzuschauen, wie sich über dem Meer die Wolken formen, langsam bis über unseren Kopf hochsteigen und sich dann auf den Berggipfel herunterlassen, ist wirklich atemberaubend. Auch in Lima, Peru, kann das beobachtet werden; dort herrscht extreme Trockenheit, und es erstreckt sich eine Wüste, so weit das Auge reicht. Doch wer an der Küste steht, kann sehen, wie sich am Himmel dicke Wolken bilden und dann wieder vergehen, genauso schnell, wie sie entstanden sind. Diese Wolken erzeugen keine Regenfälle, aber es ist ein unglaubliches Schauspiel.

Auch in den großen Dschungeln und Regenwäldern im Grüngürtel unseres Planeten kann man das beobachten. Zu sehen, wie riesige Mengen an Feuchtigkeit aus dem Blätterdach hochsteigen und gewaltige Regenwolken formen, ist eine wunderbare Erfahrung. Versteht man aber erst einmal, wie sehr der Wind zur Erhaltung der Regenwälder beiträgt, ist man wirklich überwältigt. Wusstest du, dass unsere Regenwälder ohne den Wind gar nicht diese Fülle an Leben beherbergen könnten? Denkt man im Zusammenhang mit dem Regenwald des Amazonas an die Elemente, käme einem der Wind wohl eher nicht in den Sinn; doch ohne den Wind, der aus einer Entfernung von Hunderten von Kilometern daherweht, hätte der Regenwald nicht den Dünger und die Nährstoffe, die er zum Überleben braucht. Über 182 Millionen Tonnen an Staub werden von gewaltigen Windstürmen aus der Sahara in den Amazonas-Regenwald getragen. Der Wüstenstaub, der den bitternötigen Phosphor enthält, dringt tief in den Dschungel ein, wobei der Phosphor als Dünger für die Flora des Regenwalds dient und auch der Fauna zugutekommt. Phosphor ist für alle Pflanzen ein lebenswichtiger Nährstoff, ganz besonders unter sehr nassen klimatischen Bedingungen, wo er aufgrund der ständigen Regenfälle in die Gewässer geschwemmt und damit aus dem Wald hinausgetragen wird. Es ist faszinierend: Ohne die Sandstürme aus der Sahara würde es keinen Regenwald am Amazonas geben!

Apropos Sahara: Da muss ich an eine unserer Reisen nach Ägypten denken, bei der Joyce und ich die Kraft des Windes auf unterschiedliche Weise erfahren haben. Eine bemerkenswerte und ein bisschen alberne Erinnerung hat mit einer Nil-Kreuzfahrt zu tun. Es herrschten Temperaturen von über 40 Grad Celsius. Wir konnten auf dem Schiffsdeck nicht barfuß herumlaufen, weil wir uns praktisch auf der Stelle die Füße verbrannt hätten. Wir standen also nicht gerade elegant im Badeanzug und mit Socken im Schatten eines Überhangs und debattierten herum, wer von uns als Erste in die Sonne hinaus zum Pool laufen sollte. Natürlich verlor ich und musste zuerst loslaufen. Hast du schon einmal versucht, auf Zehenspitzen in Socken auf einem extrem heißen, sehr glatten hölzernen Schiffsdeck loszurennen? Nun ja, es ist weder einfach noch sieht es attraktiv aus. Erst als wir beide im Wasser waren, fiel uns auf, dass nur wir zwei draußen auf dem Bootsdeck waren und sich der Himmel dunkelorange färbte. Wir schauten uns um und sahen eine Sandwand auf uns zukommen. Sie sah wunderschön aus. Zum Glück war sie noch weit genug entfernt, dass wir die Farben und die Großartigkeit des Sandsturms genießen konnten – riesige Kissen aus wogenden Sandwolken, die aus der Wüste dahergeweht kamen, in den wunderbarsten Orangetönen, die ich je gesehen habe.

Wir stiegen aus dem Wasser; vielleicht, so meinten wir, sollten wir doch lieber zurück ins Innere des Schiffes gehen wie all die anderen klugen Leute, die mit uns auf dem Boot waren. Vom Pool zur Treppe waren es höchstens 20 Schritte; von dort konnten wir auf das untere Deck gelangen. Doch diese 20 Schritte genügten, um unsere Badeanzüge komplett trocken werden zu lassen. In diesem heißen Wind standen wir sozusagen vor einem riesigen Handtrockner. Ganz ehrlich, so hatte ich Wind noch nie zuvor erlebt.

Im Rahmen dieser Nil-Kreuzfahrt hatten wir das große Glück, auch Zeit mit dem Volk der Beduinen in der Wüste zu verbringen. Wir kochten unsere Mahlzeiten draußen in den Dünen auf offenem Feuer. Wir sangen und tanzten mit ihnen unter dem Nachthimmel, wir lachten und schrien, als sie uns die aufgetürmten Sanddünen hinauf- und hinunterjagten. Ganz besonders gefielen mir die Weiße und die Schwarze Wüste.

Das Zusammensein mit den Beduinen, so weit weg von der Zivilisation an einem so uralten und fast magischen Ort, verschlug mir wahrhaftig die Sprache. Es war wie auf dem Mond; die Landschaft war anders als alles, was ich bislang gesehen hatte. Die Schwarze Wüste war eine schroffe Landschaft mit sich hochtürmenden, zerfallenden Bergen aus hartem, scharfkantigem Vulkangestein. Der Sand war rau und hart, und man spürte eine tief schlafende, uralte Energie, etwas, was schwer in Worte zu fassen ist. Ich glaube, ich habe nie zuvor die Energie von Mutter Erde so gespürt. Die Weiße Wüste dagegen war sanft, weich und fühlte sich völlig anders an. Die Landschaft glühte fast von dem reinen, weißen, pudrigen Sand, der sich gegen den blauen Himmel abhob. Die Weiße Wüste sah aus wie ein ruhiges Meer, das in die Ferne hinauswogt, mit aufragenden weißen Formationen wie vom Mond, welche den Witterungseinflüssen des Windes ausgesetzt waren. Diese kalkigen weißen Gebilde erweckten den Eindruck, sie würden der Schwerkraft die Stirn bieten; sie standen einzeln, fast schwebend in den Luftspiegelungen der Hitzewellen, die auf den Sand trafen.

Zu sehen, was der Wind bewirken konnte, war sehr eindrucksvoll; immerhin waren diese einzeln stehenden Formationen ja einstmals Teil eines 100 Meter hohen Plateaus gewesen.

Der Wind ist im wahrsten Sinn des Wortes ein Element der Schöpfung. Er kann den härtesten Stein verkümmern lassen und die größten Naturwunder der Welt ausbilden. Er trägt Sand und Vulkanasche über Tausende von Kilometern um den Globus und verteilt dabei Nährstoffe im Erdboden, transportiert Samen für den Wiederaufbau von Wäldern, Dschungeln und Wiesen. Er bewirkt höchst zerstörerische Stürme, die sich zu Tornados und Hurrikanen auswachsen, gewaltige Wellen bilden und durch Erosion den Ackerboden vernichten, antike Bauten zerstören und dadurch ganze Gemeinden verwüsten und zugrunde richten. Der Wind ist ein sehr machtvolles Element, das zerstörerische, aber auch schöpferische Kraft besitzt und in vielen Kulturen als Gott bzw. göttliches Wesen verehrt wird: Vayu, der Gott des Windes bei den Hindus; bei den Maya die Windgottheit Pauahtuns; oder Amun, der Gott der Schöpfung und des Windes bei den alten Ägyptern. Es gibt Schöpfungsgeschichten, Legenden und Mythen, die vom Element des Windes als dem großen Schöpfer und dem Zerstörer der Dinge berichten, dem großer Respekt und Ehrerbietung entgegengebracht wird. Die Indianer in Amerika haben viele Namen für Windgeister und Windgötter, beispielsweise Koko-u'hthe', der Zyklongott der Shawnee, oder Tate, Windgott der Lakota-Mythologie, die von einer legendären Wirbelwind-Frau bzw. »Huupiriku'su« handelt: Sie war ein sehr mächtiger Windgeist der Stämme der großen Ebenen im Norden, der manchmal mit seiner natürlichen Stärke und Kraft sehr gefährlich werden konnte, aber überhaupt nicht feindlich gesinnt oder böswillig war; es handelte sich vielmehr um eine unaufhaltbare Naturgewalt, die Menschen, die sich dessen würdig erwiesen, spirituelle Gaben und Visionen verlieh. In manchen Traditionen wurde sie als Tornado-Geist betrachtet, in anderen war sie ein menschliches Mädchen, das sich in die Wirbelwind-Frau verwandelte, nachdem es von einem Tornadowirbel erfasst worden war.

In der japanischen Kultur wird das Windelement als »Fu« bezeichnet. Es steht für das, was wächst und sich ausdehnt. Wind ist die Energie der Bewegung und des Atems, wird aber auch mit Aufgeschlossenheit und Sorglosigkeit sowie mit anderen Charakterzügen assoziiert, beispielsweise Weisheit, Erfahrung, Mitgefühl und Freigeistigkeit. In der chinesischen Kultur und Medizin wird Wind als »Feng« bezeichnet. Im Orient hat das Wort für »Wind« oft mit Gesundheit und Krankheit zu tun. In den alten chinesischen Schriften von *Ling Shu,* einem Klassiker der chinesischen Medizin, bezogen sich die acht Winde auf die acht Himmelsrichtungen. Im *Tao Te King* sagt der chinesische Weise Laotse: »Tao ist der Atem, der nie vergeht. Er ist die Mutter aller Schöpfung.« Die Begriffe »Prana« (Sanskrit) und »Bindu« (Tibetisch) drücken das Lebensprinzip aus; sie stehen für den Atem des Lebens bzw. für Energie.

Ich hatte vor der Macht des Windes schon immer großen Respekt. Mit Anfang zwanzig packte ich meinen Rucksack, setzte mich in meinen alten CJ-7-Jeep und machte mich auf den Weg, eine große Ansammlung von Felsnasen in der Nähe des Berges Flat Top im San Luis Valley zu erforschen. Zwei Jungen aus meiner Stadt hatten angeblich in den Felsbrocken eine kleine Höhle entdeckt, deren Wände mit indianischen Hieroglyphen bedeckt waren. Das wollte ich mit eigenen Augen sehen. Ich suchte jeden Winkel und jede Ecke nach einem Zugang in den Felsenvorsprüngen ab, fand allerdings keine Höhle, dafür aber nicht nur *einen* Klapperschlangenbau, und ich dachte mir, ich sollte wohl besser aufhören, bevor ich gebissen würde. Widerwillig gab ich meine Suche auf und beschloss, mir auf einem der höchsten Felsbrocken einen Platz für das Mittagessen zu suchen. Da wurde der Wind auf einmal viel stärker. Zuerst war es nur ein kalter, stetig wehender Wind, wie er zu dieser Jahreszeit ganz normal war; aber schon bald blies er so stark, dass es mir die Kapuze meiner Jacke vom Kopf wehte und ich meine Mahlzeit nicht beenden konnte. Ich stand auf und wollte gehen, als mich eine starke Windböe erfasste und mich buchstäblich ein paar Meter weiter unten wieder absetzte. Ich stand auf, lachte vor mich hin und stemmte mich dann gegen den Wind, um mich aufrecht hinzustellen. Es war erheiternd, und aus irgendeinem Grund beschloss ich, nach oben zur Kante des riesigen Felsbrockens zu gehen. Ich weiß noch, wie ich mich mit

Mutter Erde unterhielt und ihr sagte, ihr würde ihr vertrauen; dann lehnte ich mich mit dem ganzen Körper über den Rand und schloss die Augen. Der Druck des Windes trieb mir die Tränen in die Augen; nur noch meine Fußspitzen berührten das Felsgestein unter mir. Ich schwebte über den Felsklippen. Ich weiß nicht, wie lange ich dort verweilte, aber ich werde nie die erstaunliche Kraft des Windes vergessen, der mir sicheren Halt gab. Mein Verhalten war bestimmt nicht das allerklügste, aber es war eine absolut spirituelle Erfahrung und unglaublich aufregend. Wenn ich daran zurückdenke, weiß ich bis heute nicht, ob diese Jungs mir einfach nur einen Bären aufbanden oder ob sie wirklich eine Höhle mit Hieroglyphen entdeckt hatten.

Wir erinnern uns sicherlich alle an die eine oder andere Erfahrung mit Wind, vielleicht nicht unbedingt daran, wie wir von einer Felsenklippe hingen, aber vielleicht an wehende Blätter oder das Segeln auf einem Boot, das übers Wasser treibt. Das Windelement sollte als machtvolle Schöpferkraft respektiert und verehrt werden.

Verstehen wir erst einmal, warum unser Planet den Wind braucht und wie das Windelement sich in der Welt auswirkt, müssen wir uns fragen: Wie stellt sich der Wind für uns als Menschen dar?

Das Windelement zeigt sich in uns allen in Form von Sprache. Es gibt auf dem Planeten Millionen von Lebensformen, doch nur uns Menschen wurde die Gabe des Sprechens verliehen. Unsere Worte sind mächtig, und so wie das Windelement auf dem Planeten können wir damit uns selbst und anderen sehr viel Zerstörung antun oder damit etwas erschaffen. Wir können mit Worten entweder gegenseitig unser Selbstwertgefühl kaputtmachen und zerstören oder die Saat der Liebe und des Mitgefühls, der Akzeptanz und Freude und des Wissens ausbringen. Wir können uns frei entscheiden, mit unseren Worten entweder herabzusetzen, etwas zu verschlimmern, jemanden zu demütigen und zu zerstören oder damit Gutes und Positives zu erschaffen, zu nähren, wieder aufblühen zu lassen und unser eigenes sowie das Bewusstsein unserer Mitmenschen zu erhöhen.

Hast du mich schon einmal auf einem Vortrag oder einem Workshop gehört? Dann hast du mich wahrscheinlich auch schon sagen hören: »Deine Worte erschaffen die Welt, in der du lebst.« Ein einfaches Beispiel: Stell dir vor, du gehst die Straße entlang und wirfst der ersten Person, die dir begegnet, eine Unhöflichkeit an den Kopf. Meinst du, diese Person entgegnet dir etwas Höfliches oder Nettes oder eher etwas genauso Unfreundliches? Es stimmt wirklich: Was wir sagen und welche Intention hinter diesen Worten steht, kommt zu uns zurück. Mit jeder Tat und mit unseren Worten erschaffen wir die Welt, in der wir leben. Meistens sind wir uns unserer Worte nicht einmal bewusst. Wir leben einfach unser Leben, ohne zu wissen, ob wir damit das Liebesbewusstsein oder das Ego-Bewusstsein nähren.

Herausforderung

Vor einiger Zeit stellte ich mir selbst eine Herausforderung: Ich wollte sehen, wie oft ich im Lauf des Tages positive bzw. negative Gedanken und Emotionen hegte. Und ich muss sagen, am Ende dieses Tages war ich von dem, was dabei herauskam, echt schockiert.

Bereits als der Wecker klingelte, fiel ich bei meinem »Positivitätstest« durch. Ich weiß ja nicht, wie es dir geht, aber meine ersten Worte nach dem durchdringenden Weckerklingeln, das meinen Träumen ein Ende setzt, sind nicht gerade positiv. Ich weiß nicht einmal genau, ob meine erste Reaktion auf den Wecker überhaupt in einem hörbaren Wort bestand, es war wohl eher ein Stöhnen oder ein Brummen. Na ja, auf jeden Fall war es nichts Positives und kein Ausdruck von Liebe und Licht.

Die ersten Punkte des Tages gingen also an die »negative Seite« meines »Positivitätstests«. Auf meinem Weg treppabwärts wartet immer ein aufgeregter Labrador schwanzwedelnd darauf, Gassi zu gehen. Ich schob mich an ihm vorbei, rieb mir noch die Augen, um wach zu werden, tastete nach meinen Schuhen und Strümpfen … und merkte, dass nur ein Strumpf da war. Der bekanntermaßen strumpffressende Hund saß mit schuldbewusstem Gesichtsausdruck an der Hintertür und vermied meinen Blick.

Also machte ich mich mit nur einem Strumpf und einem Paar Regenstiefel auf den Weg durch die Küche, um ihn hinauszulassen, als ich das Durcheinander bemerkte: Mein Sohn hatte sich selbst sein Mittagessen für die Schule gemacht und dabei so ungefähr jede Pfanne, jedes Messer und jede Gabel sowie den gesamten Kühlschrankinhalt zu Hilfe genommen. Im Spülbecken und darum herum lag schmutziges Geschirr, der Rasen sollte schon seit Wochen gemäht, der Fußboden geputzt werden. In einer Stunde hatte ich einen Termin mit einem Klienten, und ich hatte nur einen Strumpf an! Sagen wir einfach mal, der Tag kam an diesem Morgen eher negativ als positiv zum Ausdruck: Ich hatte meinen »Positivitätstest« nicht bestanden.

Ich denke mal, wir alle hatten schon solche Tage, ja wahrscheinlich sind unsere Tage sogar meistens so. Das Wichtige dabei ist, sich bei Negativem zu ertappen und in eine positive Haltung zu wechseln. Als ich an diesem Abend im Bett lag und darüber nachdachte, wie sehr ich versagt hatte, erkannte ich, dass in Wahrheit ich selbst entschied, in welchem Licht ich meine Umstände betrachtete.

Als der Wecker am nächsten Morgen klingelte, hatte ich ganz bestimmt *kein* überwältigendes Gefühl des Friedens und der Erregung, aber ich fing mich rechtzeitig und verwandelte das Negative in etwas Positives. Ich nahm mir die Zeit, Dankbarkeit für den neuen Tag zu empfinden, der mir hier auf dieser wunderschönen Erde geschenkt wurde. Ich stand auf, ging die Treppe hinunter, tätschelte meinem schönen Hund den Kopf und dachte dabei, wie toll es ist, mein Leben mit einem Tier zu verbringen, das ich liebe und das mir jeden Tag seine Liebe zeigt. In der Küche begutachtete ich den Schaden und musste lächeln. Ja, es war ein ziemliches Chaos, aber es war mein Chaos. Ich habe das Glück, ein schönes Zuhause zu haben, das uns Obdach und Sicherheit gewährt; ich habe eine Küche und einen Kühlschrank mit jeder Menge zu essen darin, um meine Familie zu ernähren. Ich habe ein wunderbares Zuhause mit einem grünen Garten in einer freundlichen kleinen Stadt. Ja, der Rasen musste gemäht werden, aber das konnte warten. Ich habe die Wahl: Ich kann meine Zeit damit verbringen, mich über alles und jedes zu beschweren und mir dauernd Sorgen zu machen, oder ich entscheide mich, für alles, was ich zu tun habe, dankbar zu sein.

Dieser kleine Selbsttest und seine Ergebnisse erstaunten mich. Ich war davon überzeugt gewesen, ein positiver Mensch mit positiven Gedanken und Worten zu sein, doch als ich darauf achtete, wie ich meine Realität erlebte, überraschte ich mich selbst. Ich denke, bei vielen Menschen ist das ähnlich. Wir halten nicht inne, um über unsere Gedanken und Worte nachzudenken; wir sind sozusagen auf Autopilot. Worte haben im Alltag große Macht. Sie machen es uns möglich, unsere Erfahrungen auszudrücken und zu kommunizieren.

Die meisten Menschen sind sich gar nicht bewusst, dass das, was wir automatisch und ständig sagen, auch Auswirkungen auf unsere Erfahrungen hat. Wir müssen endlich erkennen, dass wir die Kontrolle über unsere gewohnheitsmäßige Verwendung von Wörtern haben und den fast automatisch stattfindenden negativen in einen positiven Ausdruck des Lebens wandeln können. Unsere Worte haben Macht und erschaffen das Leben, wie wir es erfahren; wenn wir das verstehen, können wir praktisch auf der Stelle unser Denken, Fühlen und Wahrnehmen unserer Lebensweise verändern.

Ich möchte dich deshalb dazu auffordern, dir einen Tag auszusuchen und den »Positivitätstest« selbst zu machen, indem du deine Gedanken und Worte einmal auf den Prüfstand stellst: Sind sie negativ oder positiv? Wie wirken sie sich auf dich selbst und deine Mitmenschen aus?

Oft merken wir gar nicht, welche Macht unsere Worte haben, insbesondere Kindern gegenüber. Als Kinder saugen wir wie kleine Schwämme Worte und Emotionen anderer Menschen auf und akzeptieren sie. Wir alle wurden zu einem gewissen Maß von den Erwachsenen um uns herum und von ihren Meinungen und Handlungen, ihrem Weltverständnis, der Wirtschaft, Rasse und Kultur und ihrer Erziehung geformt und geprägt. Wir haben die Vorstellungen von Eltern, anderen Angehörigen, Lehrern und Freunden dahingehend übernommen, wer wir waren und wer wir werden wollten. Wir alle waren irgendwann einem Bildungssystem ausgesetzt, das uns glauben machte, wir seien entweder klug oder dumm, hübsch oder hässlich, gut oder schlecht. Unser ganzes bisheriges Leben lang war das unser Selbstbild, nur weil irgendjemand dieses oder jenes zu uns gesagt hat. Wenn wir dieses Denken nicht hinter uns lassen, werden wir auch für den Rest unseres Lebens davon bestimmt, was andere zu uns gesagt haben. Auch als Erwachsene meinen wir immer noch, wir seien gut, wenn ein anderer Mensch uns lobt. Wir sind davon überzeugt, die Meinung der anderen entspräche der Wahrheit, und führen unser Leben entsprechend dieser Überzeugung, ohne uns überhaupt dessen bewusst zu sein. Doch wir sind nicht toll, nur weil jemand das sagt; und wir sind auch nicht schlecht, nur weil jemand es sagt. Die Meinung, die andere Menschen über uns zum Ausdruck bringen – das ist nicht, wer wir sind. Doch wie viele Menschen definieren sich über diese Meinungen? Unsere Worte können großen Schaden anrichten oder viel Gutes bewirken. Unsere Worte sind äußerst mächtig, das dürfen wir nicht vergessen!

Die Menschheitsgeschichte zeigt auf, wie einzelne Personen wie Nelson Mandela, Shivaji Bhonsale, Martin Luther King Jr. und Harriet Beecher Stowe dank der Macht der Worte vielen Menschen ihre Würde und ihr Selbstwertgefühl zurückgegeben haben. Sie glaubten an etwas und verbreiteten mit ihrem Wind die Saat ihrer Leidenschaft; dadurch haben sie das Leben vieler Menschen verändert.

Leider fallen uns, wie ich meine, viel eher die Namen von Menschen ein, die mit ihren Worten den allerschlimmsten Einfluss auf die Massen ausgeübt haben. Unsere Geschichtsbücher und Filme sind voll von Geschichten über Kriege, böse Führer, Invasionen und Überfälle, den Holocaust, Hexenjagden, die Kreuzzüge, die islamischen Eroberungen, die Invasionen der Mongolen und die Türkenkriege. Die Liste ließe sich fortsetzen. In Sekundenschnelle kann jeder von uns mindestens drei oder vier furchtbare Tyrannen nennen, die anhand ihrer Stimme die Massen dazu gebracht haben, andere Gruppen von Menschen zu hassen und zu bekriegen – meistens im Namen »Gottes«; das ist für mich das Traurigste daran. Jeder einzelne Krieg auf diesem Planeten (sei er nun aus politischen Gründen, wegen des Geldes, der Wirtschaft oder der Religion geführt worden) wurde begonnen, weil ein Mensch die Fähigkeit besaß, mit seinen Worten vielen anderen Menschen einen starken Glauben und eine starke Emotion einzuflößen.

Wir können mit unseren Worten erschaffen oder zerstören. Die Macht der Sprache ist eine der größten Gaben des Menschen. Wir können dank dieses großartigen Geschenks nicht nur uns selbst und unsere Emotionen, Erkenntnisse und Einsichten zum Ausdruck bringen, sondern uns selbst und andere mit Worten heilen.

Sicherlich haben viele Leser schon von dem genialen japanischen Autor, Forscher und Wissenschaftler Dr. Masaru Emoto gehört. Er widmete sein Leben der Aufgabe, anderen Menschen die Macht des Gebetes, der Emotionen und ihrer Übertragung durch Wasser nahezubringen. Seine Forschungsarbeit lässt uns Zeuge werden, welch starke Wirkung unsere Worte auf winzige Kristalle in gefrorenen Wasserpartikeln haben. Im Kapitel »Das Element Wasser« werde ich darauf näher eingehen.

Auch EFT (Emotional Freedom Technique) bzw. »Tapping«, also das Abklopfen bestimmter Meridianpunkte, kombiniert mit positiven Aussagen, zeigt die Kraft der Worte. Diese Technik ist auch unter dem Namen »Psychologische Akupressur« bekannt und löst bestimmte Blockaden im Energiesystem auf. Es gibt viele, ja unendlich viele Möglichkeiten, durch Sprache bzw. Stimme zu heilen, zu beruhigen, Energie zu gewinnen, zu beleben und zu motivieren, sei es nun durch Musik, Meditation, Tönen bzw. »Toning«, Singen oder auch Hypnose.

Bei der Heilarbeit an den Lebensblockaden meiner Klienten, die zu Einzelsitzungen kommen, haben 90 Prozent mit dem Halschakra zu tun. Wir haben insgesamt ein Problem damit, uns auszudrücken. Wir meinen, wir seien nicht berechtigt, unsere Emotionen zum Ausdruck zu bringen – was zu allen möglichen psychischen, emotionalen und auch physischen Krankheiten führen kann. Das größte Problem dabei ist meiner Erfahrung nach das Gefühl, wir dürften unsere wahren Wünsche und Leidenschaften sowie den Glauben an uns selbst nicht äußern. Uns wurde von unserer Gesellschaft beigebracht, uns auf eine bestimmte Weise auszudrücken oder einfach zu schweigen.

In der ganzen Menschheitsgeschichte wurden die Stimmen der Frauen herabgewürdigt, abgetan, ignoriert, sie wurden nicht angehört oder zum Schweigen gebracht. Von Männern wurde wiederum immer erwartet, stark, direkt, fordernd, machtvoll und durchsetzungsfähig zu sein; ihnen wurde nicht zugestanden, weich und sanft zu sein und ihre Wachsamkeit aufzugeben, denn dann würden sie schwach wirken. Diese Stigmata der alten Welt müssen wir loslassen und mit wahrer Intention und wahrer Leidenschaft sprechen.

Man stelle sich beispielsweise vor, einer Frau wird ein Kompliment über ihre Kleidung gemacht. Als Erstes entgegnet sie ihrem Gegenüber höchstwahrscheinlich etwas wie: »Oh, dieses alte Ding?«, »Nee, also nicht wirklich, ich schau darin eigentlich zu dick aus, oder?« Oder es wird automatisch und ohne nachzudenken ein Kompliment zurückgegeben: »Du siehst aber auch gut aus. Dein Hemd gefällt mir echt gut.« In Wirklichkeit ist das ganze Gespräch eigentlich Unsinn, wenn man nicht ehrliche Gefühle bzw. Gedanken zum Ausdruck bringt.

In Amerika grüßt man sich fast immer mit einem »Hi, how are you?« (»Hi, wie geht's?«) Die Antwort darauf ist: »Good, how are you?« (»Gut, und wie geht's dir/Ihnen?«) Nichts davon ist wirklich ernst gemeint – man will eigentlich gar keine Antwort hören.

Bis zu meinem Umzug nach Holland hatte ich gar nicht realisiert, was ich da machte. Also begrüßte ich die Leute dort so … und musste mir dann tatsächlich anhören, wie es bei ihnen gerade lief. In Großbritannien sagt man gern: »Are you alright?« (»Ist alles in Ordnung bei dir?«) Es dauerte eine Weile, bis ich verstand, dass ich nicht den Eindruck machte, mit mir würde etwas nicht stimmen; das war einfach ihre Art, Hallo zu sagen (hoffe ich zumindest).

Der Punkt ist: Uns allen liegen solche automatischen Sprüche und Antworten auf der Zunge; fast nie bringen wir unser wahres Interesse bzw. unsere wahren Gefühle zum Ausdruck. Die meisten Menschen wissen nicht einmal, wie ihre wahre Stimme überhaupt klingt. Damit meine ich nicht die Stimme, mit der wir ein Lied singen, mit der wir in die Kamera sprechen, oder wie sich unsere Stimme für uns selbst anhört. Ich spreche vom wahren Klang unserer Stimme voller roher, ungefilterter Emotionen.

Hast du dir jemals zugestanden, laut zu schreien? Dir die Seele aus dem Leib zu brüllen? Deinen wahren, rohen, emotionalen Klang zum Ausdruck zu bringen?

Menschen mit einem unausgewogenen Halschakra lassen sich in zwei Typen einteilen: Zum einen gibt es Menschen, die von ihrer eigenen Stimme, ihren eigenen Wünschen und ihrem Ego so eingenommen sind, dass sie alle anderen Menschen um sich herum »plattmachen«, um gehört zu werden und recht zu haben. Wir alle kennen solche Menschen; sie sprechen immer am lautesten von allen Leuten im Zimmer, reden so lange, bis die anderen ihnen zustimmen; oder sie machen eine Szene, wenn sie nicht gehört werden und keine Zustimmung erfahren. Zum anderen gibt es Menschen, die sich zurücknehmen und immer stiller werden. Sie haben Angst davor, aufzustehen und aufrichtig zu sagen, wie es ihnen geht und was ihre wahren Gefühle sind, auch wenn es darum geht, das Richtige zu tun. Solche Menschen haben Angst, ihre wahren Emotionen zu äußern; sie schlucken ihren Schmerz und ihre Emotionen hinunter, wodurch es später im Leben zu psychischen, emotionalen und körperlichen Problemen kommen kann.

Menschen, die ein überwältigendes Bedürfnis haben, gehört und gesehen zu werden, kann ich nur sagen: »Deine Stimme ist wichtig, dein Ego aber nicht.« Und mein Rat für jene, die ihre Stimme nicht finden, lautet: »Es ist höchste Zeit, sie zu finden.« Eine wichtige Übung, um seinen wahren Klang zu entdecken, seine rohe, unverfälschte Stimme, besteht darin, zu schreien (zur richtigen Zeit und am richtigen Ort, bitte!).

Die erste Aufgabe im Zusammenhang mit dem Windelement ist es, deine Stimme zu finden. Such dir einen Ort im Freien, wo du so laut sein kannst, wie du willst, oder einen Platz im Haus und ein hübsches dämpfendes Kissen. Wenn du so weit bist, fühlst du zunächst einmal, dass du das Recht hast, das zu machen, dass deine Stimme wichtig ist und du nicht schweigen musst. Finde deine innere Kraft, dein Feuer, deine Leidenschaft. Finde den Teil deines Feuerelements, das zum Ausdruck kommen muss, sei das nun Schmerz, Schuld, Wut oder innere Kraft. Egal, was da herauskommen will, spüre die Emotion, so gut es dir möglich ist. Lass dich davon einhüllen, und zwar so real und stark wie nur möglich. Sobald aus diesem Gefühl, diesem Feuer ein feuerspeiender Vulkan geworden ist, es sich zu glühender Hitze entwickelt hat, öffnest du den Mund und lässt deine rohe, kraftvolle Stimme hören, und zwar einen Klang – kein Wort, keinen Ausdruck, kein Lied und auch keine Melodie, sondern deinen wahren Klang! Mach das, bis dein Feuer, deine Leidenschaft, deine Emotion nach außen gedrungen ist. Lass wirklich los, öffne dein Halschakra – verleihe deiner Stimme die Kraft des Windes!

Selbst wenn du der leidenschaftlichste Mensch auf der ganzen Welt bist – ohne Stimme kannst du diese Leidenschaften nicht zum Leben erwecken, so wie ein Feuer nicht ohne Luft brennen kann. Die einzige Möglichkeit, ein Feuer immer heißer brennen zu lassen, besteht darin, ihm Sauerstoff zuzuführen. Um ein Feuer ausbrennen zu lassen, muss man ihm die Luftzufuhr abschneiden. Verleihst du deiner Leidenschaft eine Stimme? Verbreitest du die Saat deiner Träume, Hoffnungen, Überzeugungen und deiner Lebensaufgabe? Oder lässt du dein inneres Feuer verkümmern? Denke daran: Mit deinen Worten kannst du entweder eine negative oder eine positive Welt für dich erschaffen.

Als Kinder sind wir diese Schwämme, die alles aufsaugen, was andere uns an Überzeugungen über uns selbst eintrichtern wollen, doch als Erwachsene können wir die Wahl treffen. Wir können die Äußerungen der anderen über uns glauben, oder wir können sagen: »Nein, das akzeptiere ich nicht.« Letztendlich ist es allein unsere Entscheidung, die Person zu sein, die wir sein wollen. Es ist unsere Entscheidung, wie wir uns zum Ausdruck bringen und was wir erschaffen wollen. Du kannst das mürrische Mädchen sein, das mit einem Strumpf in der unordentlichen Küche steht, oder das Mädchen mit nur einem Strumpf, das zwar mitten im Chaos steht, jedoch sein Leben voll und ganz liebt. Du hast die Wahl.

Deinen heiligen Kreis (Medizinrad) errichten:

Wind

Jetzt wollen wir uns erneut auf den Weg zu dem Ort machen, wo du deinen heiligen Kreis bzw. dein Medizinrad errichten willst, das die vier Himmelsrichtungen und die Elemente repräsentiert. Bevor du damit beginnst, praktiziere bitte die Erdatmungs-Meditation (siehe vorne im Kapitel »Das Element Erde«), um deine Chakras ins Gleichgewicht zu bringen. Nimm dir ein paar Augenblicke Zeit, dich allen Sinnen und dem Leben zu öffnen, das auf diesem wunderschönen Planeten um dich herum stattfindet. Schließe die Augen und lausche auf das Leben um dich herum. Spüre die Elemente auf deinem Körper, schmecke die Luft, das Gras, atme den Geruch der Erde ein.

Dann öffne die Augen und betrachte die dich umgebende Herrlichkeit. Spüre die Magie dieses Lebens und welches Glück du hast, auf diesem wunderschönen Planeten zu sein und diese Reise zu machen. Sobald du dich mit Mutter Erde verbunden hast, barfuß auf dem Boden stehst und in Richtung Süden deines Medizinrads blickst, steigt deine eigene Energie empor.

Nun drückst du dem Süden sowie der Farbe Gelb, die das Windelement repräsentieren, deinen Dank und deine Ehrerbietung aus. Du kannst den Salbei anzünden oder Tabak verbrennen und das als Opfergabe dem Süden, den Ältesten, den Großmüttern und Großvätern und der uralten Weisheit darbringen, die unsere Urvölker im Süden schon immer gelehrt haben und immer noch lehren. Erweise deine Ehrerbietung den warmen Winden, die uns all das pflanzliche Leben, die Früchte und das Gemüse bringen; ehre die Winde, welche die Samen und Pollen von einem Ort zum anderen wehen. Bedanke dich für deine eigene Stimme und die ihr innewohnende Kraft. Singe aus vollem Herzen ein Lied, töne oder chante in Richtung Süden und lass deine Gebete von der Luft davontragen. Bring deine Gebete voller Hoffnung und Freude zum Ausdruck, chante, verleihe deinen Schmerzen eine Stimme und lass sie vom Wind wegtragen zum Himmel und zur Erde und zu allem, was dazwischen ist. Verschaffe deinen Gebeten und deinem Ausdruck Gehör, lass den Wind deine Leidenschaften mit dem Salbei und Tabak in die Luft tragen.

Wenn du deine Gebete vollendet hast, ehrst du das Windelement, die Himmelsrichtung des Südens und die Farbe Gelb, indem du einen Stein deiner Wahl dorthin legst, wo deine Füße auf dem Medizinrad stehen. Dann bläst du den Tabakrauch, in dem deine Gebete und dein Wind stecken, über den Stein. Denke daran: Deine Worte sind mächtig – wähle sie sorgfältig; sie haben die Macht, zu erschaffen oder zu zerstören.

»Der Pessimist beschwert sich über den Wind;
der Optimist erwartet, dass er sich ändert.
Der Realist richtet das Segel aus.«

William Arthur Ward

Das Element Wasser

Wasser ist zweifellos die wichtigste Ressource der Welt; unser Heimatplanet ist ein sehr wässriger Ort. Mutter Erde wird ja oft als der »Blaue Planet« bezeichnet; schließlich sind 71 Prozent ihrer Oberfläche mit Wasser bedeckt, und die Meere machen 97 Prozent der Wasserbestände des Planeten aus. Die Ozeane sind die größten Ökosysteme der Erde und stellen ihr größtes, äußerst komplexes Netzwerk zur Erhaltung des Lebens dar. In ihnen lebt etwa eine Million verschiedener Spezies, und sie liefern ein Sechstel des tierischen Proteins der menschlichen Nahrung. Sie bergen die Lösungen für neue Medikamente, mit denen sich viele Krankheiten behandeln ließen. Sie absorbieren Kohlendioxid aus der Atmosphäre, regeln die Temperatur auf dem Planeten, erzeugen Wettermuster, und dank eines winzigen Organismus namens Phytoplankton produzieren die Ozeane auch den Großteil des Sauerstoffs für unsere Atmung. Unsere Meere sind für die Menschen überlebensnotwenig. Unglaublicherweise verstehen wir allerdings mehr über die Oberfläche des Mondes als über die Meere der Erde. Vieles ist für uns unbegreiflich, viele Spezies haben wir bislang gar nicht entdeckt. In unseren kostbaren, so verschiedenen Gewässern gibt es noch viele aufregende Entdeckungen zu machen.

Wasser steht nie still. Durch den Wasserzyklus bewegt sich der Wasservorrat des Planeten ständig von einem Ort zum anderen. Sei es nun der Wasserdampf in der Luft, das Wasser in Seen und Flüssen, die Eiskappen und Gletscher oder unterirdisches Grundwasser – unsere Süßwasservorräte sind immer in Bewegung. Oft beginnt die Reise auf einer Bergspitze; durch die Schneeschmelze entstehen kleine Kanäle, die nach unten fließen und sich von kleinen Bächen zu mächtigen Flüssen wandeln, dabei an Kraft gewinnen und Stromschnellen bilden. Das Wasser enthält dann nicht mehr viele Nährstoffe, aber sehr viel Sauerstoff. Diese saubere, höchst wichtige Ressource ist ein Geschenk von Mutter Erde, ohne das viele irdische Lebensformen gar nicht existieren könnten. Das Wasser auf dem Planeten zirkuliert ständig: Schnee schmilzt und gelangt in unsere Flüsse; die Flüsse bewässern unsere Felder; das abfließende Wasser gelangt zurück in die Wasserläufe oder verdampft irgendwann und kehrt als Dampf in die Luft zurück, wo es sich wieder in Regen verwandelt und auf die Erde zurückfällt.

Was viele Menschen nicht wissen: Das Wasser, das wir heute auf der Erde haben, ist dasselbe Wasser, das schon zu Zeiten der Dinosaurier da war. Das Wasser verlässt den Planeten nicht, sondern wird immer wieder von Neuem verwertet und »recycelt«; deshalb müssen wir unsere Gewässer unbedingt rein und schadstofffrei halten – es ist alles, was wir haben!

Ohne Wasser wäre der menschliche Körper schlichtweg funktionsunfähig, es ist für uns essenziell, also überlebensnotwendig. Wasser reguliert die Körpertemperatur, hält Augen, Mund und Nase feucht, schmiert die Gelenke, schützt die Organe und Gewebe und spült Abfall- und Giftstoffe aus dem Körper. Es löst Mineralien und Nährstoffe auf, damit der Körper sie nutzen kann, und transportiert Sauerstoff in die Zellen. Unser Gehirn besteht zu etwa 80 Prozent aus Wasser! Ohne Wasser kann unser Körper gar nicht existieren. Wir halten es etwa einen Monat lang ohne Nahrung aus, aber nur fünf bis sieben Tage ohne Wasser. Wir brauchen also Wasser zum Überleben – das ist uns fast allen klar –, aber wie viel Wasser wir tagtäglich verbrauchen, ist weniger bekannt. Auf die Frage »Wie viel Wasser verbrauchst du pro Tag?« denken wir an das Wasser, das wir trinken, oder das Wasser zum Duschen. Doch in Wirklichkeit verbrauchen wir viel mehr Wasser, als wir meinen: Die Mahlzeiten, die wir essen, Transportmittel, Saubermachen – fangen wir an, darüber nachzudenken, wird klarer, wie viel Wasser wir tatsächlich verbrauchen. Studien zufolge werden für die Erzeugung der Nahrung für eine vierköpfige Familie täglich durchschnittlich ca. 25.740 Liter Wasser benötigt. Über 25.000 Liter Wasser! Das Wasser zum Säubern der Lebensmittel oder zum Geschirrspülen nach dem Essen ist dabei noch nicht einmal mit eingerechnet. Ein anderes Beispiel: Um einen knappen halben Liter Bier zu produzieren, sind 75 Liter Wasser vonnöten, hast du das gewusst? Ein knappes Kilo Rindfleisch erfordert fast 9500 Liter und ein knappes Kilo Eier ca. 1800 Liter, ein Liter Milch 1000 Liter Wasser. Diese Zahlen sind zunächst einmal schockierend. Wir brauchen Wasser für so vieles, nicht nur für die tägliche Dusche oder das Glas Wasser, das wir trinken.

Wir müssen uns nur einmal zu Hause umschauen, dann wird uns ziemlich klar, wie wichtig Wasser für uns ist. Es geht hier nicht nur um die Topfpflanze auf der Fensterbank, sondern auch um alles aus Naturfasern, von Vorhängen bis hin zum Sofa, vom Küchentisch bis zu den Produkten im Kühlschrank, aber auch um den Strom aus jeder Steckdose bis hin zum Benzin fürs Auto. Sämtliche Kleidung bis hin zu den Gummisohlen unserer Schuhe – Wasser hat all das möglich gemacht. Beim Einschalten einer Lampe denken wir meistens nicht daran, dass dazu Wasser gebraucht wird, aber um eine einzige, gewöhnliche 60-Watt-Glühbirne 12 Stunden lang brennen zu lassen, sind 60 Liter Wasser erforderlich. Wie Forscher des Virginia Water Resources Research Center herausgefunden haben, verbrauchen allein in den Vereinigten Staaten die thermoelektrischen Kraftwerke über 500 Milliarden Liter Süßwasser pro Tag; das entspricht in etwa 95 Liter Wasser, um eine Kilowattstunde Strom zu produzieren. Wasserkraft wird verwendet, um Rohöl aus dem Erdboden zu pumpen und die Abgase von Kraftwerken zu reinigen. Wasser erzeugt den Dampf zum Antrieb der Turbinen; es spült die Verbrennungsrückstände der fossilen Brennstoffe fort und dient zur Kühlung des Kraftwerks.

Viele von uns wechseln zu Biokraftstoffen – in dem Glauben, das sei besser. Doch schockierenderweise sind für eine einmonatige Stromversorgung mit Biodiesel auf Sojabasis für ein Haus über 180.000 Liter Wasser für die Bewässerung der Sojabohnenfelder vonnöten. Es führt kein Weg daran vorbei: Wir verbrauchen tagtäglich Unmengen an Wasser. Wir brauchen das Wasser und werden es immer brauchen, aber die Vorräte an sauberem Trinkwasser auf unserem Planeten sind begrenzt. Also müssen wir dieses Frischwasser entsprechend schützen, wertschätzen und würdigen und dürfen es nicht verschwenden.

Wasser ist inzwischen oft verunreinigt und schadstoffbelastet, deshalb trinken wir in Flaschen abgefülltes Wasser und meinen, das sei die beste Lösung. Aber stimmt das wirklich? Hier ist nicht die Rede von Gebieten, denen es an sauberem Wasser mangelt, sondern vom Durchschnittsamerikaner bzw. -europäer, der meint, statt Leitungswasser lieber Wasser aus der Flasche zu trinken sei stilvoll. Doch ist das die richtige Wahl? Warum machen wir das?

Abgefülltes Wasser unterliegt meistens nicht so strengen Auflagen wie Leitungswasser. Selbst bei entsprechenden Geschmackstests schneidet Leitungswasser weltweit oft besser als Tafelwasser ab. Die Abfüller behaupten, sie würden einfach auf die Verbrauchernachfrage reagieren, aber wer würde denn ein weniger gutes, weniger nachhaltiges, teureres Produkt wollen als das, was man im Prinzip nahezu kostenlos aus dem Wasserhahn bekommen kann? Tafelwasser ist etwa 2000-mal teurer als Leitungswasser, doch unglaublicherweise werden allein in Amerika über eine halbe Milliarde Flaschen Wasser pro Woche verkauft. Diese Menge an Plastikflaschen reicht aus, um damit fünfmal den Globus zu umwickeln. Und woher kommt über ein Drittel dieses abgefüllten Wassers? Aus dem Wasserhahn! Doch es wird noch verrückter: Mit dem Öl, das dafür gebraucht wird, die Jahresmenge an Wasserflaschen für Amerika zu produzieren, könnte man über eine Million Autos mit Benzin versorgen. Man denke nur an all die Energie und die Ressourcen, die eingesetzt werden, um die Plastikflaschen herzustellen, sie um die Welt zu versenden, sie zu vermarkten und an uns Verbraucher zu verkaufen, die wir diese Flaschen in Minutenschnelle leeren und dann in die Mülltonne werfen. Doch es kommt noch schlimmer: Über 80 Prozent werden auf Mülldeponien entladen, wo sie entweder jahrtausendelang herumliegen oder ihre Schadstoffe in die Luft abgeben, indem sie verbrannt werden. Und wenn die Wasserflaschen nicht auf der Müllhalde landen, werden sie ins Meer geworfen, wo sie sich langsam zersetzen. Diese Mikrokunststoffe wiederum werden von Tieren verzehrt. Die Großkonzerne, die Tafelwasser abfüllen (mit diesem hübschen kleinen Bild eines Berges oder einer Tropenpflanze auf dem Etikett) sind milliardenschwere Unternehmen, die uns mit einem Produkt versorgen, das weniger gut ist als das Wasser, das daheim aus unseren Wasserhähnen fließt. Wir müssen uns dem blinden Marketing-Wahnsinn und der hypnotisierenden Werbung entziehen und uns genau anschauen, was wir da eigentlich machen! Ein Drittel der weltweiten jährlichen Ausgaben für Tafelwasser würde ausreichen, um Projekte zu finanzieren, die allen Bedürftigen den Zugang zu sauberem Wasser ermöglichen – das sind 780 Millionen Menschen, eine Riesenanzahl! Indem wir uns dessen bewusst werden, was wir da treiben, können wir unser unbewusstes Verhalten ändern. Wir sollten es uns genau überlegen, bevor wir immer wieder abgefülltes Wasser kaufen. Wir können Leitungswasser in eine wiederverwendbare, umweltfreundliche Flasche nachfüllen.

Wasser versorgt uns mit Nahrung, Sauerstoff, einem Zuhause, Kleidung und sogar mit einem Körper. Deshalb sollten wir das Wasser auf dem Planeten leidenschaftlich wertschätzen, respektieren und schützen. Die Ältesten der Urvölker sagen uns seit Jahren, dass reines Wasser schon bald kostbarer sein wird als Gold. Meiner Meinung nach stehen wir heute kurz davor, angesichts der immer größeren Verschmutzung und des Fehlgebrauchs unserer Gewässer, und zwar nicht nur wegen der Ölteppiche auf den Meeren oder der schrecklichen Atomkatastrophe im japanischen Fukushima (aus diesem Kernkraftwert treten bis heute täglich über 300 Tonnen an verstrahltem Wasser in den Pazifik aus – verstrahltes Wasser, das sich nun im weltweiten Wasserkreislauf befindet). Hinzu kommen die giftigen Abwässer in unserem Trinkwassersystem.

Und der Verbrauch von Wasser für die Viehzucht ist die Hauptursache für das Artensterben, die Wasserverschmutzung und die Zerstörung von Lebensräumen. Über 70 Prozent der weltweiten Wasservorräte werden von der industriellen Landwirtschaft verbraucht; diese Betriebe verschmutzen das Wasser, wodurch ganze Ökosysteme zerstört werden und für Menschen, Tiere und Pflanzen giftig werden können. Ungeheuer große Viehfarmen erzeugen riesige Klärgruben mit tierischen Ausscheidungen: Letztere laufen oft in benachbarte Gewässer aus, die dadurch mit schädlichen Bakterien, Nitraten und gefährlichen Mikroben verseucht werden sowie Krankheiten und Fischsterben im großen Umfang verursachen und lebensfeindliche Zonen entstehen lassen. Außer dieser kolossalen Wasserverschmutzung zerstört die Viehzucht große Habitate durch das Abholzen von Wäldern, um Weidegelände bzw. Anbauflächen für Futter zu schaffen. Hinzu kommen Unkrautvernichtungsmittel, chemische Dünger und Pestizide; auch sie vergiften die Gewässer. Der Lebensraumverlust für heimische Arten ist gewaltig. Allein die Anzahl der dadurch gefährdeten oder gar ausgelöschten Tierarten ist eine Katastrophe.

Laut einem Bericht von Greenpeace Brasilien an das Weltsozialforum ist derzeit die Rinderzucht für über 80 Prozent der Entwaldung des Amazonasbeckens verantwortlich – aus vielen Gründen eine schwindelerregende und herzzerreißende Zahl, nicht nur weil so viele Tiere und Pflanzen wie nie zuvor ihr Leben verlieren. Auch die indigenen Völker werden dadurch entwurzelt.

Außerdem versorgt uns der Wald, den wir zerstören, mit 20 Prozent des Sauerstoffs, den wir jährlich einatmen, und mit Frischwasser in Form von Regenfällen. Jeder Schirmbaum verdunstet bis zu 757 Liter Wasser jährlich. Das heißt, ein Morgen Land im Regenwald produziert ca. 75.700 Liter Wasser, die in die Atmosphäre abgegeben werden und Wolken und Regen erzeugen. Werden die Wälder abgeholzt, gehen uns diese wichtigen Bäume verloren, welche die Welt mit Sauerstoff und Regen versorgen; das Land trocknet aus, wird brüchig und kann die Feuchtigkeit nicht mehr halten; es wird vom Vieh zertrampelt, welches das letzte bisschen Vegetation wegfrisst. Außerdem ist das Wasser, das noch übrig bleibt, verschmutzt. Es geht um das Abwasser von Fabrikanlagen, die Landwirtschaft und Ölverschmutzungen, aber auch um die kleineren Dinge wie einen nicht reparierten tropfenden Wasserhahn, das länger als nötig brennende Licht oder unser Versäumnis, den Müll aus dem Bach zu angeln.

Eines ist auf jeden Fall sicher: Wo Wasser nicht umsichtig behandelt wird, leidet alles und jeder. Denken wir an den Zweck und die Bedeutung des Wassers auf unserem Planeten, erkennen wir schnell, wie wichtig es für alles Leben ist.

Nicht ganz so einfach zu verstehen ist, welche Rolle das Wasserelement in unserem menschlichen Körper spielt. Mir geht es hier nicht nur darum, dass 70 Prozent unseres Körpers aus Wasser bestehen. Ich suche nach eher spirituellen Antworten. Um die Rolle des Wasserelements in unserem Leben wirklich zu begreifen, müssen wir auch verstehen, welche Bedeutung Kristalle haben.

Kristalle

Kristalle sind faszinierende, ja magische und wunderschöne Gebilde unserer Mutter Erde; es gibt sie in allen möglichen Farben, Formen und Größen. Die Frage lautet: Warum sind Kristalle so wichtig? Um diese Frage wirklich zu verstehen, müssen wir einen Blick auf die neuen, aufregenden Entdeckungen der letzten Jahre werfen und uns das uralte Wissen über Kristalle aus ferner Vergangenheit in Erinnerung rufen.

Dank Nikola Tesla wissen wir: Alles im Universum besteht aus einer Form von Energie, und alles im Universum hat seine ureigene Schwingung und Frequenz, auch Kristalle. Zudem wirken sich verschiedene Energieformen aufeinander aus. Alles ist Energie, alles hat eine Schwingung, und manche Energien sind stärker als andere. Ich habe schon oft gesagt: »Die stärkste Energie gewinnt immer.« Das ist eine universale Wahrheit. In diesem Wissen können wir mit Kristallen heilen, reinigen, ausrichten und energetisieren, ja sogar die Schwingung der Chakras und Zellen im Körper verändern.

Wie Unmengen von Beweisen aufzeigen, wussten unsere Vorfahren sehr viel über die energetischen, emotionalen, physischen und spirituellen Einsatzzwecke von Kristallen. Die alten Ägypter nutzten eine Reihe von Kristallen für spirituelle Einsichten, zum Schutz und zur Heilung von Körper und Geist. Besonders faszinierend sind für mich die vielen Kristalle, die in den Bausteinen der Pyramiden stecken, sowie die Tatsache, dass die meisten Obelisken aus Granit bestehen, einem Stein mit einer hohen Konzentration von Quarzkristallen, die auf Energie reagieren. Quarz hat aufgrund seiner kristallinen Struktur die Fähigkeit, die natürlichen elektrischen Schwingungen der Erde in verwertbare Energie umzuwandeln.

Die Cheops-Pyramide enthält bekanntermaßen riesige Mengen an Quarzkristallen. Und interessanterweise stellt die Cheops-Pyramide zusammen mit den Obelisken in aller Welt ein auf Kristallen beruhendes globales energetisches Netzwerk dar.

Es mag weit hergeholt erscheinen, doch schaut man sich neuere Überlegungen zum Thema »freie Energie« an, kommt man auf

Nikola Tesla zurück, der aufgrund eben dieses Konzeptes anhand von Kristallen freie Energie erzeugte.

Im Juli 1899 gab Nikola Tesla bekannt, dass er einen Weg gefunden habe, Elektrizität unter Nutzung der natürlichen Leitfähigkeit der Erde durch die Luft zu übertragen. Die wichtigste Komponente seines Systems für endlose freie Elektrizität waren Quarzkristalle. Und wenn Tesla das zum Ende der 1890er-Jahre schaffte, warum dann nicht auch die alten Ägypter? Immer mehr deutet darauf hin, dass unsere Ahnen hochkomplexe und hochintelligente Menschen waren. Die alten Sumerer waren das erste Volk, das in seinen »magischen Formeln« historisch belegt Kristalle einsetzte. Und bei den alten Griechen bedeutete das Wort für »Kristall« so viel wie »Eis«, denn sie glaubten, klarer Quarz wäre gefrorenes Eis, das seine feste Form beibehielt. Das griechische Wort für »Bernstein« ist »Elektron«, und faszinierenderweise lädt sich Bernstein, wenn man daran reibt, elektrisch auf. Das Wort »Elektrizität« stammt also von dem altgriechischen Wort »Elektron« bzw. »Bernstein« ab. Die alten Chinesen verwendeten Heilkristalle, unter anderem Nadeln mit Kristallspitzen, für Akupunkturbehandlungen und Prana-Heilsitzungen. Ob Römer, Japaner, Maori, Indianer, Südamerikaner, Mexikaner oder Inder – in all diesen Kulturen wurden in der einen oder anderen Form Kristalle verwendet. Unser Einsatz von Steinen und Kristallen reicht bis weit zu unseren prähistorischen Wurzeln zurück. Unsere Vorfahren wussten sehr viel über Kristalle, und sie spielten in ihrem Leben eine große Rolle.

Auch heute sind Kristalle und ihre Verwendung nicht weniger komplex und aufregend. Leider geben unsere Wissenschaftler nicht zu, dass sie eigentlich versuchen, die alten Kulturen einzuholen. Vielmehr behaupten sie, sie hätten einen neuen wissenschaftlichen Durchbruch erzielt. Und wir haben ja tatsächlich viel anhand von Kristallen erreicht: Sie stecken in unseren Uhren und als Mikroprozessoren in unseren Computern, in unseren Mobiltelefonen, Kommunikationsleitungen und in LCDs (Liquid Crystal Displays), also den sogenannten Flüssigkristallanzeigen. Doch Kristalle wurden schon lange vor unseren modernen Technologien eingesetzt. Ich arbeite tagtäglich mit Kristallen, und wie ich weiß, können sie buchstäblich unser physisches, geistiges und spirituelles Leben verändern.

Kristalle sind erstaunlich! Halten wir einen Kristall in der Hand und fassen eine Intention mit Worten und Emotionen, wird dieser Kristall die Intention absorbieren, bewahren, ihr Kraft verleihen und dann diese Intention nach außen abgeben. Deshalb setzen Heiler seit Jahrtausenden Kristalle ein. Wie wir inzwischen wissen, kann man anhand eines Voltmeters eine Spannung ablesen, indem man einen Kristall mit einem negativ und einem positiv geladenen Draht verbindet. Presst man einen Kristall zusammen, entsteht ein elektrischer Strom, und wenn Kristalle in einer bestimmten Frequenz schwingen, können sie zum Glühen gebracht werden oder einen extrem starken Strom erzeugen. Kristalle stellen ihre eigene Energie her! Wir müssen noch so viel über Kristalle lernen. Im Moment kratzen wir erst an der Oberfläche, um herauszufinden, wozu diese magischen Steine imstande sind. Kristalle können nicht nur ihre eigene Energie produzieren, sondern auch Informationen, Energie und Intentionen speichern. Wir sind gerade erst dabei, die fast unbegrenzten Einsatzmöglichkeiten von Kristallen in unserem Leben zu erkennen.

Anhand des Wassers können wir die komplexen und magischen Kräfte der Kristalle auf besonders gute Weise verstehen, denn Wasser und Kristalle sind untrennbar miteinander verknüpft. Das Wasserelement ist nicht nur die Lebensgrundlage für Pflanzen und Tiere, sondern dient auch als Träger von Informationen und Energie.

Die hochspannenden Forschungsarbeiten von Dr. Masaru Emoto lassen uns die Kraft des Wassers und der Kristalle im Hinblick auf unsere Gefühle und Intentionen besser verstehen. Mit seinen erstaunlichen Experimenten hat Dr. Emoto nachgewiesen, dass Gedanken, Worte und Gefühle sich auf Wassermoleküle auswirken. Wie seine Arbeit zeigt, reagiert Wasser auf positive Gedanken und Worte: Nachdem Wasser positiven Worten und Gedanken ausgesetzt war und gefroren wurde, bildete es wunderschöne, perfekt geformte Kristalle aus; bei negativen Intentionen ergaben sich klumpenartige gefrorene Kristallformationen. Seine wunderbare Arbeit bezeugt, dass die Menschheit immer besser versteht, wie komplex, erstaunlich und großartig Wasser ist.

Das Wasserelement in uns ist genauso lebenswichtig für uns wie die Ozeane für das Leben auf dem Planeten; jedes einzelne, noch so winzige Wasserpartikel hat eine kristalline Struktur. Jedes Wassertröpfchen hat die Fähigkeit, unsere Emotionen, Gedanken und Gefühle aufzunehmen, zu speichern, mit Kraft zu versorgen und dann nach außen zu tragen – wegen dieser winzigen Kristallstrukturen. Sobald wir verstehen, dass sich das menschliche Bewusstsein auf Wassermoleküle auswirkt, können wir anfangen, unseren Planeten zu heilen! Dann können wir uns daranmachen, die richtigen Intentionen für unsere Umwelt und füreinander zu setzen. Stell dir einmal vor, welche Wirkung wir auf jeden Menschen und jedes Geschehen haben, so wie sich Worte und Gedanken auf die Wasserkristalle auswirken. Alles, was wir verzehren, die Luft, die wir einatmen, das Wasser, das wir trinken, die Menschen, die wir treffen, tragen Wasser in sich. Seien es nun Früchte und Gemüse oder tierische Produkte – sie enthalten Wasser, und wo es Wasser gibt, gibt es Kristalle.

Kristalle nehmen also unsere Intentionen, Emotionen und Worte auf. Da müssen wir einen Moment innehalten und uns fragen: »Was habe ich über mich gesagt und gedacht?« So wie die Oberfläche von Mutter Erde bestehen auch wir zu 70 Prozent aus Wasser. Unsere Gedanken und Emotionen wirken sich auf Wasser aus, und in diesem Wissen müssen wir uns unserer Gedanken und Worte bewusst sein. Ich denke, man braucht nicht viel Fantasie, um sagen zu können, dass wir über uns selbst eher negativ als positiv denken. Geht dir morgens, wenn du aufstehst und in den Spiegel schaust, als Erstes etwas Positives durch den Kopf? Wir konzentrieren uns eher auf all das Negative, nicht wahr? Wir haben die schlechte Angewohnheit, uns auf das zu fokussieren, was uns an uns selbst missfällt, anstatt zu sehen, welch wunderbar vollkommene und herrliche Schöpfung des Großen Geistes und von Mutter Erde wir sind. Unser Ego und die Sorge, was die anderen über uns denken mögen (auch das ist Ego), halten uns davon ab, uns selbst zu lieben, nett und gütig mit uns umzugehen und uns daran zu erinnern, wie vollkommen wir in Wirklichkeit sind.

Was meinst du, was du durch negative Gedanken über dich selbst, durch den Fokus auf das, was du an dir ändern möchtest, wohl in deine Kristalle, dein Wasser eingibst? Die Welt ist vom Bild der Schönheit besessen; es geht immer darum, das zu besitzen, was uns schön macht, oder den Titel, der uns Wichtigkeit verleiht. Wir haben aus den Augen verloren, was wahre Schönheit ist. Wir wachsen in Gesellschaften auf, die uns beibringen, uns auf das zu konzentrieren, was mit uns nicht stimmt, was uns im Leben fehlt, und dann wundern wir uns, weil wir dauernd krank sind. Was du über dich selbst glaubst, was du über dich selbst denkst, mit welchen Worten du dich selbst beschreibst, all das wird in deine Kristalle eingegeben, und so machen wir uns selbst krank!

Es ist nicht so schwer, angesichts der industriellen Viehzucht, der Emissionen von fossilen Brennstoffen und der giftigen Abwässer die Auswirkungen von verschmutztem und verseuchtem Wasser auf unseren Planeten zu erkennen. Doch wie sieht es mit dem ungesunden Wasser in uns selbst aus? Wir Menschen können uns nicht von den vier Elementen abkoppeln. Was für Mutter Erde gilt, gilt auch für uns. So wie sich die Verschmutzung des Wassers von Mutter Erde schädlich auf unseren Planeten auswirkt, wirkt sich die Verunreinigung unserer Wasserkristalle durch negative Emotionen, Überzeugungen und Gedanken schädlich aus. Wir haben die Wahl: Wir können alles glauben, was unsere Eltern, Lehrer, Freunde und andere Familienmitglieder uns je an Negativem vermittelt haben. Wir können diese Verschmutzung durch unsere Adern strömen lassen und sie als unser Selbst bezeichnen. Wir können zulassen, dass diese Gedanken und Worte anderer Menschen mit ihrem Gift unser Selbstwertgefühl und unsere Fähigkeit zerstören, unser höchstes Potenzial auszuleben. Oder wir können uns dafür entscheiden, unsere Kristalle zu klären und zu reinigen und ihnen etwas Besseres einzugeben. Als Kinder nehmen wir eine Menge auf und definieren uns darüber, was uns die Erwachsenen als Meinung über uns einpflanzen, doch als Erwachsene haben wir die Wahl: Du hast in diesem Moment die Wahl, das über dich zu glauben, was du über dich glauben möchtest.

Wer bist du? Was liebst du? Wie sehen deine Leidenschaften aus? Warum hast du dich auf diesen wunderschönen Planeten geschickt? Was bringt dich zum Lachen, Lächeln, Fühlen, Lieben und macht dich dankbar? Das ist dein wahres Selbst! Du bist nicht die Meinung, die jemand über dich hat! Vergiss das nicht und denke jeden Tag daran: Beuge dich nicht den Worten oder Taten anderer Menschen! Sei du selbst! Gib dir bzw. deinen Kristallen ein, wer du wirklich bist, und sei stolz darauf. Gehe erhobenen Hauptes und liebe dein wahres Selbst; schenke deinem wahren Selbst Anerkennung, Respekt und Ehrerbietung! In unserem Wasser, unseren Kristallen, tragen viele von uns immer noch die Wunden und Worte der Vergangenheit und lassen ihr Leben davon bestimmen. Möchtest du dein Leben diesen alten Mustern und Gedanken unterwerfen? Dann lass es nicht zu! Hör einfach damit auf! Das Wunderbare an Kristallen ist: Sie können gereinigt werden und man kann sie bitten, eine andere Intention aufzunehmen – eine ihrer magischsten Eigenschaften. Sie können sozusagen zurückgesetzt werden – ein wahres Geschenk im Hinblick auf diese alten Wunden, die wir schon so lange in uns tragen. Du kannst sie loslassen; du kannst weitergehen ohne die schwere Last der negativen Gedanken, die du mit dir herumgeschleppt hast.

Was du an dir magst und nicht magst

So, nun lege bitte einen Stift und ein Blatt Papier bereit, nimm dir einen Moment Zeit und liste alles auf, was du *nicht* an dir magst. Ja, wirklich, leg dieses Buch zur Seite. Bevor du weiterliest, schreibe zunächst alles auf, was du an dir *nicht* magst, und zwar so viel wie nötig …

Ist deine Liste fertig? Dann kommt nun meine Frage: »War es schwierig, dir Punkte einfallen zu lassen, die du nicht an dir magst?« Wahrscheinlich nicht, stimmt's? Es war wohl ziemlich einfach, ein paar Sachen aufzuschreiben, und bei vielen Leuten wird diese Liste auch eher länger.

Mach jetzt eine zweite Liste mit all dem, was du wirklich an dir liebst, schreib auf, was du an dir bewunderst und wertschätzt. Los geht's, fang mit deiner Liste an!

War das schwieriger? Ist diese Liste kürzer als die erste? Hat es länger gedauert, bis dir etwas einfiel, was du an dir magst und toll findest? Falls ja, mach dich deswegen nicht fertig, das geht fast allen Leuten so. Es ist ein weltweites Problem. Wir wurden darauf trainiert, all das zu sehen, was fehlt, und dann werden wir dazu getrieben, etwas zu kaufen, um uns besser zu fühlen. Uns wird beigebracht, uns noch mehr anzustrengen, um das zu erreichen, was als schön oder prestigeträchtig genug angesehen wird, um uns liebenswert und akzeptabel zu machen. Viele Menschen verlassen diese verrückte »Denkschublade« nicht oft genug, um zu erkennen, wie unsinnig das alles ist.

Betrachte jetzt einmal deine erste Liste all dessen, was du an dir nicht magst, mit »neuen« Augen und streich alles durch, was damit zu tun hat, was andere womöglich über dich denken oder wie/was du nach den Vorstellungen der anderen sein solltest. Steht etwas auf der Liste, was in der Gesellschaft als »schön« oder »besonders« betrachtet wird? Dann streich es durch! Was jetzt noch übrig bleibt, zeigt dir deutlich, was es noch zu ändern gilt bzw. wo du weiterwachsen kannst. Viel zu oft beruht das, was wir an uns nicht mögen, auf einer Vorstellung, die uns andere »eingetrichtert« haben.

Und wie geht's weiter? Du kannst es dir schon denken: Nur du selbst kannst entscheiden, was für dich stimmt; das sollte nichts mit den (vermeintlichen) Gedanken eines anderen Menschen über dich zu tun haben. Dies ist dein Leben; du hast beschlossen, hierherzukommen. Du bist ein schönes Menschenkind, also nimm dein Leben wichtig. Das Gestern kannst du nicht zurückholen, und das Leben auf dieser Erde ist kurz. Warum dein Leben, deine Gesundheit, deine Freude und deine Chancen hier auf diesem wunderschönen Planeten durch negative Gedanken und Gefühle in deinen Kristallen verschwenden? Wir müssen in eine andere Richtung denken und fühlen, statt uns vom Negativen aufzehren und beherrschen zu lassen. Wir wurden nicht mit einem negativen Selbstbild auf diesen Planeten geboren. Als Kleinkinder war es uns egal, wie viel wir wogen oder wie viele Speckröllchen wir an der Taille hatten. Es kümmerte uns nicht, welche Kleidung wir trugen oder wie unsere Haare aussahen. All diese Gedanken und Bedenken wurden uns von einer vom Ego beherrschten Gesellschaft vermittelt. Für uns alle besteht der einzige Weg zurück zum

Liebesbewusstsein darin, uns selbst zu lieben und für uns selbst zu sorgen. Wir müssen uns als Einzelwesen wertschätzen, uns für all das respektieren, was wir sind und was wir nicht sind. Ich möchte dich anspornen, mit der Reise, auf der du dich befindest, und mit der Person, zu der du dich entwickelst, Frieden zu schließen. Der beste erste Schritt auf diesem Weg besteht darin, uns von all dem Müll und der Verschmutzung in unseren Wasserkristallen zu reinigen, und zwar durch unsere Intention. So wie wir einem Kristall, den wir in den Händen halten, die von uns gewünschten Gedanken und Emotionen eingeben können, können wir positive Intentionen in die Kristalle unseres Körpers, in unser Wasser einfließen lassen. Mit Dankbarkeit, Liebe und positiver Energie, positiven Gedanken und Emotionen können wir das Negative, das wir von Kindesbeinen an in unserem Körper gespeichert haben, um- und überschreiben.

Je besser wir die Elemente der Erde verstehen, desto besser verstehen wir uns selbst. Wir sind nicht von Mutter Erde getrennt, wir *sind* Mutter Erde. So wie der Planet ist auch unser Körper ein wunderbares Ökosystem. Nur jede zehnte Zelle im Körper ist eine menschliche Zelle; wir sind buchstäblich wandelnde Ökosysteme voller Mikroben, die auf chemischer Ebene miteinander kommunizieren. Unser Körper ist das Gefäß, in dem alle anderen Elemente leben; sie wiederum enthalten unfassbar komplexe Systeme, die alle zusammenarbeiten. Unser Ich-Bewusstsein, unser großes *ICH BIN,* unsere Seele und unser Geist sind angefüllt mit dem Feuerelement, unseren Leidenschaften. Unsere Leidenschaften treiben uns voran, bringen uns dazu, Großes zu vollbringen, Neues zu entdecken und zu erschaffen, so wie unsere natürlichen Feuer Altes und Totes beseitigen und daraus neues Leben entstehen lassen. Was wir über uns glauben, sitzt in unserem Wasser, in unseren Kristallen, welche diese Überzeugung absorbieren, bewahren, ihr Kraft und Leben verleihen. Unser Wind ist unsere Stimme, die mit anderen kommunizieren und sie inspirieren, die Saat des Wachstums verbreiten und ausbringen kann. Wie können wir unseren Planeten verstehen und uns um ihn kümmern, wenn wir uns selbst nicht begreifen und für uns sorgen, und umgekehrt? Wir sind auf ewig miteinander verknüpft, und es ist an der Zeit, der Menschheit dieses große, so wichtige Wissen wieder nahezubringen. In vieler Hinsicht müssen wir zurückblicken, um zu verstehen, wie wir vorankommen können. Unsere indigenen Kulturen wissen seit Jahrtausenden um diese heiligen Wahrheiten. Dank ihres Wissens können wir uns heilen und als Spezies weiterleben – wenn wir denn auf sie hören.

Die Stärksten der Starken

Wenn wir den Worten unserer indigenen Ältesten, den am meisten verehrten Männern und Frauen lauschen, die heute auf der Erde leben, müssen wir unser Herz öffnen und unsere Ohren müssen ihre Wahrheiten hören. Unsere Ignoranz und unser Egoismus haben uns an einen sehr ernsten Scheideweg geführt. Wir leben in einer Zeit, in der niemand mehr die globale Erwärmung und den Anteil der Menschen an dieser Entwicklung leugnen kann. Wir haben die Gesundheit unseres Planeten tief und auf schockierende Weise beeinträchtigt. Die Menschheit hat Mutter Erde, das Herz, das Weibliche und das Liebesbewusstsein so sehr ignoriert und vernachlässigt, und niemand kann die heutige Realität wirklich bestreiten oder vertuschen und ignorieren. Wir *müssen* einfach auf die Ältesten hören! Wir müssen eine Beziehung zu Mutter Erde aufbauen. Wir müssen diesen lebensspendenden Planeten und ebenso uns gegenseitig wieder Respekt erweisen und beschützen. Wir müssen den Zeiten der Habgier ein Ende setzen. Falls wir jemals etwas verändern wollen, müssen wir aufhören mit unseren Selbstzweifeln, dem mangelnden Selbstwertgefühl, der Sorge dahingehend, was andere wohl denken mögen, unserer Angepasstheit. Wollen wir eine andere Welt, dann müssen *wir* sie verändern! Wir müssen Verantwortung für die Taten der Menschen übernehmen, die sich negativ auf diesen Planeten auswirken.

Wie oft habe ich Leute schon sagen hören: »Na ja, es ist doch alles in Ordnung, die Aliens werden es schon richten.« Oder: »Alles ist, wie es sein soll, Mutter Erde wird es richten.« Tut mir leid, aber solche Sprüche bringen meine Leidenschaft zum Lodern! Man stelle sich einmal eine weise ältere Frau vor, die einen schönen Gemüsegarten bestellt, mit Kräutern und Heilpflanzen, mit denen sie sich und ihre Gemeinschaft ernähren und versorgen kann. Dann wird dieser Garten von ein paar Teenagern kaputtgemacht, die dort Fußball spielen wollen. Sollen wir wirklich glauben, sie müsse diesen Garten erneut aufbauen und bestellen und den Kindern, die ihn wissentlich zerstört haben, Nahrung geben? Oder meinen wir, irgendjemand würde aufkreuzen und den Garten wieder heil machen? Nein, natürlich nicht, das wissen wir doch! Wir wissen, dass wir unserem Planeten Verletzungen zufügen, so wie diese Teenager wussten, dass sie im Garten nicht Fußball spielen sollten; und doch glauben viele Menschen, sie dürften tun und lassen, was sie wollen, ohne für ihr Handeln verantwortlich zu sein.

Eine alte Wahrheit besagt: »Je mehr du weißt, desto mehr Verantwortung trägst du!« Wir *wissen* genau, dass wir unser Trinkwasser nicht verschmutzen sollten; wir wissen, dass wir den Wald, der uns mit Sauerstoff und zahllose Arten mit Lebensraum versorgt, nicht abholzen sollten; wir wissen, dass wir unsere Meere nicht leerfischen sollten, und doch machen wir damit weiter. Wir sind für das Durcheinander verantwortlich, und deshalb müssen wir auch die Verantwortung dafür übernehmen und die Verunreinigung wieder beseitigen! Wir haben nicht das Recht, alles zu nehmen und nichts zurückzugeben. Wir Menschen haben nicht das Recht, jede Menge Müll zu produzieren und ihn dann einfach in der Erde oder in den Meeren zu versenken. Wir haben kein Recht dazu, es läuft dem Kreislauf des Lebens zuwider und erzeugt eine riesige Kluft im Ablauf der Dinge.

Wir sind dafür verantwortlich, unser überhebliches Bild von uns selbst als Herrscher über alle anderen Spezies aufzugeben. Wir sind immerhin die einzige Spezies, die Müll produziert, sich mehr nimmt als nötig und die Ökosysteme zerstört. Wir müssen damit aufhören; wir müssen verstehen, dass Geld und Habgier uns letztendlich nur schaden. Viel zu lange hat das Ego geherrscht und viel zu viel zerstört. Nun ist es an uns, den Menschen, eine Umkehr zu bewirken. Wir haben das Problem verursacht, und wir sind dafür verantwortlich, es wieder zu beheben (nicht irgendwelche Aliens von einem anderen Planeten!). Eltern, die die Hausaufgaben ihrer

Kinder machen, bringen ihren Kindern weder Verantwortung noch ihre Schullektionen bei; ebenso wenig lehren uns Außerirdische, die sich um unsere Probleme kümmern, wie wir unser eigenes Schlamassel bereinigen können.

Ich glaube also nicht, wir könnten machen, was wir wollen, nutzen, was wir wollen, wegschmeißen, was wir wollen, zerstören, was wir wollen, und dann taucht jemand aus dem Weltall auf und wendet alles zum Besseren. Wir müssen Verantwortung übernehmen, und wir müssen auf unsere indigenen Kulturen hören, die uns schon die ganze Zeit die Wahrheit vermitteln, uns vor den Auswirkungen unserer Ignoranz gewarnt haben. Es ist an der Zeit, aufzustehen und zu den Stärksten der Starken zu werden. Es ist an der Zeit, resolut Teil des Wandels zu sein, den wir herbeiführen wollen. Es ist an der Zeit für uns, »diejenigen zu sein, auf die wir gewartet haben«. Es ist an der Zeit, zusammenzuhalten und so laut wie noch nie mit einer Stimme zu rufen: »Wir lieben einander, wir lieben uns selbst; wir lieben diesen Planeten, und wir lieben alle anderen Lebewesen. Wir sind bereit, unseren Lebenswandel zu verändern.« Lasst uns gemeinsam aufstehen und rufen: »Mir ist Liebe mehr wert als das Ego!« Es ist an der Zeit, Brüder und Schwestern, den Wandel zu bewirken. Niemand anderes wird kommen und unser Durcheinander aufräumen; das müssen wir selbst machen. Ich glaube, wir sind wahrhaftig die Stärksten der Starken; wir sind diejenigen, auf die wir gewartet haben, so wie es uns die Ältesten gesagt haben. Es ist an der Zeit, dass wir stark, gemeinsam und standhaft für das *eine* einstehen, was die Welt, in der wir leben, verändern wird. Es ist an der Zeit, aus der LIEBE heraus zu leben.

Jeder von uns ist wichtig. Wir alle sind verschieden, gehen verschiedene Wege und befinden uns auf verschiedenen Reisen, und genau durch diese Unterschiede sind wir großartig. Wir müssen lernen, uns für unsere Leidenschaften zu lieben, für unsere Stimme, mit der wir diese Leidenschaften in Bewegung bringen. Es ist an der Zeit, dankbar zu sein für diesen vollkommenen Körper, den uns Mutter Erde geschenkt hat, dankbar zu sein für das Wasser in uns, das unsere machtvollen Überzeugungen und die Kernessenz dessen, was wir zu erschaffen vermögen, in sich trägt.

Wir müssen Verständnis für unser Wasserelement und seine große Kraft in uns entwickeln. Oft denken wir, unsere persönlichen Überzeugungen und Gefühle seien nicht so wichtig. Aber ich sage dir: Steter (Wasser-)Tropfen höhlt den Stein und kann einen ganzen Berg abtragen! Wasser kann mehr Substanzen auflösen als jede andere Flüssigkeit, sogar mehr als Schwefelsäure! Durch den Glauben an dich und das, wofür du stehst, kannst du sehr große Veränderungen bewirken. Wenn einzelne Wassertröpfchen zusammenkommen, können sie ganze Gebäude aus ihrem Fundament spülen, Lastschiffe umkippen und an die Küste treiben sowie Gestein ausfressen und auf diese Weise riesige Schluchten erschaffen. Ein mächtiger Fluss beginnt als einzelner Wassertropfen, der vom Schnee hoch oben auf einem Berggipfel abschmilzt. Auch wir tragen diese große Kraft in uns; wir können mit einer Leidenschaft, einem Ziel und einem großen Traum zusammenkommen, um gemeinsam unsere Herzen und unsere Heimat zu heilen.

Wasser ist wahrhaftig die wichtigste Ressource unseres Planeten und für all das Leben da draußen. Das Wasser in uns ist wie das Wasser auf dem Planeten: Es kann verunreinigt werden, stagnieren und schmutzig sein – oder kristallklar, rein und lebensspendend. Unsere Wasserkristalle können zum Positiven und zum Negativen, zum Guten wie zum Schlechten verändert werden. Sie sind die Hüter unserer negativen und positiven Energien, unserer Emotionen, Gedanken und Worte. Wir sollten uns also darüber im Klaren sein, was wir dem Wasser in unserem Körper und dem Wasser auf unserem Planeten antun. Das Wasser auf dem Planeten und in unserem Körper beinhaltet kristalline Strukturen; dieses Wissen lässt uns erkennen, wie unglaublich wichtig es ist, unsere flüssigen Kristalle rein und frei von Verschmutzungen zu halten.

Unsere festen Kristalle wiederum sind unveränderliche und mächtige, reine Lebensenergie-Maschinen. Meiner Überzeugung nach sind Kristalle der Schlüssel zur Behebung des Schadens, den wir angerichtet haben, nicht nur wenn es um unseren Körper geht, sondern auch in Bezug auf den Planeten.

Wie können wir nun Kristalle einsetzen, um uns und unseren Planeten zu heilen? Die Lösung ist im Grunde einfach. Bei Kristallen gibt es vier wichtige Punkte zu beachten: Erstens besteht alles im Universum aus Energie, auch alle jemals gehegten Gedanken, Emotionen und Überzeugungen, alle Worte, die wir jemals im Leben ausgesprochen haben. Zweitens gewinnt, wie ich bereits gesagt habe, immer die stärkste Energie. Drittens ist Liebe die stärkste Schwingungsenergie auf der Erde. Und viertens können Kristalle die ihnen einprogrammierten Informationen aufnehmen, speichern, verstärken und nach außen abgeben. Damit haben wir eine Formel an der Hand, die Welt zum Besseren zu wenden.

Wie wir erkennen, hat uns Mutter Erde wieder einmal großzügig Antworten und Werkzeuge an die Hand gegeben, um uns zu heilen und das Durcheinander, das wir hier auf unserem Heimatplaneten veranstaltet haben, zu beseitigen. Über Kristalle haben wir noch so viel zu lernen, sowohl auf wissenschaftlicher als auch metaphysischer, spiritueller und philosophischer Ebene. Wir alle haben schon Kristalle gesehen – in der Natur, in Schmuckläden, als schöne kleine Dekorationsobjekte; aber sie sind so viel mehr. Kristalle kommen in allen Formen, Größen und Farben vor, und jeder Kristall hat ganz besondere Heileigenschaften. Doch wir wollen hier nicht auf diese Einzelheiten eingehen; viel, viel wichtiger ist es, die Kraft des Ganzen zu kennen und zu nutzen. Das Wichtigste dabei ist: Kristalle speichern und geben Energie, Frequenzen und Schwingungen ab.

Die drei Punkte, die Nikola Tesla angesprochen hat, sind zugleich die Geheimnisse, die uns das Universum verstehen lassen. Wie er erkannte, ist alles im Universum, auch du und ich, reine Energie in der einen oder anderen Form, welche auf verschiedenen Frequenzen schwingt. Kristalle sind insofern etwas Besonderes, als ihre Moleküle und Atome in sehr präzisen geometrischen Mustern strukturiert sind und sie die höchste Schwingungsfrequenz von allen festen Atomen auf der Erde ausstrahlen. Wir können sie in der Hand halten, und dadurch interagiert ihre Schwingungsfrequenz mit unserer eigenen Frequenz; das ist für mich das Allererstaunlichste daran. Es ist wirklich unglaublich: Die Muster der Atomstrukturen dieser wunderschönen Kristalle enthalten nicht nur die Heilige Geometrie, sondern können auch mit uns interagieren, unsere Frequenz verändern und uns beim Manifestieren unserer Herzenswünsche und Intentionen helfen. Und sie befinden sich auch miteinander in ständiger Interaktion. So wie wir hält auch jeder Kristall eine ganz bestimmte, einmalige Frequenz, doch im Unterschied zu uns sind sie komplett und auf ewig aufeinander abgestimmt und im Einklang.

Kristalle behalten ihre reine, unveränderte Frequenz beständig und unbeirrbar bei; sie haben keine auf und ab schwankenden Emotionen, Gedanken und Muster wie wir, und deshalb haben sie auch eine so starke Wirkung auf uns Menschen. Indem wir einfach Kristalle in der Hand halten oder einen Kristall an einem Halsband tragen, kommen wir in den Genuss ihrer reinen, hochfrequenten Schwingung. Das ist an sich schon eines der größten Geschenke von Mutter Erde an uns. Doch es kommt noch besser: Halten wir einen Kristall in der Hand und spüren unsere guten Intentionen, Affirmationen und Gebete, werden diese gespeichert, verstärkt und mit der höchsten und reinsten Energie wieder abgegeben.

Wir sind nicht wie Kristalle; unsere Frequenz ist nicht beständig und unerschütterlich hoch. Wir haben gute und schlechte Tage, negative und positive Gedanken, Gefühle und Emotionen. Auch unser Ego wirkt sich darauf aus, wie unsere Energie schwingt, und hinzu kommt die Dualität, mit der wir uns ständig herumschlagen. Deshalb ist es für uns so wichtig, dieses wunderbare Geschenk zu nutzen und damit eine höhere Frequenz beizubehalten. Der Einsatz von Kristallen ist weder eine esoterische New-Age-Errungenschaft noch ein Konzept oder eine coole Sache, die in der spirituellen Gemeinschaft gerade total angesagt ist. Kristalle sind hochwirksame, schwingende Maschinen, die sich auf physischer, geistiger, spiritueller sowie atomarer Ebene auf unsere Energie auswirken können, und genau das tun sie auch.

So kannst du deine Kristalle programmieren

Ich werde oft gefragt: »Wie kann ich meine Kristalle programmieren?« Zunächst einmal gibt es nicht einen Satz oder Spruch, mit dem man das machen kann. Du weißt doch: Deine Intention, deine Emotion und deine Affirmationen geben deinen Kristallen

Intentionen ein und nicht ein paar auswendig gelernte Wörter, die sich ein anderer Mensch ausgedacht hat und die du dir einprägst; das hat nichts mit deinen wahren Emotionen und reinen Intentionen zu tun. Es gibt nur eine Regel für das Eingeben deiner Intentionen in deine Kristalle: Du musst sie wirklich *fühlen,* nicht nur denken! Ein Gedanke verfügt nicht über die Kraft bzw. die hohe Energie deiner Emotionen und Gefühle. Liebe ist die stärkste Energie auf der Welt, und durch das Gefühl der Dankbarkeit kannst du deine Liebesenergie am schnellsten auf den höchsten Stand bringen.

Bevor du also einen Kristall in die Hand nimmst und ihn programmierst, denke an etwas, für das du dankbar bist. Lass dieses Gefühl so hoch und stark wie möglich in dir hochsteigen. Nun bist du bereit, deine Gebete, Affirmationen und Wünsche dem Kristall einzugeben. Du hältst den Kristall in den Händen (über die Füße nimmt der Körper ja Energie auf, und über die Hände wird Energie abgegeben) und fühlst die Intentionen; dein Kristall wird die Frequenz dessen, was du ihm einprogrammiert hast, aufnehmen, speichern, verstärken und wieder nach außen abstrahlen. Wichtig beim Programmieren des Kristalls ist die Art der Intention, die du hineingibst. Jemand, der sich beispielsweise einen Lebenspartner bzw. eine Partnerin wünscht, sollte beim Halten des Kristalls in der Hand nicht die Einsamkeit, das Unglücklichsein und die Unzufriedenheit fühlen, weil er oder sie keinen Geliebten bzw. keine Geliebte hat. Vielmehr sollte man die Dankbarkeit, die Erregung und die Liebe fühlen, die man spürt, weil ein neuer Partner bzw. eine neue Partnerin zu einem kommt.

Das Gleiche gilt für jemanden, der mit seinen Intentionen das Wasser der Erde heilen möchte; diese Person sollte beim Halten des Kristalls nicht an all die Verschmutzung, Stagnation und das Artensterben in den Meeren denken, sondern sich auf ihre Emotionen konzentrieren, die beim Gedanken an einen gesunden Ozean voller geschützter, glücklicher Spezies hochkommen, die keiner schädlichen Strahlung und keiner Verschmutzung ausgesetzt sind.

Also denke daran: Gib in den Kristall das Positive ein, das du zu sehen wünschst; fühle und nähre nicht das Negative!

Eine weitere häufige Frage zu Kristallen lautet: »Falls ich mal einen schlechten Tag mit negativen Gedanken und Emotionen habe, nimmt mein Kristall dann diese Negativität auf?« Die Antwort lautet schlicht und einfach: Nein. Unsere Festkristalle sind ja reine Schwingungsenergie und Frequenzen, und die stärkste Energie gewinnt immer. So funktioniert das einfach mit allen Energien. Wenn die physikalischen Kristalle von Mutter Erde aus der höchsten und reinsten Energie bestehen, dann können sie einfach keine Negativität aufnehmen. Hohe Frequenz und hohe Schwingung ist immer mächtiger als das Negative.

Hast du also mal einen schlechten Tag, bist niedergeschlagen, verärgert oder sogar wütend, dann brauchst du deinen Kristall am allermeisten! Wir haben beispielsweise in Japan eine Studie über die Wirkung eines Kristalls, dem Liebe und Schutz eingegeben worden waren, auf verstrahltes Wasser durchgeführt. Anhand von Computern überwachten die Forscher die Wirkungen dieses mit Liebe gefüllten Kristalls auf verstrahltes Wasser aus Fukushima. Nur zwei Minuten, nachdem der Kristall in das Wasser gelegt wurde, konnte keine Verstrahlung mehr festgestellt werden. Tatsächlich, sie war nicht mehr nachzuweisen! Das Wasser war mit nichts behandelt worden – es wurde nur ein Kristall hineingelegt, dem Liebe, Dankbarkeit und der Schutz unserer Ozeane eingegeben worden war. Auch der Kristall enthielt danach keine Strahlung; er nahm die negative Strahlung nicht auf, sondern vernichtete sie. Wieder einmal gilt: Die stärkste Energie gewinnt immer. Strahlung ist einfach eine Energie, doch die Intention der Liebe, Dankbarkeit und eines geheilten, gesunden Ozeans war viel mächtiger. Unsere Kristalle können unsere negativen Emotionen und Gedanken nicht aufnehmen; sie enthalten immer die höchste Energie.

Und damit sind wir bei der nächsten Frage, die dann immer aufkommt: »*Wann* und *wie oft* sollte ich meine Kristalle reinigen und klären?« Viele Leute klären ihre Kristalle ständig, aber das ist nicht nötig. Es gibt nur zwei gute Gründe, Kristalle überhaupt zu reinigen und zu klären. Zum einen, wenn du von jemand anderem einen Kristall bekommst oder einen Kristall kaufst und nicht weißt, was bereits alles in diesen Kristall eingegeben worden ist. Erhältst du also einen neuen Kristall, dann würde ich vorschlagen, ihn zu reinigen, damit du danach eingeben kannst, wofür du diesen Kristall benötigst. Und zum anderen ist es gut, einen Kristall, mit dem man heilt, vor der nächsten Heilsitzung zu reinigen. Angenommen, eine Klientin, die an einem bestimmten gesundheitlichen Problem leidet, kommt zu einer Heilbehandlung zu mir: Dann würde ich einen gereinigten Kristall nehmen und ihn bitten, seine ganze Energie in die Heilung dieses bestimmten Problems zu stecken. Bei Brustkrebs würde ich zum Beispiel den Kristall bitten, seine ganze Energie dafür aufzuwenden, den Krebs zu zerstören und zu beseitigen. Am nächsten Tag kommt ein Klient mit Migräne. Ich würde denselben Kristall nicht einsetzen, ohne ihn zu klären und zu reinigen. Zuerst müsste ich den Kristall klären und ihm dann die Intention eingeben, all seine Energie darauf zu verwenden, diesem Mann im Hinblick auf seine Kopfschmerzen zu helfen. Der Schlüssel dabei ist: Man bittet einen Heilkristall, mit all seiner Energie, seiner Frequenz und seiner Schwingung bei einem bestimmten Problem zu helfen. Kristalle können so viele Informationen halten und speichern, wie du ihnen eingeben möchtest. Ein Kristall wird niemals voll; deshalb braucht man auch nur ein winzig kleines Bruchstück eines Quarzkristalls, um selbst die größten menschengemachten Computer in der Welt zu betreiben. Ihr Speichervermögen für Informationen, Energie und Fähigkeiten ist grenzenlos. Soll dein Kristall jedoch seine ganze Energie für ein bestimmtes Problem aufwenden, musst du ihn klären, bevor du ihn für etwas anderes hernimmst. Unsere persönlichen Kristalle, die wir um den Hals oder in der Hosentasche bei uns tragen, werden nie voll. Du kannst dein ganzes Leben lang deinen Kristall immer wieder bitten, weitere Intentionen und Gebete zu speichern.

Und immer wird auch gefragt: »*Wie* reinige ich meine Kristalle?« Darüber kursieren alle möglichen Vorstellungen. Mir ist schon alles untergekommen, von Salzwasser und Sonnenlicht bis hin zu Feuer. Keines davon ist eine gute Idee; damit fügst du deinem Kristall eher Schaden zu. Lässt man seinen Kristall im Sonnenlicht liegen, eventuell über lange Zeit, wird er sich vielleicht selbst reinigen, aber sehr wahrscheinlich ist das nicht. Sonnenlicht kann auch die Farbe bestimmter Kristalle schädigen. Ihre Funktion wird dadurch nicht beeinträchtigt, aber das Aussehen. Am schlimmsten ist die Idee, Feuer zu verwenden – das schädigt den Kristall ganz bestimmt; das solltest du nie machen. Salzwasser klärt Kristalle überhaupt nicht, und manche Kristalle, beispielsweise Selenit, lösen sich in Salzwasser sogar auf. Leg einen Kristall nie in Salzwasser, außer du übergibst ihn dem Meer. Wenn du einen Kristall, egal welcher Art, in Süß- oder Salzwasser legst, segnest du damit die Wasserkristalle, aber dein Kristall wird dadurch nicht geklärt.

Am besten, sanftesten und wirksamsten können sämtliche Kristalle mit Mondlicht geklärt werden. Du kannst deine Kristalle über Nacht draußen ablegen (aber nicht bei Neumond, denn dann strahlt vom Mond kein Licht ab), dadurch werden sie geklärt und gereinigt. Sie im Haus auf ein Fensterbrett zu legen hat denselben Effekt. Damit der Kristall geklärt wird, muss das Mondlicht nicht sichtbar sein; es kann regnen oder schneien oder bewölkt sein – die Energie des Mondes erledigt diese Aufgabe trotzdem. Damit es funktioniert, musst du die Intention haben, dein Kristall möge geklärt werden; nimm ihn in die Hand und bitte ihn, sich vom Mond klären zu lassen. Deinen persönlichen Kristall um den Hals zu tragen und mit ihm im Mondschein spazieren zu gehen, wird den Kristall nicht klären; das geschieht nur mit der Intention, ihn zu reinigen.

Deine Kristalle an Mutter Erde zurückgeben

Schon oft habe ich gesagt: »Es ist an der Zeit, unsere Kristalle an die wilden Wasser von Mutter Erde zurückzugeben.« Und zwar nicht, weil Mutter Erde sie aus Selbstsucht zurückhaben will, sondern weil jedes Wasserpartikel eine kristalline Struktur in sich trägt, ganz egal, wie groß oder klein das betreffende Gewässer ist und ob es sich nun um eine Schlammpfütze, einen Regentropfen, Früchte oder Gemüse, den Speichel im Mund oder den Ozean handelt. Und Kristalle kommunizieren miteinander! Dr. Emoto (meiner Meinung nach einer der größten Menschen unserer Zeit) hat der Welt gezeigt, wie unsere Worte und Intentionen sich auf die kristallinen Strukturen im Wasser auswirken. Wie er uns demonstriert hat, verändert sich die Kristallstruktur, wenn die Wörter »Hass«, »Gewalt«, »Vergewaltigung« oder »Mord« ausgesprochen werden, in etwas wie einen bräunlich-gelben Klumpen. Dieselbe Kristallstruktur wird dagegen von Wörtern wie »Liebe«, »Güte« und »Mitgefühl« in etwas wie eine hell schimmernde Schneeflocke verwandelt.

Wie viele Experimente aufgezeigt haben, beeinflussen unsere Worte unsere Wasserkristalle. Deshalb lässt beispielsweise ein Gebet für eine Pflanze diese Pflanze stärker, gesünder und vitaler werden, während Anschreien und hasserfüllte Worte sie verunstalten und abtöten. Genau deshalb lehren viele indigene Kulturen, das Saatgut, welches wir im Garten anpflanzen wollen, vor dem Ausbringen in den Mund zu nehmen. Die Samenkörner im Mund kennen dann deine DNA, wissen, an welchen Vitaminen es dir mangelt und welche Nährstoffe du von dieser Pflanze benötigst. Steckst du die Samen in den Mund, bevor du sie anpflanzt, kannst du deine Gebete, deine Dankbarkeit und deine Segenswünsche in sie eingeben. Wie wir ja wissen, sind unsere Worte mächtig und unsere Emotionen sogar noch machtvoller; diese Worte und Emotionen wirken sich auf die Samen aus. Jedes Wasserpartikel auf unserem Planeten enthält einen Kristall, und alle Kristalle können unsere Intentionen aufnehmen, bewahren, stärken und dann wieder ausstrahlen; auf diese Weise können wir uns daranmachen, unseren Planeten zu heilen.

Sobald wir also bereit sind, Kristalle den Gewässern von Mutter Erde zurückzugeben, nehmen wir einen festen Kristall in die Hände und bringen unsere Intentionen und Gebete darin ein. Dann werfen wir diesen Kristall ins Wasser und tragen so unsere Gebete in alle anderen Kristallpartikel dieses Gewässers bzw. nicht nur in dieses Gewässer, denn Wasser hat ja eine erstaunliche Eigenschaft: Es verdunstet! Egal, wie klein der Wasserpartikel ist, er enthält nach wie vor Informationen. Dieses verdampfte Wasser gelangt hoch in die Luft, trägt deine Gebete in sich und teilt sie mit all den anderen Wasserpartikeln in der Luft. Diese wiederum verbinden sich zu Wolken, und dadurch werden deine Intentionen und die Energie deiner Gebete mit der in dieser Wolke enthaltenen Feuchtigkeit geteilt. Die Wolke wird immer schwerer, und Regen fällt auf die Erde. All diese kleinen Regentropfen, in denen deine Gebete stecken, gelangen zurück auf die Erde, wo sie auf den Feldern, Pflanzen und Tieren, dem Land und den Gewässern unseres wunderschönen Blauen Planeten landen, und von dort aus gelangen sie immer wieder in diesen Kreislauf.

Dieses eine Gebet in einem einzigen Kristall kann dazu beitragen, unseren Planeten und all seine Bewohner zu heilen. Es ist wirklich an der Zeit, unsere Kristalle an Mutter Erde zurückzugeben. Fülle diese Kristalle mit deinen Gebeten und Intentionen für sauberes, klares Wasser, gesunde und glückliche Tiere sowie eine höhere, liebevollere Frequenz auf unserem Planeten. So viele Menschen haben zu Hause Kristalle, doch wie viele von uns können ehrlich behaupten, sie alle würden auch benutzt? Meistens stehen sie auf einem Regal herum, weil sie hübsch aussehen. Doch überlege einmal: Diese Kristalle können für eine viel größere Aufgabe eingesetzt werden! Alle Kristalle können programmiert werden, und alle Kristalle sollten unserer schönen Mutter Erde zurückgegeben werden, es sei denn, es wird wirklich damit gearbeitet. Damit meine ich: Falls du daheim Kristalle hast, mit denen du dich selbst und andere heilst oder die du als persönlichen Kristall trägst, dann arbeite weiterhin damit – dann haben diese Kristalle eine Aufgabe. Den Kristallen, die dekorativ herumstehen, kannst du eine Aufgabe geben: Fülle sie mit deinen Gebeten und gib sie dem wilden Wasser zurück. Gib sie an Mutter Erde zurück: in unsere Seen, Bäche, Flüsse, Teiche und Ozeane, wo sie zum höchsten Wohl beitragen können. Viele Menschen platzieren Kristalle auch in der Natur, wo sie ihre Energie an einen Baum abgeben können, oder auf einem Fleckchen Erdboden, wo sie durch die Feuchtigkeit Verbindung aufnehmen; auch das ist wirkungsvoll. Doch ein Kristall, der in wildes Wasser gelangt, kann deine Gebete über viel größere Entfernungen tragen.

Egal, wohin ich reise, ich habe immer Kristalle bei mir, und zwar keine großen, teuren, seltenen Kristalle, sondern einfache Quarzkristalle. Quarz ist überreichlich vorhanden, leicht zu finden, und ihn von unserer geliebten Mutter Erde zu bekommen ist mit den wenigsten Aggressionen verbunden. Quarz ist einfach am wirkungsvollsten. Es gibt eine immense Anzahl verschiedener

Kristalle da draußen, und alle haben ihre ganz besonderen Gaben für uns. Mit *Rosenquarz* können wir beispielsweise das Herzchakra öffnen. *Labradorit,* der oft von Schamanen verwendet wird, gewährt uns Wissen und Führung. *Schwarzer Turmalin* dient dem Schutz, der Erdung und der Heilung. Jede Art von Kristall schenkt uns etwas ganz Besonderes, aber ganz ehrlich: Klarer Quarz kann alle diese Aufgaben übernehmen. Er ist nicht teuer, leicht zugänglich und auf der Oberfläche der Erde zu finden.

Oft werde ich auch gefragt: »Möchtest du meinen persönlichen Kristallschädel kennenlernen?« Menschen, die einen in Form eines menschlichen Schädels gehauenen Kristall besitzen, geben ihm oft einen Namen und behandeln ihn auch anders als ihre normalen Kristalle. Aber um es einmal ganz deutlich zu sagen: Egal, in welche Form ein Kristall gebracht worden ist – sei es nun ein Herz, eine Pyramide oder ein Schädel –, es ist ein und derselbe Kristall! Nur weil ein Kristallschleifer einen Kristall in Schädelform gehauen und geschliffen hat, wird er nicht zu einem Wesen mit einem Namen. Es gibt auf diesem Planeten zwölf Kristallschädel (und wir warten auf den dreizehnten), die nicht vom Planeten Erde stammen. Es heißt, wenn die Menschheit in das Liebesbewusstsein wechselt, wird unserem Planeten der dreizehnte Kristallschädel geschenkt. Sind sie alle miteinander vereint, werden ihre Informationen an die Menschheit weitergegeben. Im Moment lebt die Menschheit noch im Ego-Bewusstsein und wir haben noch keinen Zugang zu diesen Informationen.

Mehrere dieser uralten und ganz besonderen Kristallschädel werden von Wissenschaftlern aus aller Welt untersucht und erforscht. Sie weisen unerklärliche Kräfte und Anomalien auf und stammen nachgewiesenermaßen nicht von der Erde. Die Schädel sollen Informationen von ihrem Ursprungsort in sich bergen, von den Wesen, die auf diesem Planeten leben, und weiteres wichtiges Wissen. Alle Kristalle, die irdischen Ursprungs sind, egal welcher Art, Form oder Größe, sind einfach »nur« irdische Kristalle. Einen Kristall in Schädelform zu bringen, macht ihn zu nichts Besonderem und unterscheidet ihn nicht von einem Kristall in Rohform.

Bei einem genauen Blick auf die derzeitige Situation auf unserem Planeten – sei es nun die Zerstörung der Wälder, das Aussterben von Arten, die Wasserverschmutzung oder der Treibhauseffekt – ist eines sicher: Wir müssen etwas unternehmen! Wir sind nicht umsonst die Stärksten der Starken. Wir leben im Hier und Jetzt, und wir müssen etwas verändern. So wie wir unser Leben führen, kann unser Planet die Menschheit unmöglich weiterhin am Leben erhalten. Wir müssen wieder zu unserem Höheren Selbst zurückfinden und erkennen, warum wir überhaupt auf diesen Planeten gekommen sind. Wir müssen aus unseren »Schubladen«, diesen geistigen und emotionalen Gefängnissen, ausbrechen. Wir müssen für das einstehen, an das wir als kostbare Einzelwesen glauben. Wir müssen uns von den Fesseln der Angst befreien, diesem alten Muster, das unseren Geist krank und so viele Menschen zu Krüppeln macht. Wir müssen der Falle entkommen, die ständig auf uns lauert: dem, was andere vielleicht von uns denken mögen. Wir können Mut beweisen und uns selbst, diesen Planeten und einander lieben. Wenn wir zu unserer Kraft zurückfinden, geben wir keine hasserfüllten Worte und Gedanken über uns selbst mehr in unsere Wasserkristalle ein. Dann verschwenden wir keine Energie mehr auf Unnötiges, sondern setzen sie für das Gute ein. Dann fokussieren wir uns eher auf das, was wir tun können, als auf das, was uns fehlt. In Wahrheit haben wir alles, was wir brauchen, um etwas zu bewirken; wir müssen uns nur an die Arbeit machen. Wir haben Kristalle, und indem wir unsere Gebete hinein- und sie dann dem Wasser zurückgeben, können diese Gebete auf die Wasserkristalle einwirken und diese Welt zu einem besseren Ort machen.

Deinen heiligen Kreis (Medizinrad) errichten:

Wasser

Das Wasserelement ist die Quelle allen Lebens, das kostbarste, wertvollste Element für den Planeten und für alle, die Mutter Erde ihre Heimat nennen. Wir wissen, wie kritisch es um das Wasser auf der Erde bestellt ist, und wir wissen damit auch um die dringliche Notwendigkeit, es zu heilen. Und so vervollständigen wir nun mit unserem ganzen Respekt, unserer Liebe und Wertschätzung für das Wasserelement in unserem Körper und auf dem Körper der Großen Mutter unser Medizinrad.

Nun wähle einen Kristall aus, der für den Norden stehen soll, den Hüter des Wassers und des Eises sowie der Farbe Weiß. Zieh deine Schuhe aus, praktiziere die Atemmeditation und öffne deine Sinne. Dann tritt in den Kreis, mit dem Gesicht nach Norden gewandt, vor die Stelle, an der du den Stein ablegen wirst, um den Kreis zu schließen. Halte den Kristall in den Händen, schließe die Augen, und spüre all die Dankbarkeit für jeden Schluck Wasser, den du je getrunken hast, jede Mahlzeit, die du je gegessen hast, alles Lebendige, was dich mit Kleidung versorgt hat, und auch das Holz, aus dem dein Zuhause gemacht ist. Sei dankbar für alle Lebewesen, denen Wasser das Leben schenkt und erhält.

Stell dir die großen Eiskappen unseres Planeten vor und sende ihnen deine Liebe, deinen Segen und deine Dankbarkeit für die große Aufgabe, die sie erfüllen, nämlich unseren Planeten abzukühlen. Stell dir all das Leben vor, das in unseren Meeren, Flüssen, Seen und Bächen lebt, vom winzigsten Plankton bis hin zu den größten Walen, und sei dankbar. Spüre deine Liebe zu unserem Blauen Planeten und den unzähligen Wasserpartikeln mit ihren Kristallen, die um unseren Globus strömen.

Erweise den Ältesten des Nordens, dem Volk der Samen, den Inuit, Nenzen und Tschuktschen, die große Weisheit und Wissen über das Wasserelement besitzen, deine Dankbarkeit. Sei dankbar für das Wasser in dir, für die Kristalle, die deine Gedanken und Emotionen, deine Gebete und Wünsche bewahren und speichern können, und erinnere dich erneut daran, dass du nicht getrennt von unserer wunderschönen Mutter Erde, sondern ein Teil von ihr bist.

Sei dankbar dafür, ein Mensch zu sein, und liebe dich, deine Gaben, Talente und deine Fähigkeit, diesen Planeten zum Besseren zu wandeln. Öffne dich dem Wissen, dass du dich durch deine Gedanken und Gebete, deine Worte und Emotionen heilen kannst. Deine Kristalle werden das, was du in sie hineingibst, immer aufnehmen, bewahren, stärken und dann wieder nach außen geben. Sag deine ganz persönlichen Gebete zur Heilung deiner selbst und der Gewässer deiner geliebten Mutter Erde auf.

Sobald du damit fertig bist, kannst du den Kristall in Richtung Norden in den Kreis legen.

So kannst du deinen heiligen Kreis (Medizinrad) verwenden

Du hast den Kreis der vier Himmelsrichtungen jetzt vollendet und solltest wissen, wofür die einzelnen Farben, Himmelsrichtungen und Elemente stehen. Dieses Verständnis der vier Himmelsrichtungen und der entsprechenden Elemente ist sehr wichtig. Wie schon gesagt, ist die Erde nicht nur ein x-beliebiger Felsbrocken, der durch den Weltraum kreist; sie ist ein heiliges Wesen, die Große Mutter für uns alle und das Herzchakra unseres Universums. Unsere wunderschöne Mutter Erde ist 4,45 Milliarden Jahre alt und hat viele lebende Spezies ernährt, ihnen Zuflucht gegeben, für sie gesorgt und sie angenommen, von den ersten Einzellern über die Fische und Amphibien, die Dinosaurier, Vögel und Säugetiere bis hin zu uns Menschen. Sie hat sich um alles und jedes gekümmert, was jemals ein irdisches Leben geführt hat. Sie hat uns die Nahrung, die wir essen, und das Wasser, das wir trinken, geliefert. Großzügig hat sie uns Unterkunft, Feuer und natürlich jeden einzelnen Atemzug an Sauerstoff in unserer Lunge gewährt. Wir brauchen sie; wir brauchen sie für unser Überleben, aber sie braucht uns nicht! In unserer Ignoranz und unserer egoistischen Lebensweise vergessen wir das.

Wir sind keineswegs die großartigste Schöpfung auf der Erde; die Erde selbst ist die großartigste Schöpfung! Sie hat Spezies kommen und gehen sehen, doch sie selbst bleibt. Vor etwa 200.000 Jahren kamen wir, die Menschen, auf der Erde an, und seitdem sieht sie unsere Erfolge und unser Versagen. Doch ganz egal, was wir getan haben: Sie hat uns beständig und selbstlos Leben geschenkt. Mutter Erde ist seit Äonen da und wird auch weiterhin existieren, doch das Schicksal der Menschheit liegt in unseren eigenen Händen. Wir müssen lernen, dass unsere Taten auf diesem großartigen Planeten darüber entscheiden werden, wie lange wir hier sein werden. Um in Harmonie mit Mutter Natur zu leben, müssen wir uns erneut als Teil des großen Kreislaufs des Lebens verstehen.

Eine Möglichkeit, dieses innere Wissen erneut zum Leben zu erwecken, besteht darin, sich Zeit zu nehmen, die vier Himmelsrichtungen und die vier Elemente zu ehren, die Mutter Erde und ihre Kinder zusammenführen.

Beim Erstellen eines heiligen Kreises, der die vier Himmelsrichtungen und die vier Elemente repräsentiert, ist es wichtig, den Elementen auf dem Planeten und in uns mit Verständnis, Mitgefühl und Dankbarkeit zu begegnen. Sobald das Medizinrad bzw. der heilige Kreis vollendet ist, bist du bereit, ihn für deine Gebete und Meditationen zu nutzen und dich von ihm beständig daran erinnern zu lassen, dass du verbunden und wichtig bist und dass du eine Aufgabe und einen Sinn hast.

Denke daran: Bevor du mit deinen Gebeten und Opfergaben an deinem neu errichteten heiligen Kreis beginnst, solltest du deinen Kopf klären und dich in Andacht versenken.

Ich beginne meine Gebete immer nach Norden gewandt und bewege mich dann »mit der Sonne« bzw. im Uhrzeigersinn um das heilige Medizinrad herum. Du kannst natürlich anfangen, wo du möchtest, aber bitte bewege dich immer mit der Sonne um den Kreis herum und halte bei jeder Himmelsrichtung an, um das dazugehörige Element von Mutter Erde zu ehren.

Beende jedes Gebet mit einer kleinen Opfergabe, mit der du das Medizinrad füllst. Ich lege zum Beispiel Blumen, Samen und Blätter zwischen den Stein, der den Süden repräsentiert, und den Stein, der für die Erde im Westen steht. Zwischen den Stein als Symbol für die Erde und den Kristall für den Norden lege ich Zweige, Steine oder etwas anderes, was das Erdelement repräsentiert. Zwischen den Kristall des Nordens und den Stein, der den Osten und das Feuer repräsentiert, lege ich Kristalle als Symbol meiner Dankbarkeit für das Wasser. Zwischen den Stein im Osten und den Süden lege ich Lavagestein oder etwas, das meine Dankbarkeit für das Feuer, meine Leidenschaften und den Sinn meines Lebens symbolisiert.

Vergiss dabei nicht: Es gibt keine richtigen oder falschen Opfergaben. Deine Gaben und Geschenke, die den Kreis vervollständigen, sollten von Herzen kommen. Das kann irgendetwas Natürliches sein, was du Mutter Erde als Dank darbringen möchtest. Und opfere auch Tabak oder Salbei, falls du welchen hast. Tabakrauch wird oft als Gebet dargebracht. Erstens steht Tabak an sich für das *Erd*element, das wir lieben und respektieren. Zweitens wird der Tabak mit *Feuer* angezündet, und damit zeigen wir nicht nur den Respekt für den Osten und die Sonne, die uns Leben spenden, sondern erweisen auch unserem inneren Feuer die Ehre. Das Anzünden des Tabaks mit Feuer erinnert uns an unsere Gebete und lebendigen Leidenschaften in uns. Und drittens nutzen wir unseren *Wind,* der die Samen davonweht, um den Rauch in unseren Mund zu tragen, wo er sich mit unserem Speichel verbindet, also unserem *Wasser,* dem Hüter unseres Wissens, unserer Weisheit und unserer Gebete. Dieser Rauch wird dann ausgestoßen in Richtung Himmel und Erde und alles, was dazwischen ist; so teilen wir unsere Gebete und Emotionen durch unseren Wind.

Norden – Weiß – Wasser

Nun hast du also deinen heiligen Kreis vollendet und kannst ihn nutzen. Stell dich zunächst in den Kreis vor den Kristall, der für dich den Norden repräsentiert. Schließe die Augen und fühle die Präsenz deines Körpers und deiner Seele auf diesem schönen Planeten. Spüre deine Füße auf der Erde und die Feuchtigkeit, die da ist, die alle Arten von Pflanzen und Pilzen zum Wachsen bringt und so unsere lebendige Flora und Fauna erschafft. Atme die Feuchtigkeit der Luft ein, sei dankbar für den segensreichen Regen. Spüre deine Wertschätzung für die großen Eisdecken an unseren Polen, die die Temperatur auf unserem wunderschönen Planeten ausgleichen. Nimm deinen kostbaren Körper wahr, der zu 70 Prozent aus Wasser besteht. Fühle einen Moment lang deine Dankbarkeit für diesen wunderbaren Blauen Planeten und beginne dann mit deinen Gebeten.

Bedanke dich zunächst für die Farbe Weiß und das Element Wasser. Spüre deine Ehrerbietung und deinen Respekt für die Ältesten, die weisen Männer und Frauen, die ihre Traditionen und Weisheitslehren auf unserem Planeten lebendig erhalten haben. Bedanke dich für das Wasser auf unserem Planeten und bitte um einen Segen für die Heilung der Gewässer, damit sie sauber und voller Leben sein mögen. Bitte um einen Segen für dein inneres Wasser, bitte darum, dass auch dieses Wasser geheilt werden möge und wir alle daran denken, aus der Liebe, Güte und Reinheit des Herzens heraus zu leben. Rufe dir einen Augenblick lang in Erinnerung, dass deine Kristalle die höchsten Schwingungen der Dankbarkeit und der Selbsterkenntnis enthalten.

Nimm dir so viel Zeit, wie du brauchst, um dich zum Ausdruck zu bringen und dich mit dem Wasserelement zu verbinden.

Sobald du dies getan hast, bring dem Norden eine kleine Gabe dar; es gibt viele Möglichkeiten dafür: Du kannst zum Beispiel getrockneten Salbei, Tabak, Blumen, Mais oder Baumwolle ablegen – oder etwas anderes, das für dich stimmig ist. Du kannst als Opfergabe auch Tabakrauch Richtung Norden blasen.

Nachdem du dein Gebet für den Norden abgeschlossen hast, wendest du dich mit dem Gesicht in Richtung Osten.

Osten – Rot – Feuer

Sobald du also dem Norden deine Gebete dargebracht hast, drehst du dich, im Kreis stehend, mit Blick in Richtung Osten, hin zu dem Stein oder Kristall, den du dort niedergelegt hast.

Spüre deine bloßen Füße auf dem Erdboden und das Sonnenlicht auf der Haut, fühle, wie dein Herz in der Brust schlägt, und lass Dankbarkeit für dein Leben und deinen Lebenssinn hochkommen.

Du blickst nach Osten und bedankst dich für die Sonne, die jeden Tag aufs Neue aufgeht und dir eine neue Chance gibt, dein höchstmögliches *ICH BIN* zu leben.

Spüre die Wertschätzung für die Wärme und das Leben, welches die Sonne unserer schönen Mutter Erde und all ihren Kreaturen, groß und klein, spendet.

Spüre die Ehrerbietung und den Respekt für die Ältesten, die Großmütter und Großväter, die aus dem Osten kommen, für all ihre Weisheit und ihr Wissen, das nach wie vor für jene, die hören wollen, gelehrt wird. Bitte um einen Segen für die indigenen Kulturen des Ostens, damit sie geschützt, geehrt und behütet werden mögen, und sprich auch ein Segensgebet für uns, dass wir uns immer des in uns brennenden Feuers erinnern mögen. Mögest du immer deine Leidenschaften erinnern, damit du aus einem brennenden Lebenssinn heraus auf diesem Planeten lebst, damit du alles verbrennst, was tot ist und das helle Lodern deines Feuers erstickt. Nimm dir einen Moment lang die Zeit, dem Osten, der Farbe Rot und dem Hüter des Feuerelements deine Dankbarkeit zu zeigen.

Wenn du deine Gebete vollendet hast, kniest du nieder und bringst eine Gabe dar oder schickst deine Gebete mit Tabak in die Luft. Dann wendest du dich im Kreis in Richtung Süden.

Süden – Gelb – Wind

In Richtung Süden stehend, schließt du die Augen und spürst die Luft auf der Haut und im Haar. Rieche die Luft mit ihrem feinen Hauch von Erde, den vielen Pflanzen und Blumen, Bäumen und Pollen.

Sobald du dich mit der Himmelsrichtung Süden und dem Element Wind verbunden hast, beginnst du zu beten. Zeige der Himmelsrichtung Süden und der Farbe Gelb und dem Hüter des Windelements deine Dankbarkeit. Sei dankbar für die Vielfalt an pflanzlichem Leben, für die Pflanzenwelt, für die Früchte und Gemüse, die Nüsse und Blumen. Sprich ein Segensgebet für die großen Regenwälder im Süden und all ihre Bewohner, dass sie behütet und geschützt werden mögen. Erweise den indigenen Völkern, den wahren Hütern unserer Heiligen Mutter, die in diesen Wäldern leben, deinen demütigsten Respekt, und bete für ihre Sicherheit in dieser Zeit.

Sei dankbar für die Ältesten, die Großmütter und Großväter, die Männer und Frauen, die Kinder, die Wälder und Tiere des Südens; bete darum, dass die ganze Menschheit aufwachen und ihre Zukunft sichern möge. Fühle deine Wertschätzung für den mächtigen Wind in dir und sprich ein Segensgebet, dass du den Mut finden mögest, immer die Wahrheit auszusprechen, und mit deinen Worten Positives bewirken mögest. Möge die Kraft deiner Stimme deinem Lebenssinn und deiner Leidenschaft einen starken Atem verleihen, andere Menschen emporheben, sodass sie gegenseitig das Gute in sich befruchten.

Wir sollten unseren Wind nie dazu benutzen, das Potenzial eines Bruders oder einer Schwester abzuschwächen, sondern ihrem inneren Feuer immer Sauerstoff zuführen, damit es wachsen und brennen kann. Möge deine Stimme den Mut und die Kraft finden, mit dazu beizutragen, die Menschheit von ihren alten Verletzungen und Kümmernissen zu heilen und zu befreien.

Nun nimm dir noch die Zeit, deine persönlichen Gebete zu sprechen. Knie dich nieder, wenn du damit fertig bist, und bring dem Stein ein kleines

Geschenk dar; dann bläst du den Tabakrauch Richtung Süden und drehst dich anschließend in Richtung Westen.

Westen – Schwarz – Erde

Wende dich, im Innern des Kreises stehend, mit dem Gesicht zu dem Stein bzw. Kristall, den du als Symbol für die Himmelsrichtung Westen, die Farbe Schwarz und das Erdelement dort abgelegt hast. Schließe die Augen und spüre deine dankbare Liebe für den Erdboden, der uns tagtäglich so viel Schönheit und Ressourcen schenkt. Zeige deine Anerkennung für die großen Wälder, Berge, Dschungel, Wüsten, Wiesen und all die Tiere und Pflanzen, die unseren Planeten so wunderschön und vielfältig machen. Bete zur Himmelsrichtung Westen und erweise deine unerschütterliche Dankbarkeit gegenüber den Ältesten, den Großmüttern und Großvätern und den Weisen aus dem Westen. Sei dankbar für all jene, die vor dir da waren, alle Kulturen und Stämme, deine Brüder und Schwestern aller Hautfarben, die diesen großartigen Planeten mit dir geteilt haben.

Fühle deine Wertschätzung für deinen Körper, den diese Erde vom Tag deiner Ankunft bis zum heutigen Tag erhält und ernährt hat. Sprich ein Segensgebet für dich und deine Brüder und Schwestern, damit wir alle uns an unseren Selbstwert und unseren höheren Lebenssinn als Kinder von Mutter Erde erinnern mögen. Bedanke dich für die Zeit der Schwärze, die Zeit der Stille, der Meditation und des Zuhörens.

Nun nimm dir die Zeit, um das zu bitten, was du benötigst, und sprich dann deine Gebete der Dankbarkeit und Liebe für alles, was dir die Erde gegeben hat. Knie nieder und bringe dem Westen deine Gabe dar.

Die Kreismitte, der Große Geist

Sobald du mit deinen Gebeten und Dankbarkeitsbezeugungen für die vier Himmelsrichtungen und die entsprechenden Elemente fertig bist, stellst du dich in die Mitte deines heiligen Kreises und hebst den Kopf zum Himmel. Bete nun mit ausgestreckten Armen zum Großen Geist, der Quelle allen

Lebens. Fühle aus tiefstem Herzen die Liebe und Wertschätzung für den Schöpfer und dein eigenes großes *ICH BIN,* das sich entschieden hat, auf diesen Planeten zu kommen und sich auf diese großartige Reise zu begeben. Spüre die Wertschätzung für deine menschliche Verbundenheit mit Familie und Freunden und für die Möglichkeit, ein Teil der Menschheit auf diesem herrlichen Planeten zu sein. Sei dankbar für all deine Lebenserfahrungen, selbst wenn sie noch so schwierig waren, denn sie haben dir geholfen, zu lernen und dich weiterzuentwickeln zu der Person, die du heute bist. Jede Lebenslektion auf deiner Reise hat dich gelehrt, besser, stärker und weiser zu werden. Bete darum, immer die Verbindung zur Quelle zu fühlen und daran erinnert zu werden, wie großartig du als Individuum bist, das mit dazu beiträgt, hier auf der Erde menschliches Bewusstsein zu erschaffen.

Mögest du zu allen Zeiten mit Ehrerbietung, Respekt, Demut und Liebe im Herzen auf dem Planeten wandeln. Nimm dir so viel Zeit, wie du möchtest, für deine Gebete und bitte um das, was du in dieser Zeit benötigst. Zum Abschluss bläst du deine Gebete in die Luft über dir, entweder über den Tabakrauch oder einfach mit deinem Atem.

Sich vor der Heiligen Mutter verneigen

Zum Abschluss kniest du dich hin, legst die Hände auf die geliebte Mutter Erde, beugst ehrfürchtig den Kopf und beginnst zu deiner Mutter Erde zu beten. Denke daran: Nur ein direkt aus dem Herzen kommendes Gebet ist vollkommen. Sprich zur Mutter, der Spenderin des Lebens, die dir deinen Körper, jeden wunderbaren Atemzug, jede Mahlzeit, jeden Schluck Wasser schenkt, die Mutter aller Lebewesen und all der Schönheit dieser Welt. Sie ist die Große Göttin, das Göttliche Weibliche, die Mutter all unserer Vorfahren und Nachfahren. Danke der Mutter für das Geschenk, ein menschliches Wesen zu sein, denn das ist eine wahre Ehre und ein großes Privileg. Danke ihr für das grüne Gras, das blaue Wasser, all die großen und kleinen Geschöpfe, die Kräuter und Medizinpflanzen, die sie für uns alle bereitstellt, und all die Fülle und Schönheit, die sie selbstlos und beständig schenkt.

Empfinde Dankbarkeit für alles, was schwimmt, kriecht und fliegt, die vier-, zwei- und einbeinigen Wesen, unsere »Großen Ältesten«, also die Bäume, sowie Früchte, Gemüse, Getreidekörner und Nüsse, die dich nähren und am Leben erhalten. Sprich zu deiner geliebten Mutter in dem Wissen, dass sie deine Worte hört. Erweise ihr Dankbarkeit, Ehre und Respekt. Bete darum, dass nicht nur du, sondern die ganze Menschheit sich ihrer als lebendiges Wesen erinnert.

Du kniest nieder mit den Händen auf dem Erdboden und mit geneigtem Kopf und schickst ihr Liebe, sagst ihr, wie sehr du sie liebst, und stärkst erneut deine Verbindung mit ihr. Nimm dir die Zeit, in deinen eigenen Worten zu deiner Heiligen Mutter zu sprechen, lass die Worte aus tiefstem Herzen kommen, teile deine Emotionen mit ihr. Bring deine Gebete und Gaben dar. Wenn du damit fertig bist, bring den Tabakrauch oder dein anderes Geschenk der Mitte des Kreises dar.

Nun hast du deine Gebete abgeschlossen und kannst aus dem Kreis heraustreten.

Der heilige Kreis, den du errichtest hast, wurde von dir aus vollem Herzen und mit ganzer Seele vollendet. Durch deine Worte und Emotionen wurde er zu etwas Heiligem. Du kannst jederzeit zu diesem Kreis zurückkehren, um zu beten oder um etwas zu bitten, was du brauchst. Mach ihn zu einem Ort des Gedenkens der vier Elemente, die dich für immer mit der Großen Mutter verbinden.

Erinnere dich jedes Mal, wenn du bei den Steinen stehst, an die Geschenke der Elemente in dir. Dies ist *dein* Ort, an dem du zu jeder Tages- und Nachtzeit deinen Respekt, deine Ehre, deine Liebe und deine Wertschätzung für alles auf dem Planeten erweisen kannst. Dieser heilige Kreis ist ein Ort, an dem du um das beten kannst, was du benötigst. Es ist ein Ort der Verehrung, ein Ort, an dem du dich tief mit deiner geliebten Mutter Erde verbinden kannst, ein Ort, an dem du dich daranmachen kannst, eine starke und noch tiefere persönliche Beziehung zu ihr aufzubauen. Das ist dein heiliger Ort.

Wir mögen Mutter Erde von Zeit zu Zeit vergessen; wir vergessen vielleicht, dass wir auf ewig über genau die Energie, die durch unseren Körper fließt, mit ihr, mit dem Wind, dem Wasser, dem Erdboden und dem Feuer verbunden sind, aber sie hat das nicht vergessen. Sie ist immer da, hört immer zu und vermittelt uns immer ihre Lehren; wir müssen uns einfach daran erinnern, nach Hause zurückzukehren und für sie präsent zu sein.

Teil II

Uralte heilige Kristalle in aller Welt

Uralte heilige Kristalle

Wie viele von euch wissen, bestand eine meiner Aufgaben als Little Grandmother darin, neun sehr heilige und unglaublich mächtige Kristalle an Orten mit einer hohen Schwingung in aller Welt zu platzieren. Diese Orte haben mit den sogenannten Ley-Linien zu tun, die sich überschneiden und dadurch einen hoch leitfähigen elektrischen Strom erzeugen. Alte Kultstätten, Pyramiden oder Steinkreise befinden sich oft in diesen geomagnetischen Feldern. Zu meinen, diese Orte auf dem Planeten seien heilig, weil dort ein bestimmtes Gebäude, eine Pyramide, ein Steinkreis oder eine Kirche steht, ist falsch. Unsere Ahnen wussten vielmehr, wo sich die Ley-Linien überschnitten, und bauten ihre Kult- und Gebetsstätten genau an diesen Orten mit hoher Schwingung.

Als ich zu Little Grandmother wurde, wurden mir neun kostbare, heilige Kristalle übergeben. Sieben dieser Kristalle sollten an genau definierten Stellen auf dem Globus platziert werden, an denen sich diese Ley-Linien überschneiden, um das Energiefeld von Mutter Erde zu heilen und zu stärken. Die anderen beiden Kristalle sollten für bestimmte Zeremonien zum Einsatz kommen: einer für die Erweckung des heiligen Weiblichen am 10.10.2010 in Arkansas/USA; darum ging es in meinem ersten Buch »Aus Liebe zu Mutter Erde«. Mit dem zweiten Kristall sollten Mutter Erde und ihre Kinder zu einem bestimmten Zeitpunkt und an einem bestimmten Ort geheilt werden (dieser Kristall ging nach Japan, um die Verletzungen zu heilen, die durch die Atomkatastrophe von Fukushima verursacht worden waren; hierzu mehr im Verlauf dieses Buches).

In meinem Buch »Aus Liebe zu Mutter Erde« erzähle ich ausführlich, wie die ersten vier Kristalle der Erde übergeben wurden. Im Folgenden will ich diese Zeremonien und die betreffenden Orte noch einmal kurz zusammenfassen.

Arkansas

Mit einem der beiden Kristalle »für einen ganz bestimmten Zweck«, die mir übergeben worden waren, konnte ich eine Zeremonie zur Heilung des heiligen Weiblichen abhalten, eine wunderbare Chance und bewegende Erfahrung. Sie fand im nordwestlichen Teil von Mittel-Arkansas statt, einem magischen und ganz besonderen Ort voller unterirdischer Kristallhöhlen und Flüsse. Sobald die Füße diesen Boden berühren, muss man einfach erkennen, dass dies ein ganz besonderer Platz ist. Die Erde vibriert fast, und das ist auch kein Wunder: Dieses Gebiet weist eine der höchsten Kristallkonzentrationen der Welt auf!

An einem wunderbaren Morgen, dem 10.10.2010, genau um 10.10 Uhr begannen wir mit unserer Zeremonie, deren alleiniger Zweck es war, die heilige weibliche Energie zurück auf unseren Planeten zu holen. Wie mir der Älteste Eesawuu vom Stamm der Hopi sagte, nahm an diesem Tag das Große Weibliche seinen rechtmäßigen Platz auf seinem Thron ein. An diesem Tag wurden viele Zeremonien abgehalten, manche oben auf den höchsten Berggipfeln und dem Schelfeis im Norden, wo sie »hoch über der Welt die Feuer entzündeten«. Im Rahmen dieser großen Zeremonien erwiesen die männlichen Ältesten ihren Respekt und übergaben die Herrschaft den weiblichen Ältesten. Immer noch trage ich ein bisschen Asche von diesen heiligen Feuern bei mir; sie ist mir ein paar Wochen nach der Zeremonie überreicht worden. Die Teilnahme an diesem so wichtigen Moment hinterließ bei mir ein tiefes Gefühl der Ehrfurcht und Ehrerbietung für Mutter Erde und für das tief in meiner Seele wohnende Weibliche.

Seit dieser Zeremonie in der wunderschönen Natur von Arkansas wurden aus dem Gebiet, in dem die Kristalle aktiviert worden sind, über 500 Erdbeben gemeldet. Das große Weibliche ist erwacht!

Santa Fe

Der erste der sieben heiligen Kristalle ging während der Zeremonie »Die Rückkehr der Ahnen« im Jahr 2009 in das Indianerland nahe Santa Fe, New Mexico. Er wurde zusammen mit unseren Gebeten und unserer Dankbarkeit für diejenigen, die vor uns da waren, voller Respekt und Ehrfurcht gegenüber unseren Vorfahren und ihrer Weisheit sowie zur Heilung der Verletzungen des Männlichen und Weiblichen in uns Menschen in die Erde gelegt. Bis zum heutigen Tag war das die intensivste und schwierigste Zeremonie, an der ich je teilgenommen habe. Nie zuvor habe ich erlebt, wie so viele Geister und Ahnen bereitwillig und sichtbar aktiv an einer solch schwierigen Heilzeremonie teilgenommen haben. Wir beteten darum, unsere Wunden als Männer und Frauen loszulassen und das unvorstellbare Leiden, unsere gegenseitigen Erwartungen und Fehler zu verzeihen; nie werde ich die Stärke meiner Ältesten Eesawuu und Schwester Wolf vergessen, die mich anleiteten und mir Kraft gaben.

Redwoods

Der zweite Kristall ging an die großen Redwoods bzw. Mammutbäume an der Küste Kaliforniens. Unsere uralten Bäume gelten als die »Großen Ältesten« unseres wunderschönen Planeten. Manche Bäume wie die Grannenkiefer (Bristle Cone Pine) aus den White Mountains in Kalifornien werden fast 5000 Jahre alt! Schon mein ganzes Leben lang habe ich Bäume sehr geliebt und habe unzählige Stunden spielend und schlafend in ihren Zweigen verbracht. Bäume flößen mir Dankbarkeit ein und versetzen mich in nostalgische Gefühle, denn einige meiner liebsten Erinnerungen aus meiner Kindheit haben mit Bäumen zu tun: ich als kleines Mädchen, das auf den Apfelbaum von Uroma Jensen klettert und in seinen Zweigen schläft, oder meine Grotte aus Pappelbäumen unten am Fluss, die zu meiner Heimat wurde. Schon immer habe ich Bäume sehr geliebt und hatte mehrmals die wunderbare Gelegenheit, einige der heiligsten Bäume auf dem Planeten zu sehen: von der kostbaren Roten Zypresse von Taiwan, der hochverehrten japanischen Zeder und den weißen »Ghost Gum Trees« (Geistergummibaum) in Australien bis hin zu den geliebten Eiben in England, Schottland und Wales. Egal, wohin ich komme, ich finde diese »Großen Ältesten« aufrecht stehend in all ihrer Herrlichkeit vor.

Bäume waren für viele indigene Kulturen ein Zentrum der Heiligkeit, nicht nur wegen ihres praktischen Wertes und Nutzens für die Ernährung, als Medizin, Zuflucht und Brennstoff, sondern oft auch für spirituelle Zwecke, für Anbetung und Feierlichkeiten. Bäume sind für unseren wunderschönen Planeten und alle seine Bewohner von wahrhaft unermesslicher Bedeutung. Unsere uralten Bäume, unter anderem die Redwoods, sind lebendige Wesen, die zahllose Generation haben kommen und gehen sehen. Sie bewahren sehr viele Erinnerungen, Weisheit und Wissen. Wie riesengroße Hüter von Informationen vermitteln sie ein Gefühl der Ehrfurcht und des Staunens. Das habe ich persönlich erlebt, als ich zwischen den Redwoods stand, die bis zu 115 Meter hoch werden. Der Kristall wurde voller Respekt und Ehrfurcht den Redwoods übergeben, den »Großen Ältesten«, zusammen mit unseren Gebeten für die Menschheit, dass sie ihr Herz wieder der Welt der Natur öffnen möge.

Hawaii

Der dritte der heiligen Kristalle wurde 2010 der geheiligten Erde der Hawaii-Insel Maui übergeben, und zwar an einem ganz besonderen Ort, wo jahrzehntelang die traditionellen Völker ihre uralten Zeremonien zur Ehrung der Mutter, des Vaters und des Kindes und auch zur zeremoniellen Ehrung der sieben Meere und des blauen Pfades abhielten. Der Kristall wurde auf einer sehr kraftvollen Ley-Linie an einem spezifischen zeremoniellen Punkt in die Erde gelegt, um den Weg der heiligen Wasser zu ehren, das hoch verehrte Weibliche zu erwecken und den sanften, liebevollen Energien des lemurischen Volkes Ehre zu erweisen. Die heutigen Inselbewohner unseres Planeten sind die Nachfahren des lemurischen Volkes. Auch heute noch ist leicht zu erkennen, wie wunderbar ausgeglichen deren männliche und weibliche Energien sind. Ich kenne kaum ein sanfteres, liebevolleres, offeneres und gastfreundlicheres Volk. Die Inseln selbst fühlen sich sanft wie die Berührung einer Mutter an oder aber wie der Zorn einer Frau in ihrer Wut. Die Inseln sind ein Ort, wo man die Präsenz des heiligen Weiblichen einfach nicht verleugnen kann.

Schweden

Der vierte der mächtigen Kristalle wurde an einer ganz besonderen Stelle in den Wäldern von Schweden hinterlegt, als Symbol für die Völker des Nordens. Auch dieser Kristall wurde auf einer sehr starken Ley-Linie platziert und dem »Brotkorb der Welt« bzw. dem »geweissagten Volk des Nordens« zurückgegeben, das der Welt als Beispiel für die Rückkehr zu einer spirituellen und erweckten Lebensweise vorangeht. An dieser wunderbaren Zeremonie, bei der der Kristall voller Gebete für das Erwachen des menschlichen Bewusstseins tief in der Erde vergraben wurde, nahmen Menschen von überall aus dem Norden teil. Die Großmutter vom Volk der Samen sang uralte Lieder und trommelte die unvergessenen Rhythmen; unsere Herzen waren voller grenzenloser Freude und voller Staunen für Mutter Erde und all ihre Kinder. Auch diese machtvollen Zeremonien sind in meinem ersten Buch »Aus Liebe zu Mutter Erde« ausführlich beschrieben.

Zwischenzeitlich wurden auch die drei restlichen heiligen Kristalle sowie der besondere Heilkristall an den dafür vorgesehenen Stellen der Erde übergeben. Für mich war es eine überaus große Ehre, diese heiligen, tief verehrten Kristalle Mutter Erde zurückzugeben – zur Heilung der Menschheit und Stärkung des Energiegitters der Erde.

Ägypten

Der fünfte heilige Kristall wurde unserer geliebten Mutter Erde 2011 in Ägypten zurückgegeben. Dieser Aufenthalt in Ägypten war eine verrückte, emotionsgeladene Erfahrung mit extremen Hochs und Tiefs. Die große Armut, das Ungleichgewicht zwischen männlicher und weiblicher Energie, die Behandlung von Tieren, Kindern und Frauen sowie die überaus starke Umweltverschmutzung sind nur einige wenige Gründe dafür, warum diese Reise auf energetischer, emotionaler und körperlicher Ebene so sehr zu Herzen ging. Die Tiefs waren sehr tief, aber die Hochs waren *unglaublich!*

Ägypten ist ein faszinierender Ort voller lebendiger Geschichte. Die über das Land verteilten Pyramiden erfüllen uns bis heute mit Staunen, Faszination und Verwirrung. Alles zu erforschen und zu verstehen, was es dort zu erforschen und zu verstehen gibt, würde mehrere Leben dauern. Ägypten hat die Forscher vor Rätsel gestellt und zu Streitigkeiten zwischen Historikern, Religionsforschern und spirituell gesinnten Menschen geführt. Angeblich wurden die Pyramiden 2500 v. Chr. erbaut, doch wie ich glaube, sind sie viel älter. Erforscht man diese großartigen Schöpfungen, fragt man sich, wie und zu welchem Zweck sie errichtet wurden. Die Cheops-Pyramide bedeckt eine Fläche von 52.609 Quadratmetern und besteht aus über 2,3 Millionen Steinen mit einem Gewicht von jeweils bis zu 200 Tonnen.

Um die Cheops-Pyramide bzw. die »Große Pyramide« in 20 Jahren zu errichten, wie die meisten Historiker glauben, hätte jeder damals lebende Mann, jede Frau und jedes Kind an 365 Tagen im Jahr 12 Stunden täglich alle zweieinhalb Minuten einen Stein abbauen, behauen, hochheben und dann »so vollkommen und fest einpassen müssen, dass keine Rasierklinge mehr dazwischenpasste«. Das ist einfach absurd, ebenso wie die Vorstellung, diese großen Pyramiden seien als Grabmäler errichtet worden. Wie wir zudem wissen, ist nie eine Mumie darin gefunden worden. Das ist nur eine weithin anerkannte Theorie, die in unseren Geschichtsbüchern als Tatsache dargestellt wird. Die wenig bekannten Wahrheiten über die Große Pyramide sind erstaunlich. Uns wurde beispielsweise nie beigebracht, dass die Große Pyramide genau im Zentrum der Landmassen der Erde erbaut und bis auf ein fünfhundertstel Grad genau exakt nach Norden ausgerichtet wurde. Noch erstaunlicher: Die Wissenschaft weiß erst seit etwa 600 Jahren um die genaue Lage der Kontinente. Die Außensteine der Pyramiden bestehen aus weißem Kalkstein, der Kalziumkarbonat enthält, ein perfektes Isoliermaterial. Die Innenblöcke dagegen bestehen aus Dolomitgestein, welches Magnesium und Kristall enthält, der Strom leitet! Die Schächte in den Pyramiden, sei es nun in der Königs- oder der Königinnenkammer oder in den unterirdischen Kammern, sind alle mit Granit (aus einem über 800 Kilometer entfernten Steinbruch) verkleidet; auch sie fungieren als Energieleiter. Diese Schächte enthalten zudem eine leicht radioaktive Substanz, wodurch die Luft in den Schächten Ionen bildet. Die Pyramiden wurden buchstäblich wie ein Stromkabel gebaut, also mit einer äußeren Isolierschicht und innen mit einem Stromleiter. Damit ein solches Kabel funktioniert, braucht man eine Energiequelle, so wie auch die Pyramiden eine Energiequelle haben mussten, um funktionieren zu können. Was ebenfalls nicht so bekannt ist: Tief unterhalb der Großen Pyramide befindet sich eine unterirdische Zisterne bzw. Kammer. Auf einer meiner Ägyptenreisen durfte ich diese Kammer betreten und sah mit eigenen Augen das uralte Kalksteinbecken, in dem einst tief unterhalb der Pyramide Wasser floss. Sobald Wasser an Kalkstein entlangfließt, entsteht eine elektrische Ladung. Hier in diesem uralten Raum konnte ich deutlich erkennen, wo einst das Wasser gegen die Kalksteinwände floss und das elektromagnetische Energiefeld erzeugte, das sich durch die Schächte hoch in die Pyramide verbreitete. Oben auf der Pyramide befand sich ein Schlussstein, der angeblich vergoldet war, ein weiterer sehr wirksamer Stromleiter. Die Pyramiden waren sicherlich keine Grabmäler, sondern vielmehr energieerzeugende Maschinen!

Die ägyptischen Pyramiden sind keineswegs die einzigen Pyramiden mit unterirdischen Wasserkammern, in denen einst Energie erzeugt wurde. Solche Kammern wurden auch in den Pyramiden und an den heiligen Stätten in Mexiko, Peru, Stonehenge, Algerien, Indien, Pakistan, Thailand, Kambodscha und Bolivien entdeckt. Auch wenn das Wasser nicht mehr fließt, wird dort nach wie vor Energie produziert, allerdings viel weniger. Wie Wärmebilder des internationalen »Scan Pyramids«-Projekts aufzeigen, generiert die Große Pyramide von Gizeh immer noch Energie. Je mehr ich über die Pyramiden lernte, desto mehr faszinierten sie mich, und ich vertiefte mich in dieses Thema und wollte alles darüber lernen, was es zu lernen gab. Wie eine Gruppe Mathematiker und Wissenschaftler herausfand, kannten die alten Ägypter die Maßeinheit des »Meters« – eine überaus spannende Entdeckung.

Man könnte sich nun fragen, was daran so überraschend ist. Nun ja, das Erstaunliche ist: Die Länge des Meters beruht auf einer präzisen Messung des Erdumfangs, der laut Aussagen der Forscher erst im Jahr 1793 bestimmt worden ist. Und aus dieser überraschenden Erkenntnis lassen sich weitere interessante Fakten dahingehend aufdecken, wie höchst genau und akkurat bei der Errichtung der Pyramiden vorgegangen wurde. Teilt man beispielsweise die Fläche der vier Seiten der Großen Pyramide durch ihre Grundfläche, erhält man den sogenannten Goldenen Schnitt bzw. die Zahl Phi (basierend auf der Fibonacci-Folge). Teilt man den Halbdurchmesser durch die Gesamthöhe, ergibt sich diese Goldene Zahl im Quadrat. Teilt man die Höhe der Pyramide durch ihre Grundfläche, kommt die Zahl Pi – 3,14 – heraus (das ist die sogenannte Kreiszahl bzw. der Umfang eines Kreises in Relation zu seinem Durchmesser). Der Radius der Grundfläche ist identisch mit der Höhe der Pyramide. Beim Bau der Pyramide ging es also immer wieder um Pi, Phi und den Goldenen Schnitt, sogar in den Innenkammern der Pyramide. Würde man einen Kreis auf der Innenseite des Umfangs der Pyramidengrundfläche ziehen und dessen Länge vom Maß eines Kreises um den äußeren Umfang der Pyramidengrundfläche herum abziehen, käme der Wert 299.792.458 heraus, das entspricht der Lichtgeschwindigkeit (299.792.458 m/s)! Doch noch unglaublicher ist: Die Länge zweier Seiten der Großen Pyramide entspricht auch dem durchschnittlichen Weg, den ein jeder Punkt des Äquators auf der Reise der Erde durch den Raum in einer Sekunde zurücklegt!

Woher wussten unsere Vorfahren das alles? Es ist ein fast unergründliches Geheimnis, doch da steht die Pyramide in ihrer ganzen Herrlichkeit und wartet geduldig darauf, dass die Menschheit dieses Wissen erneut begreift.

Die Pyramiden unseres Planeten stecken voller Geheimnisse und wurden mit einer Intelligenz errichtet, die bislang über unser Verständnis hinausgeht. Allmählich erwachen wir anscheinend für die großen, dort verborgenen Mysterien.

Durch das Studium der alten Pyramiden und ihrer Standorte auf dem ganzen Erdball erkennen wir nach und nach etwas sehr Interessantes: Stell dir vor, wir markieren auf einem Globus alle heiligen Stätten – beginnend mit der Osterinsel bzw. Rapa Nui, der Heimat der heiligen Moai-Steinstatuen (die übrigens jeweils über 82 Tonnen wiegen und der Sage nach zu ihrem Standort gelaufen sind): Dann geht es weiter Richtung Osten zu den erstaunlichen Paracas-Zeichnungen und den Nazca-Linien, Ollantaytambo mit seinem Tempel des Kondor im Heiligen Tal, Machu Pichu, den unterirdischen Tunneln und Megalith-Strukturen in Cusco wie Sacsayhuaman und die Paratuari-Pyramiden; nun überqueren wir den Südatlantik und gelangen nach Mali und ins Land des Dogon-Stamms, dem bereits seit Jahrtausenden die genaue Position des Sterns Sirius B bekannt ist. Und weiter geht es nach Algerien, wo sich in Tassili n'Ajjer eines der bedeutendsten Vorkommen von frühen Zeichnungen, Gemälden und Kunstwerken befindet. In Ägypten können wir dann Siwa und die Große Pyramide von Gizeh (die Cheops-Pyramide) markieren. Unsere »Reise« führt weiter nach Petra in Jordanien, Ur im Irak, Persepolis im Iran, Mohenjo Daro in Pakistan, zu den Khajuraho-Tempeln in Indien, Pyay in Myanmar, Sukhothai in Thailand, Angkor Wat und Preah Vihear in Kambodscha, und von da geht es zurück zum abgelegensten Ort auf Erden, der Osterinsel.

Wie ein Blick auf diese Pyramiden und uralten heiligen Stätten auf unserem Globus zeigt, liegen sie alle auf demselben Meridian in einem Kreis rund um den Planeten! Seit Jahrtausenden sind Jung und Alt von den Pyramiden fasziniert, nicht nur weil sie eine der großen technischen Leistungen der Menschheit und eine große kulturelle Errungenschaft darstellen, sondern auch weil sie uns in Staunen versetzen und uns zeigen, was möglich ist. Wer waren unsere Vorfahren? Wie konnten sie so unglaublich viel Wissen erlangen und wie in aller Welt ist uns, ihren Nachkommen, dieses Wissen verloren gegangen?

Diese Fragen stelle ich mir seit Jahren, und nachdem ich inzwischen so viele dieser Pyramiden in aller Welt besucht habe, ist meine Faszination noch gestiegen.

Als ich das erste Mal nach Ägypten reiste, war ich unvorstellbar aufgeregt, den Nil und die riesigen Pyramiden sehen zu können, die ich bislang nur aus Büchern oder vom Fernsehen kannte. Wie bereits gesagt, erlebte ich auf dieser Reise eine verrückte Mischung aus Höhen und Tiefen. Nie hätte ich mir die enorme Verschmutzung des Nils und seiner Ufer oder die hungernden, vor Karren gespannten Tiere, die Luft, die kaum mehr zu atmen war, vorstellen können – ebenso wenig, wie selten Frauen zu sehen waren. Und dann erlebte ich diesen unglaublichen, genialen, Ehrfurcht gebietenden Augenblick, als ich vor der Großen Pyramide stand, über die Schulter blickte und die Sphinx sah. Mir rauchte der Kopf. Ich wusste nicht, ob ich lachen oder weinen oder mich einfach hinsetzen sollte, weil ich eben nichts anderes tun konnte. Auf meiner ersten Reise nach Ägypten wollte ich alles, was ich sah und fühlte, verstehen. Ich erinnere mich noch, ganz genau auf die verschiedenen Energien der einzelnen Pyramiden und Tempel auf unserer Fahrt den Nil entlang geachtet zu haben. Die Stätten, die Klänge, die verschiedenen Kulturen und Gerüche, die Nahrungsmittel und die Musik – all das war für eine Frau, die in einer kleinen ländlichen Stadt in Colorado aufgewachsen war, etwas völlig Neues. Aber ich war durchaus bereit, das alles aufzunehmen und aus der Erfahrung möglichst viel zu lernen.

Als es an der Zeit war, den fünften heiligen Kristall in seine neue, rechtmäßige Heimat zu bringen, machte ich mich zum zweiten Mal auf den Weg nach Ägypten. Das war ein ganz besonderes Ereignis, gemeinsam mit ein paar Teilnehmern der ersten Reise, die inzwischen zu engen Freunden geworden waren, und ein paar »Neuen«, die an der heiligen Zeremonie teilnehmen sollten.

In vielen Tempeln wie Saqqara, Dahsure, Karnak, Abydos und Dendara sowie im Tal der Könige und dem Tempel der Hatschepsut, den Tempeln von Edfu und Kom Ombo, dem Tempel Philae und am unvollendeten Obelisken in Assuan verweilten wir und praktizierten Meditationen. Mit den Beduinen der Weißen und Schwarzen Wüste besuchten wir Abu Simbel und den Kristallberg. Wir kochten mit ihnen, tanzten und sangen um das Feuer herum und erlebten sogar gemeinsam einen Regenguss, wie er angeblich in ihrer Wüste nie zuvor niedergegangen war. Die ganze Reise war eine großartige Erfahrung, doch das Highlight war der erneute Besuch der Großen Pyramide von Gizeh. Schließlich kam der Tag, an dem wir die Arbeit tun wollten, für die wir hergekommen waren, also die Zeremonie durchzuführen, und wir waren bereit.

Unsere wunderbare kleine Gruppe erhielt eine Sondergenehmigung: Wir hatten die gesamte Hochebene von Gizeh für uns, um in der Großen Pyramide die nötigen Zeremonien durchzuführen und die Gebete zu sprechen. Bewaffnete Wachleute waren draußen am Eingang postiert; wir gingen in stiller Erregung und ehrfürchtig in die Pyramide und wussten, wir hatten eine sehr wichtige und besondere Aufgabe zu erfüllen. Wir stiegen die riesigen Steinstufen zum Eingang der Pyramide hinauf und gingen hinein. Die Luft war kühl, und es dauerte ein paar Augenblicke, bis sich unsere Augen an das Dämmerlicht angepasst hatten, in dem wir eine nach oben führende Treppe und einen kleinen, nach unten führenden Geheimgang erkennen konnten. Wir teilten uns in drei Gruppen auf: Eine davon, die Gruppe, die für das ausgewogene Männliche stand, wurde von meinem lieben Freund Jens zur Königskammer hinaufgeführt; Joyce führte die zweite Gruppe, die das ausgewogene Weibliche repräsentierte, hinunter in die unterirdische Kammer. Zwei weitere Frauen mit großer spiritueller Kraft blieben mit mir beim heiligen Kristall in der Königinnenkammer, im Zentrum der Pyramide; wir fungierten als Orakel bzw. als Leiter der Energien zwischen den beiden anderen Kammern.

Ich ging zunächst mit den Männern zur Königskammer hinauf und teilte ihnen mit, mit welcher Frequenz und welchen Tönen sie in der Kammer die höchsten energetischen Wellenlängen erzeugen sollten; ich wies sie an, in etwa 15 Minuten damit anzufangen. Schnell eilte ich die steile Treppe wieder hinunter in die Königinnenkammer und übergab den Kristall den beiden Frauen; sie sollten ihn in der Mitte der Kammer in den Händen halten. Sobald sich der Kristall mit meinen beiden lieben Freundinnen in der Mitte der Kammer befand, hatte ihre Meditation begonnen. Ich musste mich hinunter in die unterirdische Kammer begeben. Ein weiteres Mal stieg ich die steile Treppe zum Eingang der Pyramide hinab und dann weiter nach unten zu dem verborgenen Tunnel, der mich tief unter die Erde führen würde. Von all dem anstrengenden Auf- und Absteigen und dem ganzen Adrenalin aufgrund meiner Aufregung zitterten mir bereits die Beine. Ich machte mich auf den Weg nach unten. Um zu der unterirdischen Zisterne zu gelangen, musste ich auf Händen und Füßen durch einen äußerst engen Tunnel tief hinein ins Erdinnere krabbeln.

Mein Kopf war gegen die Brust gedrückt, mein Rücken berührte die Tunneldecke, die Schultern pressten sich gegen die Seiten der zerfurchten Erde, und meine Hände drückten sich in den staubigen Boden. So begann ich meine lange Reise immer weiter den schmalen, abfallenden Gang hinunter. Es gab keine Möglichkeit umzudrehen und keine Möglichkeit, zu wissen, wo der dunkle Tunnel enden würde; ich musste einfach klar bei Sinnen bleiben und immer weiter gehen. Ich weiß noch, wie ich mir an einem Punkt dachte: »Irgendwann sollte ich eigentlich hören, wie die Gruppe sich unterhält«, aber ich konnte gar nichts hören und es war auch kein Licht am Ende des Tunnels zu erkennen. Dunkelheit oder unbekannte Situationen jagen mir eigentlich nicht so leicht Angst und Schrecken ein, aber ich muss zugeben, es war schon eine kleine Herausforderung, auf so engem Raum in einem dunklen Tunnel auf dem Grund einer uralten Pyramide, tief in der Erde zu stecken, wo es kein Zurück gibt und wo man nicht umkehren kann. Nachdem ich ein paar Minuten lang, so schnell ich konnte, im Dunkeln vorwärtsgekrabbelt war, ahnte ich schließlich ein schwaches Licht am Ende des Tunnels. Am Rand angekommen, konnte ich mich in einen ausgehöhlten Raum hinunterlassen, und dort fand ich die kleine Gruppe von Frauen; sie waren zur Vorbereitung bereits in einem Kreis versammelt und meditierten.

Schnell begann ich verschiedene Klänge zu tönen, um die richtige Frequenz und Schwingung für das Entzünden der Energie in der Kammer zu finden. Sobald ich den genauen Ton hatte, wurde mir klar, dass mir eine sehr lange Kletterei bevorstand, um zurück zur Königinnenkammer zu gelangen und dort die Zeremonie einzuleiten; mir blieb nicht mehr viel Zeit. Ich sprang wieder hoch in den engen Tunnel und krabbelte, so schnell ich konnte, den steilen Abhang hinauf. Als ich schließlich wieder stehen konnte und die riesige Treppe sah, die ich hochklettern musste, um meinen Platz in der Königinnenkammer einzunehmen, zitterten meine Beine und Arme bereits unkontrollierbar. Und da hörte ich es ..., auf einmal ertönte aus dem Nichts dieser Klang, dieser tiefe, erderschütternde Klang. Es war, als donnerte direkt neben mir ein Zug unsichtbare Gleise hinab. Mein ganzer Körper konnte dieses tiefe, laute Grollen spüren. Ich weiß noch, wie ich mich im Kreis herumdrehte, wie um jemanden zu finden, der das ebenfalls hören konnte. Einen Moment lang war ich überwältigt, und dann erkannte ich, was es war: Es war das gemeinsame Tönen der drei Gruppen! Es war der unglaublichste Klang, den ich je gehört hatte. Er erschütterte meinen ganzen Körper vom Innersten heraus bis in meine Fingerspitzen; mir standen die Nackenhaare und die Haare auf meinen Armen zu Berge. Einen Augenblick lang stand ich da, voller Verwirrung angesichts dieses machtvollen Geschehens, und dann erinnerte ich mich blitzartig daran, dass ich ja noch eine Aufgabe zu erledigen hatte und noch nicht an meinem Platz war.

Mit neuer Energie rannte ich praktisch die Treppe hoch und betrat die Königinnenkammer, wo ich zwei schöne Frauen sah, die sich gegenüberstanden, einen Kristall über ihre Köpfe hielten und dabei mit jedem Quäntchen Energie im Körper tönten. Ich stellte mich neben sie, legte meine Hände über den Kristall und begann mit dem Tönen der Harmonie und der Frequenzen, die man mich angewiesen hatte zu tönen. Ich weiß nicht mehr, ob ich in dieser Zeit überhaupt etwas dachte; es war reine Konzentration auf die Klänge, die Töne, Energien und Frequenzen, die dargebracht werden mussten. Ich erinnere mich an ein Gefühl, als ob der Kristall schwerelos gewesen sei.

Ich kann nicht sagen, wie lange wir tönten. Es war, als hätte die Zeit stillgestanden. Und so plötzlich, wie es begonnen hatte, hörte es wieder auf. Niemand gab ein Zeichen, es war keine Zeitschaltuhr eingestellt worden, doch mit einem Mal hörten alle auf zu tönen. Der Klang wurde nicht schwächer und schwächer, wir alle hörten einfach im selben Moment damit auf, und es war vorbei. Wir hatten die uns gestellte Aufgabe erledigt und zu Ende geführt. Wir drei Frauen in der Königinnenkammer senkten die Arme; unsere Knöchel waren vom Festhalten des Kristalls in den Händen ganz weiß. Wir schauten einander an und begannen zu weinen. Die Emotionen, die Erschöpfung und das Hochgefühl waren überwältigend, wir standen ein bisschen »neben uns«.

In diesem Augenblick empfand ich für diese beiden Frauen so viel Liebe, als hätte ich sie schon mein ganzes Leben gekannt und wie Schwestern geliebt. Wir umarmten uns, wischten uns den Schweiß und die Tränen ab und machten uns auf die Suche nach den anderen beiden Gruppen. Wir gingen zur Treppe, und dort waren die Gruppen bereits unterwegs zu uns. Erst dann stellte ich mir die Frage: Woher hatten sie alle gleichzeitig gewusst, dass sie sich auf den Weg zu machen hatten? Die Kammern liegen so weit auseinander, dass sie sich gegenseitig keinesfalls hören konnten, und doch liefen die beiden Gruppen exakt zur selben Zeit los. Wir versammelten uns am Ausgang der Pyramide, umarmten uns und teilten uns gegenseitig unsere Erfahrungen mit. Dann gingen wir langsam nach draußen und die riesigen Stufen hinunter.

Wie ich bemerkte, standen die Wachposten beisammen und schauten uns mit riesengroßen, erstaunten Augen an. Einer von ihnen blieb stehen, und die anderen wichen zurück und schauten unsere Gruppe neugierig und fassungslos an.

Der eine, der noch die Stellung hielt, blickte mich fragend an: »Was habt ihr denn da drinnen gemacht?«

Ich ging ein paar Schritte auf ihn zu, um ihm zu antworten, aber er wich vor mir zurück. Ich war über diese Reaktion verwirrt und antwortete, wir hätten nur ein paar Gebete gesprochen, ein bisschen meditiert und getönt.

Der eine Wachposten, der noch dageblieben war, sagte, er habe aus der Pyramide einen lauten Klang vernommen, und zur selben Zeit seien drei Falken um die Spitze der Pyramide gekreist.

Die Antwort erleichterte mich, denn ich hatte schon befürchtet, wir würden wegen irgendetwas Ärger bekommen.

Noch einmal stellte er seine Frage und wich dabei mit großen Schritten zurück, diesmal mit mehr Neugier und ein bisschen erstaunt, wobei er zur Pyramide hinaufdeutete: »Also wirklich, was habt ihr da drinnen gemacht?«

Er winkte mich zurück zu den anderen Wachen. Ich blickte zu der riesigen Pyramide über unseren Köpfen empor, und jetzt sah ich es selbst: Die Pyramide leuchtete – unbestreitbar! Ein weißes Licht umgab die Pyramide; es schien wie ein Herzschlag zu pulsieren, und bei jedem Pulsieren wurde das Licht stärker. Um einen besseren Blick auf die Pyramide zu haben, gingen wir alle ein paar Schritte zurück und hielten mit aufgerissenem Mund den Blick auf sie gerichtet. Wir alle konnten unseren Augen kaum glauben.

Selbst als wir wieder im Bus saßen, auf der Rückfahrt zum Hotel Luxor, und uns immer weiter von der Pyramide entfernten, drückten wir noch unser Gesicht ans Fenster und versuchten, das alles zu begreifen. Im Hotel versammelten wir uns sogleich im Speiseraum, dessen Fenster den Blick auf die Pyramiden freigaben. Es war gelinde gesagt erstaunlich; ein paar von uns waren sprachlos, andere redeten vor lauter Aufregung ununterbrochen, doch für uns alle war es eine lebensverändernde Erfahrung. Da saßen wir und sahen, wie die Große Pyramide von Gizeh leuchtete! Und am nächsten Tag glühten zu unserem großen Erstaunen auch die zweite und die dritte Pyramide!

Die nächsten Tage waren nicht weniger aufregend; jetzt, wo wir unsere Aufgabe in der Großen Pyramide erledigt hatten, mussten wir uns auf die zweite, abschließende Kristallzeremonie vorbereiten. Wir hatten diesen heiligen Kristall in jede Pyramide und jeden Tempel am Nil mitgenommen, und sie alle hatten ihm ihre speziellen Segenswünsche und Informationen für seine Rückkehr zur Mutter mitgegeben.

Bei unserer Ankunft in Alexandria waren wir schließlich alle bereit für die Teilnahme an der finalen Zeremonie. Dort, an dem schönen Strand, wo der Nil ins Meer fließt, standen wir für die Zeremonie in einer symbolischen Formation der Pyramiden von Gizeh und eines Sternbilds am Himmel, des Orion – oder, wie die alten Ägypter es nannten, des Osiris –, und begannen mit der Zeremonie zum Wiederentfachen der uralten Energie und Weisheit der vielen Tempel und Pyramiden, die wir besucht hatten, und um das heilige Energiegitter unserer Vorfahren wieder zusammenzufügen. Wir sprachen den vier Himmelsrichtungen unseren Dank aus, ebenso unseren Ahnen und ihrer Weisheit, sprachen unsere persönlichen Gebete, damit die Menschen ins Liebesbewusstsein wechseln mögen, um diese alten Wahrheiten und die unsichtbare Weisheit verstehen zu können, und bereiteten den Kristall auf seine Rückkehr in die Heimat vor.

Als die Zeremonie abgeschlossen und alle Gebete gesprochen und gehört worden waren, bat ich meinen lieben Freund Jens, der die Gruppe, die für das geheilte Männliche stand, in die Königskammer geführt hatte, und meine Frau Joyce, die in der unterirdischen Kammer das geheilte Weibliche repräsentiert hatte, als Träger des Kristalls zu fungieren.

Dieser heilige Kristall sollte an einem ganz besonderen Ort hinterlegt werden, »wo der Nil sich im Mittelmehr zur Ruhe begibt«. Mit einem abschließenden Gebet am stillen Strand in Alexandria sagte ich dem heiligen Stein Lebewohl und überreichte ihn Jens und Joyce. Diese beiden guten Schwimmer, die für das ausgeglichene Männliche und Weibliche standen, schwammen weit in das türkisfarbene Wasser hinaus und ließen den Kristall dort in seine neue, schöne, wässrige Heimat gleiten.

Japan
(der Heilkristall)

Ich war in Wales und wollte gerade für einen Vortrag auf die Bühne gehen, als eine Freundin hinter dem Vorhang hervorkam und mir zuwisperte, gerade habe ein Tsunami in Japan ein Atomkraftwerk zerstört. Niemand von uns hätte sich zu diesem Zeitpunkt vorstellen können, was für eine schreckliche Katastrophe das für unseren schönen Planeten bedeuten würde, doch nach Tagen, an denen wir im Fernsehen das Desaster mitverfolgten, wurde uns nach und nach klar, was das hieß. Und schon bald wusste ich genau, wohin der heilige Heilkristall, der mir übergeben worden war, gehen sollte: Wir mussten nach Japan!

Ich bat Leute in aller Welt, mir Kristalle mit ihren Heilgebeten und Intentionen zu schicken, um für unsere Brüder und Schwestern in Japan die Strahlung zu zerstören. Und es dauerte nicht lange, da stand unser Haus voller Schachteln mit Kristallen. Auch unsere Freunde in Japan waren erstaunt, wie viele Kristalle ihnen direkt zugesandt wurden; auch bei ihnen begannen sich die Zimmer zu füllen.

Im Frühjahr 2014 kamen wir mit mehreren sehr schweren Koffern, randvoll mit Kristallen, am Flughafen an. Bei unserer Ankunft in Tokio trafen wir uns mit unserer tollen kleinen japanischen Gruppe und bestiegen schnell das nächste Flugzeug zur Insel Okinawa.

Dort machten wir uns an die erste von vielen Heilzeremonien für den Ozean sowie für die Wasserfälle und Bäche im Hochland, die die Bevölkerung mit Trinkwasser versorgen. Wir besuchten die alten Zeremoniestätten des Volkes von Ryūkyū, brachten dem Wasser viele Kristalle und Gebete dar. Sobald unsere Aufgabe auf der Insel Okinawa beendet war, ging es weiter zur südlichsten bewohnten Insel von Japan, der kleinen Insel Yonaguni, Heimat der erstaunlichen Unterwasserpyramide. Aufgeregt bestieg einer nach dem anderen von unserer kleinen Gruppe das winzige knallgelbe Flugzeug. Zufrieden aßen wir unser abgepacktes Mittagessen zum Dröhnen der Propeller und flogen über das Ostchinesische Meer.

Wie wir beim ersten genaueren Blick auf die Insel bemerkten, war die Landebahn praktisch so groß wie die ganze Insel. Wir schauten uns aufgeregt an und schnallten uns für die Landung an.

Als ich aus dem seltsamen kleinen Flugzeug ausstieg und diese abgelegene Insel betrat, fühlte ich mich einen flüchtigen Moment lang wie Robinson Crusoe auf einer abenteuerlichen Reise. Wir wurden von einem schönen Einheimischen begrüßt; er brachte uns zu unserem kleinen Hotel (vielleicht das einzige Hotel überhaupt auf der Insel). Wie sich später herausstellte, fungierte dieser Mann während unserer Tage auf der Insel als unser Kellner, Fahrer, musikalischer Unterhalter und als Führer auf dem Boot. Die wenigen Menschen, die hier lebten, waren sehr freundlich und freuten sich ihres Lebens, aßen und sangen, wie es ihre Vorfahren seit Hunderten von Jahren getan hatten. Wir besuchten die alten Grabstätten, und man zeigte uns einige der ältesten bekannten Schriften. Wir erforschten die Insel und sahen außergewöhnliche Pflanzen und Bäume, von denen viele nur auf dieser Insel wachsen. Wir konnten sogar eine der seltenen wilden Pferdeherden, die oben im höchstgelegen Teil der Insel leben, aus der Nähe erblicken. Jeder Augenblick war eine reiche, wunderbare Erfahrung, doch vor allem warteten wir ganz aufgeregt auf den Besuch der großen Unterwasserpyramide.

Schließlich war der große Augenblick gekommen. Mit einem kleinen Boot fuhren wir hinaus aufs Meer; der Mann, der die Pyramide entdeckt hatte, begleitete uns. Wir trugen viele Kristalle bei uns und begannen mit den Zeremonien auf dem Wasser. Wir entrichteten den vier Himmelsrichtungen und den vier Elementen, dem Großen Geist und Mutter Erde unsere Gebete, dann beteten wir für die Heilung unseres Wassers, bevor wir dem Wasser Kristalle (unsere eigenen und die von Menschen aus aller Welt) übergaben. Es war eine kraftvolle Zeremonie, nicht nur wegen der Japaner auf dem Boot, die sich alle so verzweifelt vor der Strahlung schützen wollten, welche ihr Land und ihr Wasser verseuchte, sondern auch weil wir uns direkt über der Unterwasserpyramide befanden; sie lag nur ein paar Meter unter uns. Es war für mich etwas ganz Besonderes, diesen Heilkristall in den Händen zu halten und zu wissen, dass er für immer mit den anderen sieben heiligen Kristallen verbunden war und jetzt mit dieser uralten, verborgenen Pyramide in Kontakt trat.

Nach Abschluss unserer Gebete wurden wir auf den Glasboden des Bootes geführt und konnten die alten Strukturen, die behauenen Wände, die Steinblöcke und die gemeißelte Treppe sowie eine riesige Sonnenuhr und in der Ferne so etwas wie einen Moai-Kopf von der Osterinsel erkennen. Dies war ein erstaunlicher und großartiger Ort, und angesichts der Menge an Energie, die die Pyramide ausstrahlte, stellten sich die Haare an unseren Armen auf. Auch die Kristalle, die wir ins Wasser fallen ließen, leuchteten in allen nur vorstellbaren Farben.

Wir verließen die Insel Yonaguni nur ungern, aber bewahrten diese außergewöhnliche Erfahrung auf immer in unseren Herzen und Köpfen. Weiter ging es nach Tokio, wo wir vor den Japanern mehrere Vorträge über die Bedeutung von Kristallen und ihre Verwendung hielten. Tag für Tag übergaben wir den Menschen Kristalle, die aus aller Welt gesandt worden waren, um mit ihrer Energie die Strahlung zu löschen und Heilung zu bewirken.

Am letzten Tag der vielen Veranstaltungen zeigte ich den Besuchern den heiligen Heilkristall, damit sie sich mit ihm verbinden, ihm ihre Gebete und Segenswünsche darbringen konnten, bevor wir die abschließende Zeremonie abhielten. Nachdem sämtliche Veranstaltungen hinter uns lagen, begaben wir uns nach Yamanashi und dann weiter nach Nagano. In jeder Stadt, in der wir anhielten, verteilten wir Kristalle an die Menschen und erklärten ihnen, wie sie sie verwenden konnten. An jedem Brunnen, Bach, Fluss und See brachten wir Gebete, Kristalle und Zeremonien dar; dabei wurden wir von den einheimischen weiblichen Ältesten des jeweiligen Gebiets begleitet. Schon bald kamen wir in den Bergen von Yatsugatake an, wo die Hügel mit wunderschönen, rosafarbenen Kirschblüten bedeckt waren. Wir besuchten alte Tempel und heilige Wälder, bezeugten riesigen Bäumen unsere Ehrerbietung und beteten für das Land, die Menschen und das Wasser.

Einen Tag lang erholten wir uns und genossen die natürlichen heißen Quellen, die es dort gibt; dann waren wir alle bereit. Endlich war der große Tag gekommen – wir konnten es kaum mehr erwarten. Wir starteten ziemlich weit oben in den Bergen, wollten aber bis hoch auf den Gipfel gelangen, zur Quelle des Flusses, der den ganzen Weg hinabfließt und sich in viele Flüsse, Bäche, Kanäle und Seen verzweigt, bevor er sich schließlich ins Meer ergießt. Wir stiegen immer höher, und es wurde immer kälter. Schon bald sahen wir Eis und Schnee an den Flussufern. Wie ich ja wusste, musste ich den Kristall tief im Wasser versenken, und so gefiel mir der Anblick des Eises gar nicht. Als wir schließlich so hoch waren, wie es überhaupt möglich war, machte ich mich auf die Suche nach dem besten Platz, um uns am Fluss zu versammeln. Ich entdeckte einen großen Felsblock, der von den Klippen gefallen und direkt im eiskalten Wasser gelandet war – der perfekte Ort für die neue Heimat des Heilkristalls.

Das beständig gegen den Felsblock rauschende Wasser hatte an seiner Basis unter Wasser die Erde tief eingedrückt und eine Stelle hinterlassen, wo ich den Kristall so verkeilen konnte, dass er nicht entfernt werden konnte. Mit dem wunderschönen Heilkristall in den Händen begann ich die Zeremonie. Mehrere Älteste eines benachbarten, im Tal liegenden Dorfs waren mit uns auf den Berggipfel gestiegen, um dem Kristall ihre Gebete, ihre Lieder und ihre Segenswünsche darzubringen. Es war eine wunderbare Gruppe, die da entlang des Flussufers stand und aus tiefstem Herzen darum betete, dass das Wasser gesegnet und gereinigt und die Strahlung beseitigt werden möge. Es war, gelinde gesagt, ein sehr emotionaler Moment. Diese wunderbaren Menschen lebten buchstäblich mitten in einer Verstrahlungskatastrophe bisher nie dagewesenen Ausmaßes. Ihre Familienangehörigen und geliebten Menschen waren direkt davon betroffen. Ihre Gebete gingen sehr zu Herzen, und mir kamen die Tränen, als ich ihren andächtigen, hingebungsvollen Worten lauschte. Ich sagte zusammen mit den Ältesten unsere letzten Gebete auf, und dann ging ich mit dem Kristall in den Händen zum Wasser. Joyce, die immer an meiner Seite war, half mir, den Kristall festzuhalten, als wir direkt ins eiskalte Wasser stiegen. Wir versuchten, uns möglichst gut auf unsere Aufgabe zu fokussieren, und achteten nicht auf die schneidende Kälte, die uns buchstäblich die Luft nahm. Schließlich reichte uns das Wasser bis zur Brust, und ich war nahe genug an den riesigen Felsblock gelangt. Ich atmete noch einmal ein und tauchte unter.

Ich passte ein paar kleinere Steine unter dem Felsen so ein, dass ich den heiligen Heilkristall einklemmen konnte, dann tauchte ich wieder auf und schnappte nach Luft. Erst da merkte ich, wie sehr mein Körper damit zu kämpfen hatte, sich an die Temperatur anzupassen. Ich versuchte Luft zu holen, aber es ging einfach nicht. Ich öffnete den Mund, um einzuatmen, aber ich hatte einfach keinen Atem mehr. Joyce nahm mich bei der Hand, suchte zwischen den Felsen nach dem kürzesten Weg aus dem Wasser und zog mich ans Ufer. Während ich mich erholte, verteilten Joyce und ein paar andere die restlichen Kristalle aus aller Welt an die Japaner, die mit uns am Ufer standen. Und zu meinem größten Erstaunen stiegen sie tränenüberströmt und von ganzem Herzen ihre Gebete aufsagend ebenfalls ins eiskalte Wasser, um ihre Kristalle darzubringen. Den Anblick dieser wunderbaren Menschen, wie sie im eisigen Wasser standen und mit aller Kraft voller Demut und Hingabe beteten, werde ich nie vergessen.

Bis heute gelangt aufgrund der Verstrahlung des Atomkraftwerks in Fukushima radioaktiver Abfall in den Pazifik. Nie zuvor hat ein einzelner Vorfall unsere Ozeane so sehr verseucht – und er tut dies nach wie vor! Doch auch wenn immer noch radioaktive Strahlung in unsere Meere abfließt und sich weltweit in Lebensmitteln und Trinkwasser nachweisen lässt, können wir etwas unternehmen, um uns zu schützen. Vergiss nicht, einen Kristall um den Hals zu tragen sowie einen Kristall in den Kühlschrank und in das Gefäß mit deinem Trinkwasser zu legen. Gib in diese Kristalle deine Gebete ein, um die Strahlung zu tilgen (NICHT sie aufzunehmen, sondern sie zu beseitigen)!

Die Niederlande

Ende Dezember 2012 schien mein Leben komplett aus den Fugen zu geraten, und ich musste es wieder zusammenbauen. Ich lag im sonnigen Santa Fe in New Mexico auf der Couch und wartete auf einen Anruf von Joyce mit der Information, wann sie in den Staaten landen würde; sie hatte ihre Eltern in den Niederlanden besucht. Als das Telefon klingelte, war es allerdings überraschenderweise nicht Joyce, sondern der Vermieter meines Hauses, der mir mitteilte: »Tut mir leid, aber wir haben beschlossen, das Haus zu verkaufen. Sie müssen innerhalb der nächsten zwei Wochen ausziehen.«

Ich zerbrach mir noch den Kopf darüber, was in aller Welt ich machen sollte, als das Telefon zum zweiten Mal klingelte. Diesmal war es Joyce, und irgendetwas stimmte überhaupt nicht. Sie klang schockiert, untröstlich und voller Sorge, als sie mir mitteilte: »Ich kann nicht heimkommen.« Weinend erklärte sie mir, sie würde ausgewiesen; ihr war der Reisepass abgenommen und dem Piloten übergeben worden, und die Sicherheitskräfte würden sie zurück in den Flieger nach Holland verfrachten, weil unsere Ehe in Amerika nicht gültig war. Dann wurde ihr das Telefon abgenommen und der Anruf beendet. Mir nichts, dir nichts wurde mein normales Leben innerhalb von fünf Minuten auf den Kopf gestellt.

Die nächsten zwei Wochen waren ein Mischmasch aus allen möglichen Emotionen; einmal war ich in absoluter Panik, dann wieder krank vor Sorge und Angst vor dem Unbekannten. Ich hatte nur eine Möglichkeit: Ich musste nach Holland ziehen. Wollte ich mit meiner Frau zusammenleben, blieben mir gerade einmal zwei Wochen, um alles, was ich versenden konnte, zu verpacken und alles andere zu verkaufen, bevor ich die Hausschlüssel abgeben musste. Kreditkarten, Hausrat- und Krankenversicherung, Telefon, Strom, Wasser und Abwasser mussten gekündigt, mein Auto, meine Möbel und alles andere, was nicht mit UPS verschickt werden konnte, musste verkauft werden; das war eine zermürbende Erfahrung. Aber ehrlich gesagt war es wiederum einfacher, als zu versuchen, den ganzen gesetzlichen Papierkram zu erledigen, um mit meinem Sohn in ein anderes Land ziehen zu können. In denselben zwei Wochen musste Joyce auf der anderen Seite des Ozeans einen Job und ein Haus für uns finden und ein Auto kaufen, und zwar in einer Stadt mit einer internationalen Schule für meinen Sohn Jordan.

Als ich mit meinem Sohn schließlich in den Niederlanden ankam, war ich mit den Nerven völlig am Ende; die ganze Angst dahingehend, meine Heimat und alles, was ich kannte, zu verlassen und aufzugeben, ging mir an die Nieren, sodass ich einfach zusammenbrach. Die Eltern von Joyce, zwei wunderbare Menschen, waren wirklich süß und taten ihr Bestes; sie versuchten, Englisch mit uns zu sprechen und uns das Gefühl zu geben, zu Hause zu sein. Sie kochten tolle Mahlzeiten für uns und behandelten uns wie Familienmitglieder. Sie brachten uns reine, echte Liebe und Fürsorge entgegen, wie wenn man einem kleinen Kind, das in eine neue Umgebung kommt, seine vertraute Lieblingsdecke gibt. Sie fuhren uns herum und halfen uns mit allem, vom Kühlschrank, den es zu kaufen galt, bis hin zum Anhänger, um Betten in unser neues Zuhause in Maastricht zu transportieren, eine Stadt im südlichsten Holland. Mama half uns beim Saubermachen und Streichen, Papa installierte Regale und schloss die Waschmaschine an, und zwischendrin aßen wir zusammen ein Käsebrot und quatschten, wie es Familien eben tun – das war einfach, vertraut, normal und genau das, was ich brauchte. Ich glaube, ihnen ist bis heute nicht klar, dass ich durch sie das Gefühl hatte, es war in Ordnung, alles und jedermann, mein mir vertrautes Leben zurückgelassen zu haben. Sie gaben mir das Gefühl, eine Familie und ein Zuhause zu haben, brachten Ruhe und Frieden ins Chaos. Sie waren zu meiner Decke geworden. Diese ersten paar Wochen in Holland waren sehr schwierig; alles war neu und alles passierte so schnell. Ich hatte buchstäblich mein altes Leben aufgegeben und musste wieder bei null anfangen; das war beängstigend. An manchen Tagen, an denen ich vollauf beschäftigt war, war alles in Ordnung, an anderen war es viel schwieriger.

In einer der letzten Nächte, in denen wir bei den Eltern von Joyce übernachteten, bevor wir in unser eigenes Zuhause umzogen, ging ich in den Hinterhof, um mein Abendgebet zu sprechen. Auf einmal überwältigten mich meine Emotionen, und alles brach aus mir heraus. Mir wurde bewusst, dass ich nun in einem ganz anderen Land war und nicht nach Hause zurückkehren konnte wie bei all meinen anderen Reisen. Das Zuhause, das ich gekannt hatte, gab es nicht mehr, ebenso wenig wie all die Dinge und die Normalität, über die ich mein Leben definiert hatte, und ich kannte hier niemanden. Die Stadt war so groß, es gab so viele Menschen und Straßen, Autos, Fahrräder und Klänge. Ich verstand die Sprache nicht, und mein Sohn ging auf eine große Schule. Ich musste einfach darauf vertrauen, dass er sich eingewöhnen würde. Und meine Tochter …, meine Tochter … Allein der Gedanke daran war schon zu viel, der Schmerz zu real, es tat einfach zu weh, war für mich physisch und psychisch zu viel. Das Gericht hatte die beiden Kinder bei der Scheidung voneinander getrennt; sie lebte glücklich bei ihrem Vater. Ich durfte sie nur den Sommer über und während der Ferien zu mir nehmen; wie sollte das für mich in Ordnung sein? Warum ging mein Leben in diese Richtung? Warum die Niederlande? Was war der Sinn und Zweck des Ganzen?

Ich schluchzte beim Beten eher zusammenhanglose Worte vor mich hin, als dass ich vernünftige Sätze sprechen konnte, angesichts des Kummers, der da hochkam.

Plötzlich sah ich vor meinem inneren Auge wie aus dem Nichts den heiligen Kristall, der früher im selben Jahr den Niederlanden übergeben worden war. Ich sah ihn vollkommen deutlich, jede Linie und jedes kleine Detail, jeden sich darauf brechenden Lichtstrahl, als ob er von der Sonne beleuchtet würde. Und beim Anblick dieses wunderschönen Kristalls in meiner Vorstellung erinnerte ich mich an die heilige Zeremonie und daran, wie ich den Kristall der Erde der Niederlande übergeben hatte.

In diesem Moment wusste ich irgendwie: Dieser Kristall und ich waren auf besondere, einzigartige und unzerstörbare Weise miteinander verbunden. Er hatte, so wie ich, sein ganzes Leben in Amerika verbracht, eines Tages aus heiterem Himmel den Ozean überquert und in diesem Land ein neues Zuhause gefunden, und hier würde er seine wichtigste Aufgabe erledigen.

Da stand ich in der Dunkelheit im Hinterhof meiner Schwiegereltern in völliger Stille, war total überwältigt vom Abbild des Kristalls vor meinem inneren Auge und erinnerte mich, wie ich einst erkannt hatte, dass er nach Holland gebracht werden musste.

An dem Tag, an dem ich erfahren hatte, wohin der sechste heilige Kristall gehen musste, lebte ich noch in Santa Fe. Dieser Augenblick ist schwer zu beschreiben, es war aber auch etwas mir sehr Vertrautes. Mein Körper fühlte sich schwer an, und ich hatte das Gefühl, warmes Wasser würde mir über den Kopf gegossen und liefe zu meinen Füßen hinunter. In solchen Momenten, das weiß ich, passiert etwas. Entweder ich höre die Stimme der Großen Mutter oder mir wird etwas gezeigt. Dieses Mal wurde mir durchgegeben, an welchen Ort der Kristall gebracht werden musste. Es war keine Vermutung, keine Idee und auch kein Vorschlag oder eine Empfehlung, überhaupt nicht. Es war ein absolutes und unerschütterliches Wissen: Der Kristall würde den Niederlanden übergeben werden.

So schnell, wie es kam, war es auch wieder vorbei, und ich saß da in meinem Hinterhof, schaute zu, wie die Sonne über den Hügeln im Westen unterging und dachte so für mich: »Die Niederlande? Aber … warum denn ausgerechnet die Niederlande?« Ehrlich gesagt wollte ich das eigentlich niemandem gegenüber überhaupt erwähnen, sogar Joyce sagte ich eine Weile nichts davon, weil es für mich einfach keinen Sinn ergab. Kristalle wurden immer dem Land der indigenen Bewohner oder heiligem Boden übergeben und immer in der Wildnis, weg von den Menschen. Deshalb noch einmal: Warum dieses dicht besiedelte Land?

Ich dachte mehrere Wochen darüber nach und suchte nach einer Erklärung bzw. einer Lösung des Problems, aber mir fiel nichts ein. Erstens musste der Kristall auf einer starken Ley-Linie platziert werden, zweitens in der Natur, weit weg von Menschen, Wegen und Störungen jeglicher Art, und drittens steht jeder Kristall für etwas ganz Besonderes, Heiliges. Warum also die Niederlande? Soweit ich wusste, gab es in den Niederlanden keine indigenen Völker und auch keine heiligen Stätten, abgesehen von Kapellen, Kathedralen und heiligen Brunnen.

Dann erfuhr ich von Megalithstätten wie den Dolmen, den sogenannten »Hunebedden«. Im Norden des Landes gibt es 53 in der Landschaft verstreute Megalith-Monumente aus Granitsteinen, die bis zu 20 Tonnen wiegen und vor etwa 5500 Jahren als Grabkammern dort errichtet wurden. Nach vielen Gebeten wusste ich allerdings: Das war nicht der Ort, zu dem der Kristall für seine Aufgabe in den Niederlanden zu gelangen hatte. Je mehr ich recherchierte, desto ratloser war ich.

Erst nach mehreren Monaten erhielt ich Antwort auf die Frage, warum der sechste heilige Kristall für die Niederlande bestimmt war, und es hatte nichts mit indigenen Völkern oder einer bestimmten heiligen Stätte zu tun. Die Antwort lautete: *WASSER!* Der Kristall ging in die Niederlande, um das Wasser zu segnen. Die Holländer haben eine einzigartige Beziehung zu Wasser, anders als alle anderen Länder auf der Welt. Ein Drittel des holländischen Hoheitsgebietes liegt unterhalb des Meeresspiegels und wurde von den Menschen im Lauf der Jahrhunderte dem Meer abgerungen; ein weiteres Drittel liegt auf dem Nullpunkt (null Meter über dem Meer). Die meisten Städte wurden um Kanäle herum erbaut, und die Niederlande unterhalten das dichteste Wasserwegenetz in ganz Europa. Allein in Amsterdam, dem »Venedig des Nordens«, gibt es über 100 Kilometer an Kanälen, 90 Inseln und 1500 Brücken. Beim Gedanken an die Niederlande denkt man auch an Wasser. Wasser ist überall, und wie wir wissen, ist Wasser der Lebenssaft unseres Planeten und wird als das wichtigste, lebensspendende Element verehrt, in dem sich diese kleinen Wunder namens Kristalle befinden.

Wasser ist aber nicht nur eine heilige, lebendige Energie, sondern besitzt zudem die Fähigkeit, unsere Intentionen aufzunehmen, zu bewahren und darauf zu reagieren. Die Energie unserer Gedanken und Gefühle befindet sich nicht nur in unserem Körper und unserem Kopf, sondern wird über ein elektromagnetisches Feld geteilt und verteilt, wenn zwei oder mehr Menschen die Energie ihrer Wünsche, Liebe, Gebete und Dankbarkeit miteinander teilen. Diese Energien vervielfachen sich, und dadurch entsteht ein kollektives Schwingungs- und Resonanzfeld, welches sich auf das Wasser um uns herum auswirken kann. Ich weiß ja, wie sich unsere bewussten Gedanken und Gebete, unsere Emotionen und unsere Dankbarkeit auf Wasser auswirken, und so hatte ich keinerlei Zweifel mehr, warum der heilige Kristall nach Hause zurück in die Niederlande gerufen wurde.

Nun verstand ich zwar, warum der heilige Kristall in die Niederlande gebracht werden musste, aber ich hatte immer noch keine Ahnung, an welchen Ort. Zum einen musste ich einen Platz finden, der nicht von Menschen gestört wurde, weit weg von jeglicher Aktivität, aber an einem Punkt, an dem es eine größere Ley-Linie und Wasser gab. Zum anderen mussten in den Kristall unsere gesammelten Gebete und unsere Energie eingebracht werden, bevor er dort platziert wurde.

Während ich nach dem richtigen Ort suchte und darum betete, machte sich ein guter Freund von »Heart of Earth« an die gewaltige Aufgabe, spirituell gesinnte Menschen aus den Niederlanden und dem Ausland für eine ganz besondere Zeremonie in Rotterdam zusammenzubringen, um unsere Gebete und unsere Energie in den Kristall einzugeben. Ein solches Treffen hatte ich noch nie zuvor erlebt. Über 1500 Menschen stellten sich vor der riesigen Sint-Laurenskerk in Rotterdam auf. Diese Kirche ist an sich schon ein erstaunliches, wunderbares Bauwerk, das letzte Überbleibsel der mittelalterlichen Stadt, die 1940 im Zweiten Weltkrieg von der deutschen Luftwaffe zerstört wurde. Ich war ganz aufgeregt und seltsamerweise auch ein bisschen ängstlich, als ich sah, wie viele Menschen gekommen waren, um dem heiligen Kristall ihre Liebe und ihre Segenswünsche zu überbringen. Ich habe schon zu großen Menschenmengen auf vielen Bühnen in aller Welt gesprochen, doch das hatte ich noch nie gesehen. Ich stand auf der Bühne und hielt den heiligen Kristall in einem Lederbeutel, schaute über die vielen Menschen und sah alle Rassen, Hautfarben und Ethnien; sie alle waren bereitwillig gekommen, um zum Wohlergehen unserer wunderbaren Mutter Erde beizutragen. Ganz deutlich erinnere ich mich daran, wie stolz ich auf die Menschheit war, auf unser grundsätzliches, unerschütterliches Verlangen danach, Gutes zu tun und gut zu sein, um diese Welt zu einem besseren Ort zu machen.

Auf dem Boden vor mir tummelten sich Kinder voller Vorfreude und mit einem Lächeln auf dem Gesicht; sämtliche Stühle waren besetzt, überall an den Wänden standen Leute. Es waren behinderte Menschen in Rollstühlen da und sogar jemand in einem Krankenhausbett. Junge und Alte waren gekommen, um für unsere Mutter Erde zu beten.

Diesen Moment werde ich nie vergessen, er treibt mir heute noch die Tränen in die Augen. Im Lauf unserer Geschichte gab es viele Kämpfe, und oft mussten die Menschen für etwas einstehen, etwas Politisches, Religiöses oder auch Ethisches. An diesem Tag standen wir für das Allergrößte ein: für die Einheit der Menschheit und für den Schutz und die Liebe zu unserer Großen Mutter Erde. Wir beteten vereint, alle auf viele verschiedene Weisen. Wir brachten unsere persönlichen Gebete und Segenswünsche zur Heilung unseres Planeten und der ganzen Menschheit dar. Wir vereinten uns in Liebe und Dankbarkeit als Kinder von Mutter Erde. Wir waren nicht mehr Amerikaner oder Holländer, weiß oder schwarz, gelb oder rot, männlich oder weiblich, reich oder arm. Wir waren *eine* Familie; wir waren Brüder und Schwestern der *einen* Mutter, die für *ein* Ziel einstanden. Wir waren wahrhaftig der »Stamm der vielen Farben«, der geweissagte Stamm, der sich als ein Volk versammeln würde, um den größten Wandel auf Erden zu bewirken und den ersten Schritt vom Ego- zum Liebesbewusstsein zu tun.

Noch bevor die Zeremonie vorüber war, stand ich auf und ging mit dem Kristall über meinem Kopf durch die vielen Menschenreihen, um sie den Kristall aus der Nähe sehen zu lassen. Als ich halb durch war, fingen meine Arme zu zittern an, und ich hatte Mühe, sie weiterhin hochzuhalten. Ich versuchte, sie in eine andere Position zu bringen und zu senken, aber ich hatte sie so lange über den Kopf gestreckt, dass sie sich nicht mehr bewegen ließen. Gerade als ich dachte, ich würde den Kristall fallen lassen, schnappten mich von hinten zwei Arme; ich wandte den Kopf und sah ein wohlvertrautes Gesicht: Es war Jens, mein lieber Freund von der Ägypten-Reise und ein Mann, der für mich mein Herzensbruder ist; er stand da mit einem Lächeln im Gesicht. Den Rest des Weges durch die Menschenreihen hielt er meine Arme hoch und half mir dann zurück auf die Bühne, wo wir die abschließenden Gebete sprachen. Der Kristall enthielt nicht nur die Gebete der Menschen, die in der Kirche waren, sondern auch diejenigen der Tausende Menschen aus aller Welt, die sich über einen Livestream dazugeschaltet hatten.

Kaum waren wir mit den Schlussgebeten fertig, wechselte der heilige Kristall von einem milchigen Weiß zu einem hell leuchtenden Weiß. Er strahlte buchstäblich Licht aus und war bei Berührung heiß wie Feuer. Ich musste ihn mit dem Lederbeutel festhalten, um ihn wieder hineinzulegen. Ich habe mit Kristallen schon viel Seltsames und Wunderbares erlebt; sie wurden so heiß, dass man sie nicht mehr in der Hand halten konnte, oder leuchteten hell, sprangen vom Boden und erstrahlten in allen möglichen Farben. Für mich ist es ein großes Geschenk, die Wunder der Kristalle in den letzten acht Jahren so oft miterleben zu dürfen. Sie werden mich immer in Ehrfurcht und Erstaunen versetzen.

Nachdem das Treffen in Rotterdam vorbei war und die Gebete von Tausenden von Menschen dem Kristall eingegeben worden waren, machten wir uns daran, den Kristall zu seinem neuen Zuhause zu bringen, damit diese Gebete über die Energie der Ley-Linien und das Gedächtnis des Wassers verteilt werden konnten.

Diesen besonderen Ort zu finden, war die schwierigste Aufgabe des ganzen Projekts. Die Lösung kam auf höchst unerwartete Weise. Joyce und ich waren gerade von einem Vortrag im Ausland zurückgekommen und gingen durch den Flughafen, da erreichte uns ein Anruf, der alles veränderte und der endlosen Suche nach einem neuen Zuhause für den Kristall ein Ende setzte: Ein Mitglied der holländischen Königsfamilie bot uns seine Hilfe an und kannte einen Platz, der nicht nur von menschlichen Aktivitäten abgeschnitten war, sondern auch in der Natur lag, und zwar genau dort, wo eine extrem starke Ley-Linie von Osten nach Westen verläuft. Die Suche war vorbei, und ich konnte endlich die kleine Gruppe zusammenstellen, die mir dabei helfen sollte, den heiligen Kristall in der Erde zu platzieren.

Schließlich war der große Tag da; die Sonne schien, und wir versammelten uns am Rande eines sicheren, einsamen Pfades. Barfuß führte ich die Gruppe den Weg entlang und wartete darauf, den genauen Verlauf der Ley-Line zu spüren. Nichts ist für mich vergleichbar mit dem Gefühl, auf eine Ley-Linie zu treten. Das ist eine hohe Schwingung, die buchstäblich meine Fußsohlen zum Vibrieren und zum Kribbeln bringt. Ich lief nicht einmal einen Kilometer barfuß den Weg entlang, als ich plötzlich direkt darauf trat. Wie ich wusste, war die Ley-Linie, die ich suchte, eine der größten der Welt, und ich hatte versucht, mich auf den Moment vorzubereiten, in dem ich darauf treten würde. Doch auf die Menge an Energie, die diese Ley-Linie abgab, war ich überhaupt nicht gefasst. Es verschlug mir buchstäblich den Atem, sodass ich mich erst einmal ein paar Augenblicke sammeln musste, bevor ich mich konzentrieren und die Zeremonie einleiten konnte. Sobald wir alle in einem kleinen Kreis versammelt waren, sprachen wir unsere Gebete für die vier Himmelsrichtungen, den Großen Geist und die Heilige Mutter Erde. Es gab Personen in der Gruppe, die die Kinder, die Mutter, den Vater, das geheilte Männliche und das geheilte Weibliche sowie die Großmutter und den Großvater vertraten. Jemand aus meinem Freundeskreis brachte Erdboden aus allen Provinzen der Niederlande und auch ein Geschenk des Dalai Lama mit seinen Segenswünschen. Es wurden Gaben dargebracht: Blütenblätter, Salbei, Süßgras und Wasser, das ich von heiligen Orten auf der ganzen Welt mitgebracht hatte; das alles sollte zusammen mit dem heiligen Kristall in die Erde gelegt werden. Die Gebete wurden gesprochen, und der geliebte Kristall wurde seinem neuen, feuchten Zuhause in der Erde übergeben, von wo aus die Gebete über das Energiegitter der Ley-Linie an die unzähligen Wasserkristalle in den Niederlanden und dem Rest der Welt weitergegeben werden würden.

Meine letzte Erinnerung daran hat damit zu tun, wie ich das abschließende Gebet aufsagte und die letzte Handvoll Erdboden dort platzierte, wo wir den heiligen Kristall vergraben hatten. Dann wurde ich aus diesen Erinnerungen herausgezogen und erkannte, dass ich wieder im Hinterhof der Eltern von Joyce stand, ganz in der Gegenwart. Ich fragte mich, warum ich mitten beim Beten in meiner untröstlichen Stimmung gerade diese Erfahrung mit dem holländischen Kristall erneut durchlebt hatte. Und langsam dämmerte es mir: Nur weil ich damals keine Ahnung hatte, warum einer der heiligen Kristalle für die Niederlande bestimmt war, war das nicht falsch, es war einfach etwas Unbekanntes. Als ich mich damals in Amerika fragte: »Warum denn ausgerechnet die Niederlande?«, konnte ich das umfassendere Bild nicht erkennen.

Jetzt war ich wieder genauso ängstlich und besorgt und fragte mich, warum ich in den Niederlanden war. In diesem Moment konnte ich endlich aufatmen und ein paar meiner Sorgen und Fragen loslassen, in dem Wissen, dass alles einen Sinn und Zweck hat, obwohl er mir noch nicht klar war. So wie der Kristall war ich über den Ozean geflüchtet und hatte das mir Vertraute hinter mir gelassen, um mein neues Leben an einem neuen Ort und einem neuen Zuhause zu beginnen, in den Niederlanden.

Heute, Jahre später, kann ich sehen, dass die Ausweisung von Joyce keine Tragödie war und auch nichts, was wir grausamerweise zu erleiden hatten. Vielmehr war es ein sehr kluger Schritt des Großen Geistes und von Mutter Erde. Sie wussten, ich würde meiner geliebten Frau bis ans Ende der Welt folgen, um bei ihr sein zu können, und sie wollten, dass ich in die Niederlande ging. Durch den Umzug nach Holland fand ich die besten Freunde, die ich je hatte, ich wurde mehrere schlimme Krankheiten und Beschwerden los, unter denen ich aufgrund meiner Angst und Furcht, der Unterdrückung und Scham jahrelang gelitten hatte; das konnte ich zum damaligen Zeitpunkt nicht sehen. Beim Gedanken daran, wie sehr sich mein Leben verändert hat, schüttle ich immer noch ungläubig den Kopf: Ich war eine mormonische Hausfrau in einem Mormonendorf gewesen, die das Gefühl hatte, mit ihr stimme etwas nicht, und die sich von tief innen heraus unwürdig fühlte, weil sie so war, wie sie war, und das glaubte, was sie glaubte; eine Frau, die sich gegenüber allen Leuten, die sie einst kannte, wie eine Ausgestoßene fühlte. Jetzt führe ich das beste Leben, das man sich nur vorstellen kann. Die Freundlichkeit, die Akzeptanz, das kleine Dort, in dem ich lebe, und seine wunderbaren Bewohner haben mein Leben verändert. Ich bin stolz auf meine Familie und stolz auf den Platz, den ich mein Zuhause nenne. Ich lebe den Sinn meines Lebens, ohne mir wegen Kritik oder Scham Sorgen zu machen, ohne Hass oder Verbitterung zu fühlen, weil ich so bin, wie ich bin, weil ich die Menschen liebe, die ich liebe, und das glaube, was ich nun mal glaube. Ich bin glücklich, und ich bin gesund, und – ganz besonders wichtig – ich habe LIEBE.

Peru (Titicacasee)

Acht Jahre waren vergangen, seit mir die sieben heiligen Kristalle anvertraut worden waren. Ich habe viele Abenteuer, heilige Zeremonien und abenteuerliche Reisen in aller Welt erlebt, um für die Kristalle ein Zuhause zu finden. Jetzt war nur noch einer übrig. Endlich wusste ich ganz sicher, wohin der letzte Kristall gehen musste, um das weltumspannende Energiegitter zu vervollständigen – ein aufregender Moment! Er würde nach Peru, zum Titicacasee gehen!

Der Titicacasee ist der größte See in Südamerika und – 3810 Meter über dem Meeresspiegel liegend – der am höchsten gelegene See der Welt. Dieser Ort ist geheimnisumwittert, es ranken sich uralte Geschichten um ihn; für mich ist er einer der faszinierendsten Plätze auf dem Planeten.

Von Peru und vom Titicacasee hörte ich in der fünften Klasse; ich saß an meinem kleinen Schultisch aus Holz, die Lehrerin deutete auf die Landkarte vor der Tafel. Lamas, Panflöten, farbenfrohe Kleider und Steinruinen auf den Hügeln bevölkerten meine Fantasie. Für ein kleines Mormonenmädchen in einem ländlichen Städtchen konnte ein solcher Ort nur auf der anderen Seite der Welt existieren, oder er konnte genauso gut einfach ein Märchen sein.

Viele Jahre später und um viele Erfahrungen reicher hatte ich die Koffer gepackt und war bereit, ins Flugzeug nach Lima in Peru zu steigen, mit dem letzten der Kristalle unter dem Arm.

Tatsächlich nach Peru zu reisen war surreal, fast unbegreiflich. Ich hatte so lange davon geträumt, und jetzt war es ein bisschen unwirklich, bis wir aus dem Flugzeugfenster einen ersten Blick auf die schneebedeckten Gipfel der Anden erhaschten. Da begriff ich schließlich: Es war tatsächlich wahr – wir sahen die Anden! Joyce und ich schauten uns an und fingen aufgeregt zu kichern an.

Kurz darauf landeten wir in Lima, begaben uns zur Gepäckausgabe und dann zum Ausgang. Die automatischen Türen öffneten sich, und zu meiner Überraschung waren draußen Leute versammelt; sie schrien und winkten und versuchten Fotos zu schießen, bevor sich die Türen wieder schlossen. Ich schaute mich verwirrt um; in dem Raum, in dem wir uns befanden, waren nur Joyce, Jordan, unser Freund Tom und ein peruanischer Junge. Erneut ging die Tür auf, und wieder wurden aufgeregte Rufe laut und Fotos gemacht, bevor sie nochmals zuging. Ich war in Peru bekannt? Als die Tür noch einmal aufging, winkte und lächelte ich, so gut ich es vermochte, und ging wie eine Berühmtheit hinaus …, nur um herauszufinden, dass der peruanische Teenager hinter uns hierzulande ein Popstar war! Da mussten wir wirklich lachen.

Wir stiegen in einen höchst seltsamen, zerbeulten, vielfarbigen Bus, dessen Seitentür weit offen stand. Wir schlängelten uns zwischen den anderen Autos hindurch, mit aufgerissenen Augen und einem breiten Lächeln. Wir waren tatsächlich offiziell in Peru angekommen! Wir genossen ein paar freie Tage, während der Rest der Gruppe nach Lima fuhr, um unsere Reise zu den verschiedenen heiligen Stätten einzuleiten und die Kristallzeremonie abzuhalten. Nachdem wir alle angekommen waren, den Markt in Lima sichtbar genossen hatten und unsere neu gekauften peruanischen Hosen, Ponchos und Chullo-Hüte trugen, flogen wir nach Cusco, wo wir uns mit unserem Führer, dem indigenen Schamanen Mallku aus den Anden, treffen würden.

Wer schon einmal am Flughafen in Lima war, versteht, was ich meine, wenn ich sage, die Abflugszeit und der Flugplan sind weniger ein genauer Plan als eher so etwas wie eine Vermutung. Nach unserer Ankunft am Flughafen hatten wir noch mehrere Stunden Luft, damit auch alle Gruppenmitglieder wirklich einen Flug von Lima nach Cusco bekommen würden. Plötzlich wurden über den Lautsprecher mehrere von unserer Gruppe aufgefordert, sich sofort zum Boarding einzufinden. Ein Grund wurde nicht genannt, aber ein paar von uns wurden willkürlich auf einen Flug abkommandiert. Wir schauten uns an wie Rehe im Scheinwerferlicht und wurden aktiv. Joyce, Jordan und ein paar andere Leute rannten voran. Wie sie wussten, konnte ich im Moment nicht rennen; ich hatte mir das Bein gebrochen, mir waren erst vor ein paar Monaten sechs Schrauben, Stifte und eine Metallplatte eingesetzt worden. Meine liebe Freundin »Momma Mariuza« und Katharine, die beiden anderen, die ebenfalls nicht rennen konnten, blieben mit mir zurück. Wir bemühten uns, Joyce mit ihren dunklen Locken, die sich vor uns durch die Menge schob, nicht aus dem Blick zu verlieren, damit wir wussten, wohin wir zu gehen hatten.

In einem ungelenken Galopp, das linke Bein nachziehend, kämpfte ich mich zusammen mit den anderen beiden Frauen durch die langen Korridore und gewundenen Gänge. Keuchend, schwitzend und mit Sprüchen wie »Lasst mich einfach zurück«, »Kümmert euch nur um euch selbst« und »Ich bin seit 1970 nicht mehr gerannt« schafften wir drei es schließlich zum Gate und fielen im Flugzeug auf unsere Sitze.

Als wir schließlich alle in Cusco angekommen waren, war das aber erst der Anfang der Keucherei gewesen, wie wir feststellten. Auf einer Höhe von 3399 Metern kauten wir alle auf unseren Koka-Blättern herum und tranken extra viel Wasser, um gegen die Auswirkungen der Höhenkrankheit anzugehen. Vom Flughafen in Cusco reisten wir mit dem Bus zusammen mit unserem Inka-Meister Mallku ins sehnsüchtig erwartete Heilige Tal, das Epizentrum der Inka-Kultur. Schon allein der Anblick des Tales beim langsamen Abstieg zu den grünen, fruchtbaren Blumen- und Getreidefeldern ist eine einmalige Erfahrung.

Auf unserem Weg verweilten wir an mehreren heiligen, sehr kraftvollen Plätzen, um uns jedes Mal mit dem heiligen Kristall zu verbinden; los ging's in Chinchero und mit dem »Altar der Erde«. Von diesem ganz besonderen, energiegeladenen Ort, wo wir uns mit der Heiligen Mutter Pachamama verbanden, ging es weiter zur alten Inka-Stadt Ollantaytambo mit ihrer geheimnisvollen uralten Technologie und Architektur. Dort befindet sich der riesige Sonnentempel mit seinen vielen Terrassen und dem alten »Bad der Prinzessin«. Danach reisten wir nach Moray, wo sich die wunderbaren kreis- bzw. spiralförmig verlaufenden Terrassen der Inka befinden, die in ihrer perfekten Bauweise und Lage fast übernatürlich wirken.

Dort brachten wir den vier Himmelsrichtungen, dem Großen Geist und Mutter Erde unsere Gebete dar; wir alle standen jeweils für eine der vier Himmelsrichtungen, je nachdem, aus welchem Land wir kamen. Es war eine sehr machtvolle Zeremonie, und uns allen wurde bewusst, wie wichtig unsere Aufgabe war, für die wir hierhergekommen waren. Wir wollten nicht nur etwas über die

Mysterien, die Heiligkeit und die Bedeutung dieser uralten Stätten erfahren, sondern unsere Energien auch mit diesem Land verbinden und der Großen Mutter unser Geschenk, den letzten heiligen Kristall, darbringen.

Von Moray und den Kreisterrassen fuhren wir mit dem Zug in das Dorf Aguas Calientes bzw. Machu Picchu, der wundervollen, entlegenen, in den peruanischen Anden verborgenen Stadt. Diesen Ort wollte ich schon seit vielen Jahren sehen.

Als wir ankamen und auf die schmale Steingasse traten, wurde ich von dem Gefühl übermannt, an einem ganz besonderen Ort zu sein, der in jeder Hinsicht einmalig und sozusagen aus der Zeit herausgefallen war. Die Luft war vom feuchten Dunst des üppigen Dschungels um uns herum und vom Geruch der brennenden Holzfeuer erfüllt. Da waren riesige Felsklippen; sie ragten über die donnernden Wildwasser hinaus, die den Berg hinabrauschten. Weitere, noch höhere Berggipfel erhoben sich um das kleine Dorf zu ihren Füßen.

Machu Picchu! Der Name stand in großen Buchstaben vor einer riesigen Bronzestatue von Pachacutec, dem großen Herrscher der Inka. Das las ich nicht auf einer Landkarte oder im Geschichtsbuch aus der fünften Klasse; ich stand mitten in der Stadt! Mir standen die Tränen in den Augen, und ich kicherte aufgeregt und konnte es kaum glauben – ich musste mich zwicken, um wirklich glauben zu können, was ich sah. War das nicht vielleicht doch nur ein Traum?

Ein riesiger, komplett haarloser Hund lief vor mir her, und dann wurde ich von den Einheimischen sicher über die Straße geführt. Ich warf einen Blick auf die bei mir stehende Gruppe; auch die anderen hatten den gleichen Ausdruck im Gesicht wie ich. Mallku kam mit einem breiten Lächeln auf uns zu und sagte: »Ich sehe schon, ihr habt den haarlosen peruanischen Hund getroffen.« Ich hatte keine Ahnung, dass es so einen Hund überhaupt gab. Wie ich inzwischen herausgefunden habe, handelt es sich um eine uralte Züchtung aus Prä-Inka-Zeiten; man sagte ihm sogar mystische Kräfte nach. Ich war noch nicht einmal fünf Minuten im Dorf, und schon erlebte ich Dinge, die ich mir nie hätte vorstellen können.

An diesem Abend erforschten wir die kleinen, gewundenen Straßen und genossen die einheimischen Speisen; dann bereiteten wir uns auf die Reise zu den alten Ruinen vor.

Aufgeregt machten wir uns am nächsten Morgen mit unseren Bussen die schmale Straße hoch auf den Weg nach Machu Picchu, der antiken Stadt in den Wolken. Für diesen Moment hatte ich mich meiner Physiotherapie unterzogen, mein Bein trainiert: um die Hunderte von Steinstufen hinaufsteigen zu können, die geradewegs zur Stadt aus Stein auf dem Berggipfel führten. Gebrochenes Bein hin oder her – ich würde diesen Berg hochsteigen, und nichts konnte mich davon abhalten!

Egal, in welche Richtung man schaute, die Schönheit war atemberaubend: von den Blitzen am dunkelblauen Himmel in der Ferne und den grünen Abhängen der uns umgebenden Berggipfel bis hin zu den antiken Ruinen, die glühten und leuchteten vor Energie. Unsere kleine Gruppe ging zu einer Grasterrasse hoch über der Stadt Machu Picchu, wo wir uns hinsetzten und die Ruinen überblicken konnten. Dort begannen wir mit unserer ersten Zeremonie und mit Gebeten und bezeugten unsere Dankbarkeit. Schon bald waren wir von der Energie dieses ganz besonderen Ortes überwältigt.

Beim Abschluss unserer Zeremonie war ein letzter großer Blitz am Himmel zu sehen, die dunkelblauen Wolken brachen auf, und warmes Licht strömte herab und erleuchtete unsere kleine Gruppe, die an der Seite des Berges saß. Kurz darauf zeigte sich ein strahlender Regenbogen; Schmetterlinge und Vögel schwirrten um uns herum. Diese Erfahrung erfüllte uns alle mit großer Freude und Dankbarkeit.

Die nächsten beiden Tage verbrachten wir damit, die Stadt zu erkunden und all ihre Wunder zu entdecken: von den genialen Wasserwegen, die Trinkwasser den Berg herauftrugen, bis hin zu den perfekt behauenen und platzierten Steinen der Wände und Stufen (die vom Volk der Inka und aus Prä-Inka-Zeiten stammen sollen). Die meisterhafte Architektur und all die Mühe, die es erfordert hatte, diese unzähligen Terrassen für den Anbau von Getreide so hoch auf den felsigen Berggipfeln zu erbauen, erfüllten uns mit großer Ehrfurcht.

Wahrscheinlich haben wir alle schon Fotos von der antiken Stadt Machu Picchu in einer Zeitschrift oder auf einer Postkarte gesehen; dabei wird der Blick immer auf die Steinwände hoch oben auf einem Berg gelenkt, aber wir betrachten nicht unbedingt den Boden. Genau, den Erdboden. Jedes Quäntchen Erdboden in der Stadt und auf den Hunderten von bewirtschafteten Terrassen zum Anbau von Weizen musste aus dem fruchtbaren Tal hoch hinauf auf den Gipfel transportiert werden! Diesen wunderbaren Ort zu erblicken war echt überwältigend und eine wunderbare Erfahrung: Da standen wir tatsächlich oben auf diesem heiligen Berg, um uns herum die antiken Stätten, und man konnte wirklich spüren, wie sehr das Volk mit der Großen Mutter, Pachamama, verbunden und wie hoch entwickelt dieses Volk war.

Auf einem Höhenweg über der antiken Stätte hielten wir an und versammelten uns in einer offenen Höhle oberhalb des Tales von Machu Picchu; dort hielten wir unsere letzte Zeremonie ab, um den heiligen Kristall mit diesem kraftvollen Ort zu verbinden und ihm unsere Liebe und unseren Respekt zu erweisen, bevor es zurück ins Tal ging, wo wir unsere Reise fortsetzen wollten.

Ich weiß noch, wie ich einen Moment innehielt, um noch einmal einen Blick auf die Umgebung zu werfen, weil ich diesen Ort und diesen Augenblick meines Lebens nie vergessen wollte. Diese uralte Stadt hoch oben auf dem Berg, der Fluss im Tal, aus dem der große Amazonas entspringt, die grünen Berggipfel, der dunkle Himmel und meine wunderbare Gruppe, 35 Menschen aus allen Winkeln der Erde, meine Freunde, meine Familie – sie alle waren hier, weil sie Mutter Erde genauso sehr lieben wie ich. Dieser Augenblick ist mir auf ewig eingeprägt.

Wir verbrachten eine weitere Nacht im wunderschönen Heiligen Tal, und dann ging es hoch in die Berge in der Hochwüste und zur antiken Stadt Tipon, zum Wassertempel und der Schlangenhöhle, wo wir uns die hochkomplexen Bewässerungsanlagen anschauten, mit denen die Inka jahrhundertelang das Wasser den Berg hinauftransportierten. Weiter ging es nach Qenqo, dem heiligen Ort des Pumas, einem unserer Lieblingsplätze. Als wir an dieser heiligen Stätte ankamen, sahen wir nur ein paar riesige Steine, die an vielen verschiedenen Stellen zum Sitzen herausgearbeitet waren. In den Stein waren auch Treppen gehauen, mit Bildern von Schlangen und dem Symbol des heiligen Pumas, doch am magischsten war der Ort, den wir von der Stelle aus, wo wir uns befanden, noch gar nicht sehen konnten. Entlang der gewundenen Treppe zum Grund der großen Steine gelangten wir an einen schmalen Eingang, der in die Erde führte. In den Stein war ein Raum von etwa drei mal sechs Meter gehauen worden, mit einer großen geneigten Decke, und entlang der Wand stand ein riesiger, aus einem einzigen Stein gehauener Schrein. Wie wir von Mallku erfuhren, wurden dort die Gaben und Gebete für Pachamama dargebracht.

An diesem Ort hielt unsere kleine Gruppe eine der kraftvollsten und innigsten Zeremonien ab. Unsere Lieder, das Tönen und unsere Gebete schienen nicht nur im Raum zu resonieren, sondern tief in unserem Innersten. Wir hatten wahrhaftig das Gefühl, die Große Mutter sei bei uns, als wir ihr unsere Dankbarkeit für all ihre tagtäglichen Gaben bezeugten. Unsere Gebete an einem so heiligen Ort darzubringen, an dem schon so viele Menschen vor uns das Gleiche gemacht hatten, war eine wunderbare Erfahrung.

Schließlich rissen wir uns schweren Herzens von dieser heiligen Stätte los und machten uns auf den Weg zurück nach Cusco, einer unglaublichen Stadt, in der man sich in die Vergangenheit zurückversetzt fühlt. Es gibt dort uralte Steingassen und Mauern, die so präzise erbaut wurden, dass keine Rasierklinge mehr zwischen die Steine passt. Es gibt alte Kathedralen und Plazas voller einheimischer Frauen in farbenfrohen Kleidern und mit ungewöhnlichen Hüten auf dem Kopf, die ihre Waren auf dem Rücken tragen. Dieser erstaunliche Ort ist die Wiege der peruanischen Zivilisation und die Heimat vieler Anden-Kulturen wie der Puraka, der Tiwanaku und der Inka; in dieser Nacht war es auch unser Zuhause. Wir hatten Schlaf bitter nötig, bevor wir uns auf den Weg zu den nächsten heiligen Stätten machten, und wir fielen alle glücklich in unser Bett.

Am nächsten Morgen waren wir alle pünktlich mit dem Bus unterwegs zu dem kleinen Inka-Dorf Pisaq und dem direkt dahinter liegenden, unglaublichen Berg (der schon alleine eine archäologische Schatzkammer ist). Wir stiegen aus dem Bus und wurden von den wunderschönen einheimischen Frauen empfangen, die Maiskolben und kleine Mitbringsel verkauften und uns den Weg zu den herrlichen Ruinen zeigten.

Mallku bat uns, uns in einem kleinen Kreis aufzustellen, und erzählte uns dann von diesem historischen Gebiet. Er deutete auf die andere Seite des Berges, wo wir an der Felskante in kleinen Höhlen mehrere Grabkammern erblickten. Viele davon waren im Lauf der Jahrhunderte ausgeraubt worden, aber manche waren immer noch unversehrt. Einen solchen Ort mitzuerleben und von den Urahnen umgeben zu sein, deren Körper nach wie vor im Land verteilt waren, flößte uns ein Gefühl der Demut und der Ehrfurcht ein. Mallku betete mit uns zu Ehren derjenigen, die hier ihr Leben verbracht hatten, an dieser heiligen Stelle, die sie vor so vielen Jahren erschaffen hatten. Und er erzählte uns auch von den vielen Terrassen, die auf den uns umgebenden Hügeln erbaut worden waren. An jeder von ihnen hatten Generationen von Menschen gearbeitet, und jede musste mit dem Erdboden aus dem Tal befüllt werden, um dort Getreide anbauen zu können. Normalerweise kann auf über 3300 Metern kein Getreide wachsen, aber hier wächst es wie durch ein Wunder.

Jeder von uns erforschte für sich dieses ausgedehnte Gebiet. Manche gingen zu den höchsten Ruinen, um dort zu singen und zu beten. Andere gingen auf die Terrassen hinunter.

Ich lief mit ein paar Leuten einen kleinen Weg in Richtung der Terrassen entlang, als sich auf einmal eine kleine Gruppe peruanischer Schulkinder schüchtern um uns versammelte. Aus irgendeinem Grund waren sie ganz neugierig und wollten vor allem etwas über mich und meinen Freund Paul erfahren. Sie kicherten und machten sich gegenseitig Mut, sich uns noch mehr zu nähern. Schließlich ergriff ich die Initiative und brach das Eis; ich ging zu ihnen und sagte lächelnd Hallo. Schon bald waren Paul und ich von mehreren kleinen Mädchen und Jungen umgeben, und alle wollten unbedingt unsere Haare berühren. Irgendwann hatte sich die ganze Nervosität gelegt; sie zückten ihre Kameras, alle wollten ein Foto mit uns machen, sogar der Lehrer, der sie begleitete. Es machte so viel Spaß mit diesen Kindern, die, wie wir später herausfanden, aus einem sehr abgelegenen Dorf kamen und noch nie jemanden mit gelben Haaren oder einen so großen Mann wie meinen Freund Paul gesehen hatten.

Sobald die Gruppe wieder zusammengekommen war, erzählten wir uns gegenseitig unsere Geschichten und unsere Erfahrungen an diesem Ort; danach war es an der Zeit, unsere Reise fortzusetzen und uns auf den Weg nach Sacsayhuamán zu machen. Bevor wir diese heiligen megalithischen Bauwerke betraten, führte uns unser wunderbarer peruanischer Führer Mallku einen sehr schmalen Pfad entlang, tief in die riesigen, frei stehenden Felsbrocken hinein. Wie im Gänsemarsch gingen wir eine scheinbare Sackgasse entlang, umgeben von riesigen Steinen, und hier erklärte er uns, wie heilig dieser Platz war. Es war eine Einweihungsstätte, ein Ort, an dem wir mit unseren Ängsten konfrontiert würden, unseren Selbstzweifeln, unserem Vertrauen zur Großen Mutter.

Hinter ihm verlief ein sehr niedriger, sehr dunkler, enger Pfad, der in einen massiven Stein hineinführte, den Eingang zur Heiligen Mutter. Er forderte uns einzeln auf, uns dieser Initiation zu unterziehen; dabei drückte er eine Hand an die rechte Seite der engen Höhle und die andere Hand über unseren Kopf, um uns gegen die niedrige Decke abzuschirmen. Wir mussten in völlige Dunkelheit eintreten und darauf vertrauen, dass wir aus dem verschlungenen Höhlensystem wieder herausfinden würden.

Das erste Mal auf unserer Reise waren wir mit unseren tiefsten Ängsten konfrontiert und mussten uns Mutter Erde überlassen. Es ist *eine* Sache, vom Vertrauen auf die Große Mutter zu reden, allerdings etwas ganz anderes, sich wirklich auf eine Situation einzulassen, wo man loslassen *muss,* in Hingabe an etwas, das größer ist als wir. Für einige aus unserer Gruppe war das einfach zu viel, und sie entschieden sich, nicht in die Dunkelheit zu gehen. Andere zitterten und hatten Tränen in den Augen, weigerten sich jedoch, vor dieser Herausforderung zurückzuschrecken. Wir alle sagten unsere Gebete auf und baten die Große Mutter, uns durch das Labyrinth der totalen Dunkelheit zu führen. Einige meiner engsten Freunde atmeten tief durch und betraten schweigend die Höhle. Ich befand mich am Ende der Gruppe und half mit, diejenigen zu beruhigen, die gegen ihre Angst vor dem Unbekannten und der Dunkelheit ankämpften. Irgendwann war ich an der Reihe, und ich half meiner schwesterlichen Freundin aus Südafrika, die entschlossen war, die Herausforderung anzunehmen, obwohl sie unkontrollierbar zitterte. Eine Hand hatte ich an der engen Öffnung, die andere über meinem Kopf; ihre Hände hielten sich an meinen Schultern fest. So quetschten wir uns durch den Eingang in die pechschwarze, totale Finsternis und fühlten unseren Weg entlang der Höhlenwand, die sich in verschiedenen Richtungen dahinwand.

Die Decke wurde immer niedriger und öffnete sich dann an einigen Stellen; wir versuchten, durch die losen Steine hindurch mit den Füßen festen Halt zu gewinnen. Mit der Zeit wurde der Griff an meiner Schulter immer fester, und ich merkte, dass die südafrikanische Freundin bald in Panik ausbrechen würde. Auch andere hatten zu kämpfen, manche gruben sogar an den losen Steinen, um den Ausgang zu finden. Auch in mir wallte Angst hoch, nicht wegen der Dunkelheit, sondern weil ich hörte, wie die Angst der anderen hochkam und ich letztendlich für sie verantwortlich war.

An diesem Punkte dachte ich mir: »Okay, genug ist genug, ich muss jetzt den Weg finden und meine Gruppe aus dieser Höhle herausholen.» Ich fuhr mit der Hand die Höhlenwand hinunter zum Boden und wieder hoch bis zur niedrigen Decke, dann fühlte ich vor mir, wo ich durch die Steine hindurch auf den Boden treten konnte. Ich spürte, dass mehrere Mitglieder der Gruppe in der Schwärze die Orientierung verloren und nur mit Mühe die Ruhe bewahrten. Die Hände meiner Freundin gruben sich inzwischen verzweifelt in meinen Rücken; sie konnte ihre Tränen der Furcht kaum mehr zurückhalten.

Da spürte ich eine sanfte, warme Berührung an der Schulter und hörte Mallkus Stimme: »Geh weiter in dieselbe Richtung, du wirst bald draußen sein.« Er war da, in der Dunkelheit, und kümmerte sich um uns; als wir unser Möglichstes gegeben hatten, um hinauszufinden, war er da und führte uns den Rest des Weges. Schließlich spürte ich eine leichte Brise auf der Haut und wusste, wir waren fast am Ausgang angelangt. Nur noch ein paar Schritte und Kurven entlang der Höhlenwand, bis wir draußen waren. Ich sah die lächelnden Gesichter derjenigen, die sich dieser Herausforderung nicht gestellt hatten, und ein paar Gesichter von

Leuten, die den Durchgang geschafft hatten; sie alle standen da und hießen uns willkommen. Da erst wurde mir klar, welch eine große Herausforderung es für meine liebe Freundin aus Südafrika gewesen war; sie brach schluchzend auf dem Boden zusammen.

Für viele war es die Herausforderung ihres Lebens, für andere war es ganz in Ordnung gewesen. Als ich da saß, meine schwesterliche Freundin tröstete und hörte, wie die anderen Gruppenmitglieder sich ihre Erfahrungen erzählten, erkannte ich, welch großartige Lehre diese Initiation für uns alle gewesen war. Für jeden hatte sie eine andere Bedeutung. Ob wir uns nun der Herausforderung gestellt hatten oder uns entschieden hatten, zurückzubleiben: In jedem Fall wurde uns gespiegelt, wo wir gerade im Leben standen. Nicht in dem Sinn, dass der eine besser war als ein anderer, ganz bestimmt nicht; vielmehr wurde uns gezeigt, welche Wände noch vor uns stehen und welche wir bereits abgebaut haben.

Ich saß da, dachte über die Erfahrung nach und erkannte, wie viele Lektionen es daraus zu lernen gab. Wie oft im Leben laufen wir einfach der Masse hinterher, wenn es schwierig wird, oder glauben das, was andere uns einreden – und am Ende sind wir auch nicht schlauer? Und dann gibt es Zeiten, in denen wir uns auf einen anderen Menschen verlassen müssen, weil wir nicht stark genug sind, diese Sache alleine zu bewältigen. Eine der wichtigsten Lektionen dabei war: Haben wir alles in unserer Macht Stehende unternommen, dann wird uns immer Hilfe zuteil, um es bis zum Ende zu schaffen. Ich war überaus dankbar für diese Initiation und hatte große Wertschätzung für diese wunderbaren Menschen, die mit mir gemeinsam diese große Herausforderung auf sich genommen hatten.

Auf der anderen Seite der riesigen Felsblöcke und der Initiationshöhle kamen wir mit einem neuen Gefühl des Erfolgs zusammen; wir hatten etwas erreicht und warteten aufgeregt darauf, was nun passieren würde. Mallku führte uns einen Pfad an offenen Grashügeln und Steinen entlang, die von den Gletschern ganz glatt geschliffen waren, einen offenen Hang hinauf. Er bat uns, die Augen zu schließen, unsere Füße auf der Heiligen Mutter zu spüren und ihr noch einmal unser Vertrauen zu schenken, während wir weiterliefen. Schritt für Schritt gingen wir langsam weiter, bis er uns mit einem »Stopp!« zum Halten aufforderte. Wir öffneten die Augen und standen an der Kante einer großen Klippe. Es war einfach großartig! Von dort, wo wir losgelaufen waren, hatten wir nicht sehen können, dass der große Sonnentempel und seine aus Megalithen errichteten Mauern in all ihrer Pracht direkt unter uns lagen – Sacsayhuamán, eine der geheimnisvollsten, verblüffendsten Leistungen der Menschheit! Diese antike Festungsanlage wurde etwa zwischen 900 und 1200 n. Chr., noch vor der Ankunft der Inka, vom Volk der Killke errichtet und erfüllt den Betrachter mit ehrfürchtiger Bewunderung. Nirgendwo sonst auf der Erde empfand ich ein solches Gefühl von Staunen, Neugier und Ehrerbietung angesichts des erforderlichen fundierten Wissens der Erbauer dieses Ortes. Er birgt einerseits geheimnisvollste Architektur, andererseits wiegen die Steine der in megalithischer Bauweise errichteten Mauern, die zickzackförmig durch das Land verlaufen, Hunderte von Tonnen (der größte hat ein Gewicht von ungefähr 300 Tonnen) und sind so perfekt gehauen und eingepasst, dass nicht einmal Fugen zu erkennen sind. Bis heute ist nicht nachgewiesen, wie diese Steine behauen und transportiert wurden. Auch die Inka, die viel später als die Erbauer hierherkamen, kannten weder das Rad noch hatten sie geeignetes Bauholz und domestizierte Nutztiere. Den Legenden nach konnten die Steine durch die magische Kraft der Erde und auf ihren eigenen Wunsch hin dorthin transportiert werden.

Im oberen Teil der Anlage, oberhalb der riesigen Mauern, standen perfekt geometrisch angeordnet die Reste der Fundamente von drei Türmen und dem Haus der Sonne sowie den Tempeln, die dem Blitz, dem Regenbogen, dem Mond und den Sternen gewidmet waren. Es gibt dort zudem mehrere Höhlen und unterirdische Anlagen.

Dieser Ort verschlug uns einfach die Sprache; es war für uns eine große Ehre, seine Schönheit zu sehen und seine heilige Energie zu spüren. Wir versammelten uns im Zentrum des riesigen offenen Platzes vor den Megalithmauern und verbanden unsere eigene Energie und die Energie des Kristalls mit dieser Stätte; dann brachten wir denjenigen, die vor so langer Zeit diesen Ort erschaffen hatten, unsere Gebete und unsere Dankbarkeit dar.

Es gab so viel aufzunehmen und zu spüren, zu überlegen und zu erfahren; am Ende des Tages waren wir deshalb ganz erschöpft und bereit, zurück nach Cusco zu fahren und uns dort die dringend nötige Erholung und ein bisschen unbeschwerten Spaß zu gönnen.

Es war der Abend des 31. Oktober, der Abend vor Allerheiligen, und in Cusco wurde Halloween gefeiert. Die gesamte Plaza war voller einheimischer Musiker und Essensstände, es gab Paraden, und sämtliche kleinen Mädchen und Jungen waren in farbenfrohe Kostüme gekleidet. Joyce und ich rannten schnell in unser Hotelzimmer und holten die Tüten mit Süßigkeiten, die ich mitgebracht hatte. Ich habe immer und überall gern Naschereien für die Kinder dabei; das habe ich mir in Ägypten angewöhnt. Wir packten uns die Taschen voll und nahmen so viel wie nur möglich noch in die Hände, und dann ging es hinaus auf die Straße. Nie zuvor habe ich so glückliche und freundliche Menschen gesehen, die gemeinsam aßen und lachten. Die Kinder rannten herum und spielten miteinander. Sobald die Kinder merkten, dass wir Süßigkeiten dabeihatten, waren Joyce und ich flugs sehr beliebt. Es gab kein Schubsen und Wegnehmen, nur glückliche, lächelnde Gesichter von Kindern, die uns unbedingt ihre Kostüme zeigen wollten. Scheu nahmen sie von uns einen Lutscher an, und schon waren sie wieder lachend am Herumrennen.

Es war einer der unvergesslichsten Halloweentage meines Lebens, tagsüber voller uralter Heiligtümer, abends viel Spaß. Ein magischer Moment in Gesellschaft meiner wunderbaren Freunde und meiner Familie in einem Land der Wunder, auf einer sagenhaften Reise, um Mutter Erde zu helfen. Was konnte es Besseres geben?

Nachdem wir ausgeschlafen und eine heiße Dusche genossen hatten, nahm ich noch ein paar Aktivkohletabletten ein, und weiter ging es auf einer siebenstündigen Busfahrt zum Tempel von Wiraqucha. Magen-Darm-Probleme in einem fernen Land sind nie lustig, doch egal, wie vorsichtig ich bin, irgendwann erwischt es mich, und zwar im schlimmstmöglichen Moment. Doch Bakterien hin oder her, ich war im Bus unterwegs und erwartete aufgeregt unser nächstes großes Abenteuer.

Wir ließen Cusco hinter uns und gelangten in eine ausgedörrte Hochwüste; mit Ausnahme der paar kleinen Steinhäuser, die einzeln im offenen Gelände entlang der Straße verstreut lagen, war sie unberührt von Menschenhand. Vor manchen Haustüren hingen knallbunte Plastiktüten an hohen Stöcken, als Zeichen für Reisende, dass es hier Chicha zu kaufen gab (ein Getränk der Inka auf Basis von sogenanntem Purpurmais). Ab und zu sahen wir einen einzelnen Bauern mit einem Ochsen und einem Pflug sein Feld pflügen oder eine farbenfroh gekleidete Frau mit Taschen voller Waren die Straße entlanglaufen. Doch der Großteil der Strecke verlief durch weit offenes Gelände, und die Wüste schien unendlich zu sein, bis wir schließlich am Raqch'i-Wiraqucha-Tempel ankamen, wo sich, wie wir sogleich bemerkten, die Landschaft dramatisch verändert hatte. Da gab es Hügel mit Bäumen und Pflanzen, sogar üppige Feuchtgebiete um den großen Tempelkomplex herum, in denen Singvögel zwitscherten. Dieser Tempel ist voller heiliger Quellen, Brunnen und Bäder und beherbergt den größten frei stehenden überdachten Bau des Inka-Reiches, den Wiraqucha-Tempel.

Von diesem wunderbaren Ort aus ging es rumpelnd auf einer kurvenreichen Straße, wenn man es denn als Straße bezeichnen konnte, weiter zur Stadt Puno, und somit sollte es nicht mehr lange dauern, bis wir den Titicacasee zu Gesicht bekämen – das war ein tolles Gefühl. Dort sollte die Zeremonie stattfinden, für die wir alle eine so lange Reise auf uns genommen hatten. Nur noch ein Zwischenstopp stand uns bevor, um uns und den Kristall mit einem weiteren heiligen und magischen Ort zu verbinden: Hayu Marca, auch als »Tor der Götter« bezeichnet. Dieser atemberaubende Ort liegt etwa 387 Kilometer südlich von Cusco nahe den Ufern des Titicacasees und ist eine er geheimnisvollsten, heiligsten Stätten in Südamerika.

Das eigentliche Tor hat eine Größe von sieben mal sieben Metern und wurde aus einem einzigen Felsen gehauen; auf jeder Seite sind vertikale Linien bzw. Säulen etwa 30 Zentimeter tief in die Mauer gemeißelt. In der Mitte dieser planen Wand liegt auf Bodenhöhe eine Art ins Nirgendwo führende Eingangstür; darin befindet sich eine kleine Vertiefung bzw. kreisförmige Mulde von etwa 30 Zentimetern. Hinter dieser massiven Tür ist nichts, und sie besteht aus nichts als massivem Felsgestein. Das erinnerte mich an manche Türen in der Felsenstadt Petra in Jordanien und in Anatolien in der Türkei; sie weisen fast dieselbe Größe und Form auf. Die Einheimischen sagen, das Tor öffnet sich nur zu bestimmten Zeiten für bestimmte weise Männer und Frauen, um sich mit den Göttern zu verbinden. Andere Theorien besagen, sie diene der Heilung des Männlichen und Weiblichen oder sie sei ein Sternentor, ein Portal, ja eine Energiequelle für geheimes Wissen und Macht. Gemäß der Legende der Inka sahen viele der ortsansässigen Schamanen, wie der erste Priesterkönig Aramu Muru eine goldene Scheibe in die Mulde der steinernen Türmauer drückte, woraufhin sich eine Art Eingang auftat. Der König trat hindurch, verschwand und kehrte nie wieder zurück.

Ich weiß nicht genau, was es ist, aber eines weiß ich: Es ist etwas Uraltes, und seine Erbauer sowie die Schöpfer vieler anderer heiliger megalithischer Stätten waren Meister von höchster Intelligenz; dies war ein Volk mit einer tiefen Verbindung zu Mutter Erde. Unsere Gruppe sammelte sich vor dem Tor und sprach ein Gebet, um uns und den Kristall mit der Energie dieses Ortes zu verbinden. Nacheinander knieten wir uns zum Beten in die Türöffnung, bedankten uns und verbanden uns mit den Schöpfern dieser heiligen Stätte und ihrer kostbaren Weisheit. Herz und Kopf an diese kleine Vertiefung in der Tür zu drücken, so wie meine Ahnen vor mir, war eine sehr bewegende Erfahrung und genau das, was ich brauchte, um mich voller Ehrerbietung und schweigend hinzuknien und mich all der Plätze und ihrer jeweiligen Energien zu erinnern, die wir besuchen und mit denen wir uns verbinden durften, bevor die letzte und wichtigste Zeremonie abgehalten wurde. Wir waren am Ende unserer Reise angekommen, und es war nur noch eine Aufgabe zu erledigen, das, wofür wir hierhergekommen waren und wovon ich seit acht Jahren träumte. Es war der Zeitpunkt gekommen, den letzten der sieben heiligen Kristalle der Erde zu übergeben.

Beim Aufwachen in Puno am nächsten Morgen hatte ich gemischte Gefühle. Natürlich war ich aufgeregt, aber ich fühlte auch Widerstreben und Traurigkeit. So lange hatte ich diese Kristalle bei mir getragen; acht Jahre lang hatte ich mich um sie gekümmert und ihnen meine Liebe geschenkt. Jetzt war der Augenblick gekommen, den letzten Kristall seinem endgültigen Zuhause zu übergeben. Es war ein bisschen, wie ein Kind zu verabschieden, das sein Zuhause verlässt, um aufs College zu gehen. Diese Gefühle kamen für mich unerwartet, aber sie waren da, und schon bald flossen die Tränen.

Ich schlüpfte aus dem Hotel hinaus, hielt diesen kostbaren Kristall in seiner Lederhülle in den Armen und erlaubte mir einen Augenblick der Stille, um meine Gefühle der Liebe und Dankbarkeit, aber auch ein bisschen Traurigkeit und Stolz zum Ausdruck zu bringen. Diese Kristalle waren so etwas wie meine Babys gewesen, und jetzt musste ich mich von ihnen verabschieden.

Nach einer Weile atmete ich ein paarmal tief durch, räusperte mich, damit meine Stimme nicht mehr vor lauter Emotionen zitterte, und sammelte die Gruppe für unsere Fahrt zum Titicacasee. Es war an der Zeit, den Kristall nach Hause zu bringen.

Wir kamen am Nachmittag an den wunderschönen Ufern des in der Nähe von Puno gelegenen Sees an, als die Sonne gerade langsam unterging; sanfte Wellen schlugen an den Strand. Wir fanden den perfekten Ort für unsere Zeremonie, wo der Kristall von keinerlei menschlichen Aktivitäten gestört würde. Das war angesichts des großen Interesses am See und der kürzlich unter Wasser entdeckten Straßen, Tempel, Pyramiden und der versunkenen Stadt gar nicht so einfach. Diese heilige Stätte im See wird von manchen für die verlorene Stadt Wanaku gehalten und zog inzwischen viel Aufmerksamkeit auf sich. Ich wollte den Kristall nicht an einer Stelle platzieren, die irgendwelchen Störungen und Forschungsaktivitäten ausgesetzt war, und wieder einmal war es Mallku, der uns den perfekten Platz zu finden half. An einer etwas versteckten Stelle im See bereiteten wir uns auf die Zeremonie vor. Ich musste an all die Orte denken, an die Mallku uns geführt hatte, die verschiedenen Energien, Technologien, heiligen Plätze, die wir erlebt, und die Zeremonien, an denen wir teilgenommen hatten. Wie kostbar waren diese Orte und Energien für mich und für alle anderen in der Gruppe! Durch sie haben wir dieses großartige Land und seine Völker wirklich kennen und verstehen gelernt. Jeder Platz hat uns etwas gelehrt oder etwas zum Leben erweckt, was uns auf diese Zeremonie vorbereitete.

Es war eine wunderbare Reise gewesen, und mit jeder Erfahrung lernten wir etwas über uns selbst. Ich betrachtete die Gesichter um mich herum, die mir inzwischen so vertraut waren. Ja, das waren meine besten Freunde, meine Vertrauten, meine Familie, handverlesen waren sie für diese Aufgabe aus aller Welt zusammengekommen, um bei mir zu sein und mir zu helfen, diese Aufgabe und diese Verantwortung zu übernehmen. Mein Herz war übervoll; ich war hier gemeinsam mit so guten Menschen, ich wurde von ihnen geliebt und liebte sie über alles. Das hätte ich mir als kleines Mormonenmädchen, das in der fünften Klasse etwas über ein Land namens Peru lernte, nie träumen lassen. Ich schaute sie einen Augenblick lang an, um mich an die Energie jeder einzelnen Person zu erinnern, an ihr Gesicht, ihre Erregung und ihr Gefühl, eine hochgeschätzte Aufgabe zu erfüllen.

Kurz darauf gingen Mallku und ich ein bisschen beiseite, um uns auf die Zeremonie vorzubereiten; dazu reinigten wir uns gegenseitig mit dem Salbei und den heiligen Federn des Adlers und des Kondors. Wir sprachen unsere Gebete, vollzogen unsere Rituale und sagten uns dann ein paar bedeutsame Worte, bevor wir zur Gruppe im heiligen Kreis zurückgingen.

Mallku und ich hielten gemeinsam die kraftvolle Zeremonie ab: als Vertreter des Nordens und des Südens, des Adlers und des Kondors, Geist und Herz, die zusammenkommen und sich vereinen, um unsere geliebte Mutter Erde zu heilen und ihr Ehre zu erweisen. Wir sprachen die heiligen Gebete aus tiefstem Herzen und tiefster Seele, in aller Aufrichtigkeit und mit größter Hingabe. Alle knieten sich hin, um ihre Gebete darzubringen, als Zeugen aus allen vier Himmelsrichtungen dieser Erde, als Brüder und Schwestern und als demütige Kinder der Heiligen Mutter. Wir beteten für die Heilung unserer Mutter Erde, beteten darum, dass ihre Gewässer gereinigt und respektiert werden mögen. Wir beteten für die energetischen Ley-Linien, dass sie stark und mächtig sein mögen; für die Kristalle in der Erde, dass sie unsere Gebete in sich tragen mögen. Wir beteten darum, dass die Menschheit aus dem Herzen heraus leben und wieder ein Dasein gemäß den Naturgesetzen und der Ordnung des Kreislaufs des Lebens führen möge. Wir beteten für alle indigenen Völker, für ihr Wohlbefinden und ihr Glück, beteten um Respekt und Anerkennung für sie und darum, dass ihre Traditionen und Lebensweisen von den Massen gehört und verstanden werden mögen.

Wir brachten Erdboden von verschiedenen heiligen Stätten aus den sieben Kontinenten und Wasser von den heiligen Gewässern aus aller Welt als Gaben dar, ebenso weißen Salbei und Tabak aus Nordamerika sowie Palo Santo, das »Heilige Holz« der Indianer, und Agua de Florida, das Duftwasser der Schamanen, aus Südamerika. Wir beteten und beteten und beteten …

Nach Abschluss der Zeremonie und aller Rituale und Riten verblieb mir als Beschützerin und Hüterin des Kristalls noch eine letzte Aufgabe: Ich musste die Gebete mit einer besonderen Opfergabe im Kristall verschließen. Ich nahm das Zeremonialmesser, zog es langsam und mit voller Absicht über meine Hand, bis warmes rotes Blut floss und auf den Kristall tropfte. Die Aufgabe, zu der ich berufen worden war, war vollbracht, jetzt musste ich nur noch den heiligen Kristall zurück an Mutter Erde geben.

Mit Joyce als Vertreterin des ausgewogenen Weiblichen und meinem guten Freund Jens als Vertreter des ausgewogenen Männlichen rechts und links an meiner Seite gingen wir zum Ufer. Beide nickten mir zu, die anderen hinter uns beteten weiter. Wir drei wateten in den See hinein zu einer Stelle, wo das Gelände steil ins tiefe Wasser abfällt. Ich hielt den Kristall fest in den Händen. Immer tiefer wateten wir in das kalte Wasser, immer höher stieg es. Ich sprach schnell die letzten Worte eines alten Gebetes, und schon waren mein Mund und meine Nase vollständig von Wasser bedeckt. Mit einem letzten, von Herzen kommenden Abschiedsgruß öffnete ich meine Hände und ließ den Kristall sanft in sein neues Zuhause sinken.

Randbemerkung: Einige Monate vor unserer Reise nach Peru verlor unsere liebe Freundin Karen, die eigentlich auch dabei sein wollte, ihren Kampf gegen den Krebs. Ihre letzten an mich gerichteten Worte waren: »Ich werde während der Zeremonie bei dir sein, ich werde dort sein!«

Als unsere kleine Gruppe am Tag der heiligen Zeremonie hinunter zum Ufer des Titicacasees ging, schwirrten Aberhunderte von Libellen um uns herum; nie im Leben habe ich so viele auf einmal gesehen. Auf einmal landeten zu meiner Überraschung mehrere Libellen auf meinen Armen, meinen Schultern und der Ledertasche mit dem heiligen Kristall. Es war ein beeindruckender Anblick, aber vor allem war die Libelle Karens Totemtier. Sie war tatsächlich bei uns, wie sie es versprochen hatte!

Teil III

Was können wir tun?

An die Arbeit!

Nur wenige Stunden, nachdem wir die Zeremonialstätte am Titicacasee verlassen hatten, wurde ich gefragt: »Und was machst du jetzt?« Diese Frage wunderte mich ein wenig, denn das Platzieren der Kristalle in ihrem neuen Zuhause war ja erst der Anfang. Jetzt müssen *wir* uns an die Arbeit machen! Die Kristalle wurden nicht im Energiefeld unseres Planeten abgelegt, um die Probleme der Menschheit zu lösen, sondern um die Energie von Mutter Erde in dieser unglaublich wichtigen Zeit des Wandels zu stärken. Je höher die Energie von Mutter Erde fließt, desto höher ist auch die Energie der Menschen. Wir sind wieder bei der alten universalen Wahrheit: »Alles ist Energie, und die stärkste Energie gewinnt immer.«

Ein Blick auf das menschliche Bewusstsein und die Geschichte der letzten paar Tausend Jahre zeigt deutlich, welche Energie vorgeherrscht hat: Krieg, Gier, Macht, Wollust, Stolz, Rache – die Liste ist endlos. All das hat mit einem übermächtigen Wort zu tun: *Ego.* Das Ego regiert das kollektive menschliche Bewusstsein schon sehr, sehr lange; dadurch führen wir ein unharmonisches und nicht nachhaltiges Leben in einer niedrigen Schwingung und Energie auf diesem geliebten Planeten.

Indem wir diese Kristalle mit unseren Gebeten der Liebe, des Friedens, der Heilung, des Respekts und der Ehrerbietung füllen und sie dann in die Ley-Linien der Erde legen, stärken und erhöhen wir nicht nur die energetische Frequenz unserer wunderbaren Mutter Erde, sondern auch unseren Geist und Körper. Sind diese Kristalle erst einmal am richtigen Platz und verstärken die Energie unseres Planeten immer mehr, wird sich ihre Wirkung auf all unsere Gedanken, Emotionen und Taten deutlich zeigen. Einfach ausgedrückt kann man sagen: Weist die Erdenergie eine superhohe Ladung auf, dann gilt das auch für uns! Nähren wir mit unseren fokussierten Gedanken und Emotionen das Liebesbewusstsein, entwickeln wir dadurch das Liebesbewusstsein weiter. So wie Sauerstoff nicht einfach so auf dem Planeten existiert, sondern durch Fotosynthese entsteht, existiert auch das menschliche Bewusstsein nicht einfach nur so, sondern entsteht durch all die menschlichen Taten, Überzeugungen, Gedanken und Gefühle. Wir erzeugen das menschliche Bewusstsein! Sind die Taten und Gedanken der meisten Menschen auf das ach so wichtige Ego ausgerichtet, leben wir im Ego-Bewusstsein. Beginnen wir, mehr auf liebevolle Gedanken und Emotionen zu achten, entwickeln wir Liebesbewusstsein für alle. Wie gesagt: Die stärkste Energie gewinnt immer. Jetzt sind diese heiligen Kristalle aktiviert und an ihrem Platz und können unsere Energie unterstützen und verstärken, damit wir besser unsere wichtigen Aufgaben und Leidenschaften verfolgen können, die die Welt zu einem besseren Ort machen werden. Die Werkzeuge sind einsatzbereit; die Energie unseres Planeten wächst an und wird stärker, und damit gewinnen auch wir an Stärke. Entscheiden wir uns bewusst für die Liebe statt für den Hass, verändern wir das Bewusstsein auf unserem Planeten.

Ja, diese heiligen Kristalle wurden an ihren neuen Ort im Energiegitter verbracht, um das Verletzte zu heilen und zu stärken, aber damit sind wir keineswegs am Ende angelangt; es ist erst der Anfang. Wir müssen uns nun mehr als je zuvor mit der Energie von Mutter Erde verbinden. Wir müssen beginnen, täglich zu beten, zu meditieren und Liebesgaben und Herzensgeschenke darzubringen. Wir müssen uns darauf fokussieren, uns mit den vier Himmelsrichtungen, den Elementen und natürlich dem Sinn und Zweck unseres Daseins hier auf diesem Planeten zu verbinden, zum Beispiel indem wir unser persönliches Medizinrad errichten.

Die indigenen Ältesten verlassen heute ihren Dschungel, steigen von ihren Bergen herab, kommen zu uns aus den großen Wüsten und Wäldern, um uns zu lehren, wie wichtig es ist, sich wieder mit Mutter Erde und den heiligen Stätten zu verbinden. Allzu lange wird die Menschheit schon vom Ego-Bewusstsein beherrscht; sie schädigt und vernachlässigt den Planeten, der uns am Leben erhält, schon viel zu lange. Wir müssen wieder lernen, im Liebesbewusstsein zu leben, um überleben und gedeihen zu können; wir müssen uns wieder mit dem Kreislauf des Lebens verbinden. Dazu müssen wir zu dem zurückgehen, was heilig ist. Entweder wir kommen auf spiritueller Ebene als eine weltweite Nation zusammen, oder wir zerstören weiterhin unsere Ressourcen und damit auch unseren Planeten, was zu Chaos und Verzweiflung führen wird. Die gemeinsame Vision unserer indigenen Völker für uns alle besteht darin, eines Herzens zu sein und uns zu vereinen, zu beten und zu meditieren und wieder unsere heiligen Stätten zu besuchen, um so die für Mutter Erde und ihre Kinder benötigte Heilung zu bewirken. Es liegt an uns, diesen so entscheidenden Wandel herbeizuführen. Das Schicksal der ganzen Welt hängt von deiner Entscheidung ab, zu handeln! Du gehörst zu den Stärksten der Starken und spielst in dieser Welt eine große Rolle! Das ist ein Segen, aber auch eine Bürde, und es ist wichtig, beides zu verstehen.

Unsere heiligen Stätten finden

Wir müssen uns daranmachen, unsere heiligen Stätten überall auf dem Planeten zu finden und ihnen wieder Ehre zu erweisen. Damit meine ich nicht, zu den Pyramiden, einem Tempel oder einer Kirche zu gehen und die Pyramide, den Tempel oder die Kirche anzubeten, denn das Gebäude an sich ist nicht heilig. Und egal, an welcher heiligen Stätte du dich befindest – schau nicht nach oben, sondern nach unten! Unter deinen Füßen ist deine Heilige Mutter Erde und ganz sicher wurden all diese alten Stätten aus einem ganz bestimmten Grund an genau der betreffenden Stelle erbaut: Sie stehen auf einer starken Ley-Linie!

Die megalithischen Strukturen und heiligen Stätten, die unsere Vorfahren uns hinterlassen haben, zeigen ihr zweifellos überlegenes Wissen, verglichen mit dem unseren. Doch es geht nicht nur um großartige Bauwerke wie die Pyramiden von Gizeh, Stonehenge oder Puma Punku, sondern auch darum, *wo* diese Stätten sich befinden. Schon seit Jahrzehnten üben Pyramiden und andere antike Strukturen eine große Faszination auf uns aus, sie beeindrucken uns, verwirren uns aber auch oft, weil sie voller Geheimnisse sind. Wer waren unsere Urahnen und woher hatten sie das nötige Wissen, um derartig großartige Bauwerke mit so großer Präzision zu erbauen? Warum liegen auf einer Landkarte so viele der bedeutendsten dieser uralten Stätten auf einer geraden Linie zueinander? Nimmt man beispielsweise ein Lineal und zeichnet eine gerade Linie von den heiligen Stätten auf der Osterinsel nach Peru oder Ägypten, sieht man, dass sie alle bis auf ein Zehntel Breitengrad um die Erdmitte herum angeordnet sind. Auch andere heilige Orte wie Teotihuacan in Mexiko, die Pyramiden von Gizeh und die Pyramide von Shen-Hsi in China sind aufeinander ausgerichtet. Nicht einmal modernste Technologie vermag, was unsere Vorfahren vor so langer Zeit geschafft haben. Gizeh ist perfekt auf den Orion-Gürtel ausgerichtet und wurde auf Basis des Goldenen Schnitts, der Lichtgeschwindigkeit und der Fibonacci-Reihe errichtet – als wichtigster Knotenpunkt für alle heiligen Stätten auf der Erde. Es ist doch erstaunlich: Unsere alten heiligen Stätten stellen nicht nur die raffiniertesten Leistungen der Menschheit dar, sondern wurden auch noch genau aufeinander ausgerichtet! Sie beruhen auf verblüffend genauen Bautechniken auf Basis von unregelmäßig geformten Steinen, von denen manche Hunderte von Tonnen wiegen und die perfekt zugehauen und eingepasst wurden. Diese Bauwerke sind auf die Sonnenwende ausgerichtet, und diese Kulturen verfügten alle über eine Hieroglyphenschrift, mumifizierten die Körper der Verstorbenen, waren hervorragende Astrologen und kannten erdbebensichere Konstruktionstechniken – und das alles zu einer Zeit, als der Mensch lediglich Steinhämmer, Kupfermeißel und Seile zum Arbeiten zur Verfügung hatte. Die Geheimnisse dieser Stätten werfen für mich mehr Fragen als Antworten auf und versetzen mich in höchstes Staunen.

Es ist sehr einfach zu erkennen, dass auf unserem Planeten einst höher entwickelte Zivilisationen gelebt haben. Würde die gesamte Menschheit heute verschwinden, dann würden einige unserer modernen Gebäude und Strukturen vielleicht ein paar Jahrhunderte, aber keinesfalls ein paar Jahrtausende überdauern.

Die von unseren Ahnen errichteten und von uns heute noch bewunderten Bauwerke sind die einzigen Gebäude auf dem Planeten, die auch nach Tausenden von Jahren noch erhalten wären. Bis heute wissen wir nicht, wie diese Pyramiden und megalithischen Strukturen errichtet wurden. Es kursieren zwar ein paar Theorien, aber anscheinend keine Einigung darüber. Eines aber wissen wir: Die Pyramiden, Megalithen und Monumente wurden auf Ley-Linien erbaut, dem Energiegitter der Erde.

In den tektonischen Platten der Erde gibt es viele gerade verlaufende Verwerfungs- bzw. Spannungslinien, in denen elektrischer Strom erzeugt wird. Das sind die sogenannten Ley-Linien, Kraftlinien bzw. tellurischen Ströme. Wie wir auch wissen, stehen alte Strukturen wie Pyramiden, heilige Stätten und Tempel alle auf starken, sich schneidenden Ley-Linien auf dem ganzen Globus. Das sind wahrhaftig heilige Stätten; seit Abertausenden von Jahren werden sie genutzt, um zu beten, zu meditieren, Wissen zu erwerben und Geist und Seele zu erleuchten. Ich denke, die Bauten unserer Ahnen und das Wissen, das sie einstmals besaßen, werden uns immer in Erstaunen und Ehrfurcht versetzen. Eines ist auf jeden Fall klar: Diese Strukturen wurden eben dort errichtet, weil dort Energie fließt.

Wir müssen tun, worum uns unsere indigenen Ältesten gebeten haben: unsere heiligen Stätten besuchen, nicht als Touristen, sondern um das Heilige heilig zu erhalten, um wieder zu beten, um Körper, Geist und Herz mit Mutter Erde rückzuverbinden. Und du weißt ja: Falls du nicht zu einer solchen heiligen Stätte gelangen kannst oder nicht weißt, wo sich solche Plätze befinden, steige einfach auf einen Hügel oder Berggipfel; dort ist die Erdenergie immer sehr stark. Oder – noch wichtiger – errichte selbst eine heilige Stätte! Alles an Mutter Erde ist heilig. Stell dein eigenes heiliges »Medizinrad« zusammen, einen Ort, an dem du die vier Himmelsrichtungen und die vier Elemente verehren und wieder mit Mutter Erde in Beziehung treten kannst. Wir alle können uns einen heiligen Ort für die Verbindung zur Großen Mutter erschaffen, ganz egal, wo wir leben und wie unsere Lebensumstände sind. Das muss nichts besonders Ausgefallenes sein, muss in keiner bestimmten Tradition stehen, und auch das Aussehen ist egal. Wichtig ist nur, es zu tun! Errichte deinen persönlichen heiligen Kreis und geh in Verbindung.

Auch Kristalle sind natürlich eine großartige Möglichkeit, sich mit Mutter Erde zu verbinden. Wir können sie in unseren heiligen Kreis legen, mit ihnen beten oder sie an einem Bändel um den Hals tragen, um der Energie der Mutter nahe zu sein und unsere Verletzungen und Krankheiten zu heilen. Wir können unsere Gebete und Intentionen in einen Kristall eingeben und ihn dann dem Wasser überlassen, um unsere Gebete überall zu verteilen, denn Kristalle kommunizieren ja miteinander. Wie bereits gesagt, habe ich immer Kristalle bei mir, egal wohin ich auf diesem wunderschönen Planeten reise, um sie überall auf der Welt dem Wasser zu übergeben.

In unzähligen Ländern habe ich Heilzeremonien mit Kristallen abgehalten, sie in Ozeanen und Bächen, Seen und Flüssen auf allen Kontinenten platziert. Diese große Aufgabe ist allerdings nicht mir allein vorbehalten. Wir alle sollten gesegnete Kristalle ins Wasser legen, um dieses für uns alle so lebenswichtige, lebensspendende Element zu heilen und zu reinigen. All die indigenen Stämme und Gruppen, die ich im Lauf der letzten acht Jahre getroffen und von denen ich gelernt habe, hatten dieselbe verzweifelte Bitte an die Menschheit, nämlich um die Gesundheit und den Schutz unserer Gewässer zu beten. Denn ohne gesundes Wasser gibt es auch keine gesunden Menschen. Wir müssen ihren Worten Folge leisten und für die Gewässer unseres wunderschönen Planeten beten.

Alles Lebendige enthält Wasser. Dieses lebensnotwendige Element steckt in jeder Pflanze, jedem Tier und jedem Menschen. Und in jedem Wasserpartikel auf diesem Planeten findet sich eine Kristallstruktur – diese magischen, transformativen, mächtigen und lebensverändernden Kristalle, die unsere Intentionen und Gebete bewahren und speichern, verstärken und dann nach außen abgeben können.

Eine universelle Wahrheit besagt: »Je mehr du weißt, desto mehr Verantwortung trägst du auch.« Wir alle wissen, in welcher Lage sich die Menschheit und unser Planet befinden, und wir kennen auch den Grund. Deshalb sind wir dafür verantwortlich, die Probleme zu lösen, und wir wissen auch wie! Ja, es ist höchste Zeit, uns an die Arbeit zu machen. Wir alle müssen persönliche Verantwortung übernehmen: für unsere Heilung und die Heilung der Welt, in der wir leben. Es liegt an uns, die Kartoffel anzupflanzen und einen Anfang zu machen.

Es ist Zeit, dass wir alle endlich erhobenen Hauptes und voller Überzeugung dafür einstehen, wer wir sind und welchen Sinn und Zweck unser Leben hat. Wir sind nicht diejenigen, die schon vor uns da waren, wir sind die Stärksten der Starken. Wir sind diejenigen, die die alten gesellschaftlichen Verhaltensweisen und Muster infrage stellen, voller Kraft vorwärtsschreiten und eine neue Ära der Menschheit einleiten. Wir haben uns nicht entschieden, hierherzukommen und beim größten Spiel unseres Lebens auf der Bank zu sitzen. Wir sind gekommen, um etwas zu bewirken, um unser höchstes Potenzial zu leben. Wir kamen mit Leidenschaften und einer Aufgabe; wir sind gekommen, die Welt zu verändern! Wir können uns nicht länger träge von der Fernsehwerbung blenden lassen, die uns zu stumpfsinnigen Verbrauchern machen will; wir wissen es besser! Wir wissen, welche Nahrungsmittel uns krank machen und welche Unternehmen von unserem Kranksein profitieren. Wir wissen, dass wir gesund bleiben können, indem wir unsere Nahrung selbst anbauen bzw. Biolebensmittel kaufen. Und wir wissen, dass durch die Verschwendung von Energie unser Planet Schaden erleidet. Wir wissen, wir sind schön so, wie wir sind, und müssen unsere Energie nicht in das stecken, was die Gesellschaft für schön hält. Wir wissen, dass in unseren Geschichtsbüchern nicht die Wahrheit steht und dass wir nicht den Regeln der Religionen folgen sollten, die uns vorschreiben, was wir zu glauben haben und welche Gruppe von Menschen über oder unter einer anderen Gruppe steht. Wir sind als die großen freien Denker unserer Zeit geboren worden. Wir haben uns der Herausforderung gestellt, zu diesem Zeitpunkt auf diesen Planeten zu kommen, um dem blinden Wahn des Ego ein Ende zu bereiten.

Wir wissen es aus tiefstem Innern, es ist unserer Seele eingebrannt; wir sind die Abenteurer, wir sind die Entdecker, und wir glauben nicht blindlings, was andere uns weismachen wollen. Wir suchen nach unserer Wahrheit und glauben daran, dass es für uns alle etwas Besseres gibt. Wir sind diejenigen, die lernen werden, den Wahnsinn einzudämmen und der Weisheit der Ältesten zu lauschen, um den verzehrenden Gefühlen von Hass, Wut, Aggression und Überlegenheit ein Ende zu bereiten und zu erkennen, dass Hass nur noch mehr Hass hervorbringt.

Wir sind das geweissagte Volk, der Stamm der vielen Farben, der gekommen ist und in Einheit, Hand in Hand mit den Brüdern und Schwestern, das Liebesbewusstsein auf unseren Planeten zurückbringt. Wir werden nicht die Sklaven des Alten sein, sondern nach der echten Wahrheit suchen und dadurch eine Zeit wahren Wissens einleiten.

Es heißt: »Je liebevoller du bist, desto intelligenter wirst du.« Darauf aufbauend sagen uns die Ältesten: Wenn wir uns aus dem Herzen heraus wieder mit der Großen Mutter rückverbinden können, werden wir höchst Erstaunliches entdecken und viel darüber lernen, woher wir kommen; uns werden die Geheimnisse der Welt offenbart. Wir sind diejenigen, die sich von der falschen Geschichte befreien müssen, die uns gelehrt worden ist; wir müssen aufhören, wie Schafe zu glauben, was andere uns glauben machen. Wie viele Generationen haben durch die Bibel oder den Koran oder eine andere heilige Schrift gelernt, es gäbe den Menschen erst seit 6000 bis 9000 Jahren auf der Erde? Aber wir wissen es besser! Menschen leben schon viel, viel länger auf der Erde – das ist eine unbestreitbare Tatsache.

So viele Informationen in unseren Geschichtsbüchern sind schlichtweg unwahr, werden uns aber trotzdem als Tatsachen gelehrt. Der moderne Homo sapiens tauchte vor etwa 60.000 bis 80.000 Jahren in Afrika auf. Vor etwa 50.000 Jahren machte der Mensch sich nachweislich auf den Weg vom afrikanischen Kontinent nach Australien und Zentralasien, vor 40.000 Jahren kam er nach Europa. Wie ausreichende Belege vermuten lassen, wurde Nordamerika vor ungefähr 50.000 Jahren von Menschen besiedelt, lange vor dem Volk der Clovis, die als die ersten Bewohner des Kontinents angesehen werden. In Deutschland wurden 35.000 Jahre alte antike Artefakte wie Knochenflöten, Tier- und Menschenfiguren gefunden; in Österreich entdeckte Steinfiguren von Gaia sind 25.000 Jahre alt. Auch zahlreiche weitere Funde aus Russland, Frankreich, der Türkei, Afrika und Südamerika beweisen, dass es Menschen schon sehr, sehr viel länger gibt, als unsere Religionsbücher uns glauben machen wollen. Auch die Stadt Tiawanacu wird auf ein Alter von ungefähr 17.000 Jahre datiert. Der antike Tempelkomplex von Puma Punku in Bolivien wurde vor etwa 14.000 Jahren aus Diorit errichtet. Nur Diamanten sind härter als dieses Gestein. Diese antiken Bauten wurden aus riesigen, miteinander verzahnten Steinen gebaut, die mit lasergleicher Präzision behauen wurden und bis zu 800 Tonnen wiegen.

Menschliche Fossilienfunde wurden auf ein Alter von 2,8 Millionen Jahre zurückdatiert, Fußabdrücke des modernen Menschen (keine affenähnlichen Abdrücke) aus Norfolk sind 800.000 Jahre alt. Und was ist mit den sumerischen Hieroglyphen, die man in Peru, Puma Punku und Tiawanacu entdeckt hat, oder mit den ägyptischen Hieroglyphen, die in Brisbane/Australien gefunden wurden? Wie diese Funde beweisen, waren unsere Vorfahren meisterhafte Seefahrer. In den Mägen ägyptischer Mumien wurden Rückstände von amerikanischem Kokain und Nikotin gefunden. Und wie wir auch wissen, waren dem Volk der Dogon schon immer weit entfernte Planeten des Sonnensystems und die Präzession der Äquinoktien bekannt. Fakt ist auch, dass Christoph Kolumbus keineswegs Amerika entdeckt und auch nicht herausgefunden hat, dass die Erde rund ist; das wussten die alten Griechen schon 2000 Jahre, bevor Spanien überhaupt existiert hat. Die Liste lässt sich weiterführen, und doch werden unseren Kindern immer noch dieselben veralteten Theorien und derselbe Unsinn als Fakten vorgesetzt.

Wir müssen endlich selbstständig denken und verstehen, dass wir nicht in einer »Schublade« leben und einfach stumpfsinnig zu glauben haben, was andere uns weismachen wollen. Die Geschichte unseres Planeten ist viel reicher und vielfältiger, als man uns beigebracht hat. Wir sind zu so viel mehr fähig als zu dem, worauf uns die Politik, die Regierungen und die Religionen begrenzen wollen. Wir müssen aus den alten, überkommenen Schablonen ausbrechen und uns befreien, um entdecken zu können, wie großartig die Menschheit sein kann. Wir als Eltern und Erwachsene haben die große Verantwortung, auch unsere Kinder anders großzuziehen. Die Schulbücher und Prüfungen unseres Schulsystems sind für den »durchschnittlichen« Schüler und Studenten gedacht, aber einen solchen Durchschnittsschüler gibt es überhaupt nicht. Jedes Kind ist anders, hat seine eigenen Fähigkeiten, Talente und Lernkurven. Und doch wird von ihnen erwartet, im Rahmen eines standardisierten Bildungsprogramms für »Standard«-Schüler und -Studenten dieselben Leistungen zu erbringen.

Wir haben unsere Kinder viel zu lange in die »Schubladen« der Durchschnittlichkeit gezwängt! Wir müssen ihre Interessen unterstützen, sie mit ihren individuellen Gaben und Talenten wertschätzen und fördern! Unsere Bildungssysteme legen so großen Wert auf Fächer wie höhere Mathematik und Chemie, dabei ist es höchst unwahrscheinlich, dass wir das als Erwachsene jemals wirklich brauchen. Warum bringen wir unseren Kindern nicht bei, wie sie gesunde, glückliche, verbundene und bewusste, frei denkende Erwachsene werden können? Wir müssen uns nicht nur wieder mit der Mutter verbinden und eine reale Beziehung zu dem uns umgebenden Leben aufbauen; wir müssen nicht nur herausfinden, wie wir das, was kaputt ist, wieder heil machen können. Wir müssen das auch unseren Kindern beibringen! Sie sind die Genies, die am höchsten schwingenden Seelen, die je auf diesen Planeten kamen, und der Wandel, den wir gerne sehen möchten. Also müssen *wir* ihnen die Werkzeuge dafür an die Hand geben, dass sie ihr ganzes Potenzial ausleben können.

Also noch mal, wir müssen uns an die Arbeit machen! Wir sind hier, weil wir die Stärksten der Starken sind, wir sind diejenigen, die für unsere Kinder den Weg in eine ausgewogenere, liebevollere und vereinte Welt bahnen müssen. Wir müssen unseren Kindern beibringen, dass sie einzigartig und unterschiedlich und dadurch großartig sind, anstatt ihnen zu sagen, sie müssten sich einfach anpassen, um akzeptiert zu werden. Wollen wir für unsere Kinder eine neue Welt und einen höheren Lebensstandard? Dann müssen wir das erschaffen! Wenn schon unsere Schulsysteme die großartige Individualität unserer Kinder nicht erkennen und anerkennen, dann müssen *wir* das tun! Ja, es ist Zeit für uns, an die Arbeit zu gehen. Wir können nicht mehr einfach Mitläufer sein; wir müssen vorangehen und zeigen, wie wir unser Leben leben und was wir unseren Kindern hinterlassen wollen.

Die heiligen Kristalle, in die wir unsere höchsten Schwingungen von Liebe, Respekt, Ehrerbietung und unsere Heilgebete eingegeben haben, wurden jeweils an ihren Platz gebracht, um das Energiegitter unseres Planeten zu stärken und auch uns mehr Stärke zu verleihen. Wir wissen um die Macht der Kristalle, wie sie funktionieren und wie wir mit ihrer Hilfe unsere Gewässer, unseren Erdboden und unseren Körper heilen können. Nach und nach verstehen wir, was unsere Ahnen und unsere indigenen Kulturen schon immer wussten: Wir sind Teil vom Kreislauf des Lebens; wir sind die Elemente, und wir alle sind Kinder der *einen* Mutter. Wir als Menschen sind auf immer mit unserer Heiligen Mutter verbunden. Wir wissen, wodurch dieser Planet krank wird. Wir wissen, wie weit die Menschheit die Grenzen dessen sprengt, was Mutter Erde unterstützen kann, und wir wissen, dass es falsch ist, was wir tun. Was also können wir tun, um es wiedergutzumachen?

Ich finde, wenn es darum geht, die Welt zu verändern, ist nicht der mangelnde Willen und Wunsch zu helfen das Problem, sondern wir wissen einfach nicht, was wir tun sollen. Unser Wasser zu heilen gehört zu den wichtigsten Aufgaben in dieser Zeit. Durch Gebet, Meditation, gemeinsame Intention und die Hilfe der Kristalle sowie die Rückkehr zu den heiligen Stätten, wie es der Bitte der Ältesten entspricht, können wir uns an die so dringend benötigte Heilung machen.

Und wir alle können noch etwas tun: Wir können unsere persönliche heilige Stätte kreieren. Errichte dein Medizinrad; dann hast du einen Platz, an dem du dich immer mit den vier Elementen, den vier Himmelsrichtungen, dem Großen Geist und unserer geliebten Mutter Erde verbinden kannst. Und du hast einen perfekten Ort, an dem du in Stille sitzen und dich mit dem Liebesbewusstsein verbinden kannst.

Wie wir ja wissen, existiert das menschliche Bewusstsein nicht einfach so, sondern wir erschaffen es! Wir alle tragen dazu bei – mit jedem Gedanken, jedem Wort und jeder Emotion. Was wir denken und sagen, in was wir unsere Energie stecken, ist das, was sein wird. Deshalb sind wir alle dafür verantwortlich, am Wechsel vom Ego- zum dringend benötigten Liebesbewusstsein auf unserem Planeten mitzuwirken. Wissen wir erst einmal, wie es entsteht, können wir aktiv an diesem Wandel teilnehmen. Setzen wir uns täglich nur fünf Minuten an einen ruhigen Platz und konzentrieren uns auf Emotionen und Gedanken der Liebe, der Güte, des Mitgefühls und der Dankbarkeit, könnten wir buchstäblich die Welt verändern.

Es gibt so viele »Kleinigkeiten«, durch die wir diese Welt zu einem besseren Ort machen können. Zu diesem Zeitpunkt sollten wir uns nicht auf all das konzentrieren, was in der Welt schiefläuft, und uns wünschen, irgendjemand würde die Probleme beheben. Wir müssen aktiv unser eigenes Leben verändern.

Wie die Ältesten lehren, müssen wir als Allerserstes lernen, *LIEBE ZU SEIN.* Indem wir Liebe sind, nähren wir auf unserem Planeten das richtige Bewusstsein. Wenn Liebesbewusstsein das Ego-Bewusstsein auf dem Planeten überwiegt, wird sich alles verändern. Wir müssen verstehen, dass unser persönliches Leben eine Rolle spielt und wir durch unsere Taten, Gedanken, Emotionen und Worte die Macht haben, große Veränderungen zu bewirken.

Es gibt vieles, was wir tun können, um unser Leben und die Natur in Richtung Gesundheit zu verändern. Im nächsten Kapitel stelle ich meine wichtigsten Lösungen für eine gesündere, glücklichere, nachhaltigere Welt für alle vor.

Die fünf wichtigsten Dinge für den Wandel

1. Liebe und respektiere die Natur!

Gemäß dem »Nature's Living Planet Index« des World Wildlife Fund (WWF) hat sich in den letzten 40 Jahren die Tierpopulation auf der Erde durch die nicht nachhaltige Nutzung der Ressourcen vonseiten der Menschen um die Hälfte verringert. Um unsere derzeitigen Ansprüche auf Dauer zu befriedigen, wären eineinhalb Erden nötig. Durch die schrumpfenden, nicht mehr ausreichenden natürlichen Habitate, die Zerstörung kostbarer Ökosysteme, Umweltverschmutzung, Abholzung, Treibhauseffekt, Wilderei und Überfischung, um nur einige zu nennen, ist der Rückgang der Arten bereits eingetreten. Wollen wir den verheerenden Verlust von pflanzlichem und tierischem Leben in den nächsten Jahren wirklich aufhalten, müssen wir erstens lernen, die Welt der Natur zu lieben, und zweitens, sie zu schützen.

Wir müssen uns aktiv und engagiert für Gesundheit und Sicherheit einsetzen, nicht nur für unsere eigene, sondern auch die unserer fliegenden, schwimmenden, vierbeinigen, kriechenden Geschwister aus dem Tierreich sowie unserer einbeinigen Freunde, der Bäume. Wir alle sind Teil eines empfindlichen Kräfteverhältnisses, das sehr schnell aus dem Gleichgewicht geraten kann. Wir alle können lernen, einen Gemüse- oder Blumengarten anzulegen, ob klein oder groß ist nicht wichtig. Wichtig ist, zu lernen, uns wieder mit der Energie des Lebens zu verbinden, die auf dieser magischen und geliebten Mutter Erde in Hülle und Fülle vorhanden ist. Oder um es einfach auszudrücken: Je tiefer wir ein Lebewesen lieben und wertschätzen, desto mehr sind wir darauf aus, es zu schützen und zu respektieren.

Wir müssen lernen, die Natur wieder aufrichtig zu lieben, vom kleinsten Insekt bis hin zum größten Baum! Der Anfang kann unsere Rückverbindung zu Mutter Erde durch das Errichten unseres persönlichen heiligen Kreises sein, der für die vier Himmelsrichtungen und die vier Elemente steht. Und wir können wieder unsere alten heiligen Stätten aufsuchen, um die mächtigen Energien dieses Planeten, die uns alle am Leben erhalten, zu heilen und zu stärken. Wie das geht, hast du in diesem Buch gelernt. Jetzt steht es an, es in die Praxis umzusetzen.

2. Iss biologisch angebaute Nahrung und vermeide Produkte aus Massentierhaltung!

Laut Regierungsanalysen stecken Pestizide in bis zu 98 Prozent unserer frischen Nahrungsmittel – mehr als eine Verdoppelung im Lauf der letzten 10 Jahre! Etwa 46 Prozent der frischen Früchte und Gemüse enthalten Pestizidrückstände; im Jahr 2003 waren es 25 Prozent. Bei verarbeiteten Lebensmitteln wurden in nahezu 97 Prozent des Mehls und in 73,6 Prozent des Brots Rückstände gefunden. Ich verstehe ja, dass viele Menschen sich Biolebensmittel nicht leisten können, weil sie leider um einiges teurer sind als konventionell angebaute Produkte; aber sofern es dir irgendwie möglich ist, sollten sie ganz oben auf deiner Liste stehen.

Und wie sieht es bei tierischen Produkten und Nebenprodukten aus? Da sollten wir uns wirklich sehr bemühen, nur Fleisch von glücklichen Tieren und keine Produkte aus Massentierhaltung zu essen. Dieses Fleisch ist vielerorts wie beispielsweise in den USA natürlich sehr viel teurer und auch nicht überall in den Supermärkten erhältlich, aber es ist eine der wichtigsten Maßnahmen, die wir ergreifen können. (Am besten wäre es natürlich, zum Vegetarier zu werden.) Muss ich zwischen Fleisch aus Massentierhaltung und dem gänzlichen Verzicht auf Fleisch wählen, dann sage ich immer Nein zum Fleisch.

Nachfolgend ein paar gute Gründe, warum es so wichtig ist, auf Fleisch aus Massentierhaltung zu verzichten. Der Bericht von »One Green Planet« zeigt auf, in wie vieler Hinsicht Massentierhaltung die Umwelt zerstört.

Luftverschmutzung

Fast 40 Prozent des Methan-Ausstoßes sind auf Massentierhaltung zurückzuführen. Das Treibhauspotenzial von Methan ist 20-mal höher als das von Kohlendioxid.

Abholzung

Allein in den Vereinigten Staaten wurden über 260 Millionen Morgen Wald abgeholzt, um Platz für Getreidefelder zu schaffen, die größtenteils für den Anbau von Viehfutter genutzt werden. Allerdings wird das nicht nur in den USA so gemacht. Im Amazonasgebiet ist vor allem die Rinderzucht für die Abholzung des Regenwaldes verantwortlich; fast 80 Prozent der entwaldeten Flächen werden in Brasilien als Weideland genutzt.

Umweltverschmutzung

Die industrielle Landwirtschaft verbraucht 70 Prozent der Trinkwasservorräte der Erde. Außerdem zerstört durch landwirtschaftliche Betriebe verschmutztes Abwasser ganze Ökosysteme und ist potenziell giftig, wenn nicht sogar tödlich für Mensch und Tier.

Tierquälerei

In landwirtschaftlichen Großbetrieben gehaltene Tiere werden auf äußerst grausame, schreckliche und unmenschliche Weise behandelt – für mich ist das alleine schon Grund genug, auf Fleisch aus Massentierhaltung zu verzichten.

3. Verzichte auf den Genuss von Meeresfrüchten und Fisch!

Im Jahr 2015 war in der *New York Times* zu lesen: »Meerestiere entlang der gesamten Pazifikküste werden mit alarmierender Geschwindigkeit krank, sterben oder werden ausgelöscht. Es steht die Frage im Raum, ob das mit dem radioaktiven Fallout von Fukushima zu tun hat.« Dieselbe Zeitung brachte auch diese Schlagzeile: »Das Leben im Ozean steht vor der Massenvernichtung.« Eine weitere Aussage lautet: »Ein Großteil der Meerestierwelt steht unter Umständen kurz vor der Ausrottung.« Und bereits im Jahr 2006 berichtete die BBC: »Meeresfische werden nur noch 50 Jahre überleben.«

Das Meer ist die größte Nahrungsquelle der Welt. Fisch ist die Haupteiweißquelle für 1,2 Milliarden Menschen. Doch immer öfter kehren die Fischer mit leeren Netzen zurück. Laut wissenschaftlicher Berichte ist im Lauf der letzten 60 Jahre der Bestand an großen Fischen um 90 Prozent zurückgegangen und uns droht innerhalb von nicht einmal 50 Jahren die Auslöschung sämtlicher Fischarten; der Hauptgrund dafür ist die Überfischung.

Fischereifahrzeuge mit Langleinen werfen jährlich 1,4 Milliarden Haken mit jeweils einem Stückchen Fisch als Köder aus. Die Öffnung der Netze von manchen Trawlern ist viermal so groß wie ein Fußballfeld; da passen 13 Jumbojets hinein! Diese Netze können bis zu 500 Tonnen Fische fangen, darunter sehr viel Beifang, also Meerestiere, die oft in großen Mengen versehentlich mitgefangen werden. Normalerweise werfen Shrimps-Trawler 80 bis 90 Prozent der gefangenen und getöteten Meerestiere wieder über Bord. Für jedes Kilo Shrimps werden Schätzungen zufolge bis zu 9 Kilo anderer Meerestiere gefangen und unnötig getötet. Marine Aquakultur bzw. Fischzuchtbetriebe werden als Rettung der Fische betrachtet; doch viele der gezüchteten Fische sind Fleischfresser oder essen andere Fische, um zu überleben. 5 Kilo Wildfische müssen gefangen werden, um 1 Kilo Zuchtfisch zu produzieren.

Was also können wir tun? Ganz einfach ausgedrückt: Wir können auf den Kauf von Supermarkt-Fischprodukten verzichten, vor allem auf Shrimps, Schalentiere und Thunfisch. Ohne Leben im Meer gibt es auch kein Leben mehr auf dem Land. Vielen Menschen ist der Zusammenhang nicht klar, aber es stimmt: Die Ozeane sind die größten Ökosysteme und die größten lebenserhaltenden Systeme der Erde. Wir alle brauchen gesunde Meere, um zu überleben und zu gedeihen. Die Ozeane erzeugen die Hälfte des von uns eingeatmeten Sauerstoffs und machen zu jeder Zeit über 97 Prozent des Wassers auf der Erde aus. Die Ozeane liefern ein Sechstel des von den Menschen verzehrten Eiweißes und sind die aussichtsreichsten Quellen für neue Medikamente gegen Krebs, Schmerzen und bakterielle Erkrankungen. Mit Leben erfüllte

Meere absorbieren Kohlendioxid aus der Atmosphäre und schwächen die Auswirkungen des Klimawandels ab. Die Menschen sollten größtes Interesse daran haben, die Vielfalt und Produktivität der Meere auf der Erde zu erhalten. Unsere Sicherheit, unsere Wirtschaft, ja unser Überleben hängt von gesunden Ozeanen ab!

4. Verwende keine Plastikflaschen und -tüten mehr!

Laut Aussage des »Centre for Biological Diversity« (Zentrum für biologische Vielfalt) existiert so gut wie jedes Stückchen Plastik, das jemals produziert wurde, nach wie vor auf der Erde, egal, ob es wiederverwertet, in mikroskopisch kleine Stückchen zerteilt oder im Ozean entsorgt wurde.

Einer Studie der National Library of Medicine der National Institutes of Health der Vereinigten Staaten zufolge schwimmen im Ozean mindestens 5,25 Billionen Plastikpartikel mit einem Gewicht von 268.940 Tonnen; in dieser Schätzung sind nur die auf der Oberfläche schwimmenden Kunststoffe enthalten, nicht das nach unten gesunkene Material. Ein Artikel von EcoWatch aus dem Jahr 2016 zählt folgende bestürzende Tatsachen auf:

- Allein im Großraum Los Angeles werden pro Tag 10 metrische Tonnen an Plastikteilen – beispielsweise Einkaufsbeutel, Strohhalme und Limonadeflaschen – in den Pazifik gespült.
- Im Lauf der letzten 10 Jahre haben wir mehr Plastik produziert als im gesamten letzten Jahrhundert.
- 50 Prozent der Kunststoffprodukte werden nur einmal benutzt und dann weggeworfen.
- Mit dem jährlich anfallenden Plastikmüll könnte man viermal den Äquator der Erde umwickeln.
- Derzeit werden nur 5 Prozent des produzierten Kunststoffs wiederverwertet.
- Plastik im Meer wird in so kleine Fragmente zersetzt, dass die Plastikstückchen einer einzigen Ein-Liter-Flasche an jedem Kilometer Strand weltweit angeschwemmt werden könnten.

- Jährlich werden weltweit ungefähr 500 Milliarden Plastiktüten verbraucht; das sind über 1 Million pro Minute.
- Es dauert 500 bis 1000 Jahre, bis Kunststoffe abgebaut sind.
- Der sogenannte Great Pacific Garbage Patch (der »große pazifische Müllflecken«) im Nordpazifikwirbel vor der kalifornischen Küste ist die weltgrößte Müllhalde im Meer. Diese schwimmende Kunststoffansammlung ist doppelt so groß wie Texas und umfasst sechsmal so viel Plastikteile, wie es Lebewesen im Meer gibt.
- Ungefähr 90 Prozent des gesamten auf der Meeresoberfläche schwimmenden Mülls besteht aus Plastik; pro Quadratmeile finden sich 46.000 Plastikteile.
- 1 Million Seevögel und 100.000 Meeressäugetiere werden jährlich durch Plastik im Meer getötet.
- Bei 44 Prozent aller Seevogelarten, 22 Prozent der Wale, sämtlichen Meeresschildkrötenarten und einer immer längeren Liste von Fischarten wurde am oder im Körper Plastik gefunden.
- So gut wie jedes Stück Plastik, das jemals hergestellt wurde, ist in der einen oder anderen Form immer noch vorhanden (mit Ausnahme des Bruchteils, der verbrannt worden ist).
- Kunststoffe können vom Körper aufgenommen werden; bei 93 Prozent der Amerikaner ab 6 Jahren fallen entsprechende BPA-Tests positiv aus (BPA ist ein Kunststoff).

Was können wir also tun? Sie nicht mehr verwenden! Es gibt einfach keinen Grund, eine Tüte oder Wasserflasche aus Plastik zu benützen – nie! Plastik erstickt unseren Planeten, und wir Menschen brauchen es nicht unbedingt. Kauf dir eine wiederverwendbare Flasche für dein Trinkwasser und nimm zum Einkaufen im Supermarkt deine eigenen Stoffbeutel mit. So einfach ist das. Entscheide dich, nicht mehr Teil dieses Problems zu sein, und steh zu dieser Entscheidung!

5. Sei positiv!

Wie oft sind wir jeden Tag – vom Moment des Aufwachens am Morgen bis zum letzten Gedanken vor dem Einschlafen – negativ oder positiv gesinnt? Wir können in jeder beliebigen Situation eine negative in eine positive Einstellung verwandeln. Wir alle wurden von der Gesellschaft darauf trainiert, genau umgekehrt zu denken und zu fühlen. Oft geht uns der Gedanke durch den Kopf: »Wenn wir mehr .... hätten, wäre das Leben besser und wir wären glücklich.« Das ist eine Lüge! Würden wir uns die Zeit nehmen, das Gute zu sehen, würden viele von uns erkennen, welch wunderbares Leben sie jetzt in diesem Moment führen. Eine solche geistige Einstellung wirkt sich auch auf unsere Emotionen und sogar auf unsere Gesundheit aus, ganz zu schweigen davon, was wir dadurch anziehen. Wir meinen, durch »Dinge« könnten wir glücklich werden, doch in Wahrheit versuchen wir damit nur, eine innere Leere zu füllen, die eigentlich gar nicht da sein müsste. Mehr haben, mehr wollen und immer Ausschau halten nach dem nächsten Ding, das uns glücklich machen wird, wird nie zu wahrem Glück führen. Lasst uns danach streben, das Positive und Gute zu sehen, das wir schon haben. Unsere Kultur will uns unbedingt weismachen, viele Besitztümer würden unseren Wert steigern. Doch in Wirklichkeit werden wir davon kaputtgemacht. Wie oft gehen wir beispielsweise in den Laden, um eine bestimmte Sache einzukaufen, und kommen mit mehreren Tüten (natürlich aus Plastik) voller Zeug zurück, von dem wir nicht einmal wussten, dass wir es wollten? Hast du das alles wirklich gebraucht oder bist du in die Verbraucherfalle getappt?

Lasst uns teilen, lasst uns gegenseitig helfen und lernen, der Welt des »Ich brauche mehr, um glücklich zu sein«, in die wir geboren wurden, zu entkommen!

Bitte schau dir diese fünf Punkte an und tue dein Bestes, alle oder zumindest einen in deinem Leben zu berücksichtigen und dich entsprechend zu verhalten, um auf unserem Planeten mehr Wandel zu bewirken und mehr zum Guten beizutragen. Stelle eine Liste mit Punkten zusammen, die du erfüllen willst, und halte dich daran.

Liebt Mutter Erde, liebt euch selbst, liebt einander!

Ich war in vom Krieg verheerten Ländern und habe das fortwährende Leid, den Verfall, das Misstrauen, die Wut, Trauer und Armut gespürt. Ich bin in Ländern, in denen Unterdrückung herrscht, die Straßen entlanggegangen und habe erlebt, wie schrecklich Kinder, Frauen und Tiere behandelt werden. Ich habe Zeit mit Waisenkindern verbracht, die im Stich gelassen und missbraucht wurden; viele von ihnen wurden mit Aids angesteckt, und alle sehnen sich nach einem besseren Leben. Ich habe Konzentrationslager und Massengräber besucht. Ich stand inmitten gebleichter weißer Menschenknochen, die wie Müll von Grabräubern an antiken heiligen Stätten in den Sand geworfen worden waren. Ich war Zeuge der zerstörerischen Folgen von radioaktiver Verstrahlung, nicht nur auf die Menschen, die in den verseuchten Gebieten wohnen, sondern auch auf die Flora und Fauna. Ich habe den Bitten der Ältesten gelauscht, die uns herzergreifend anflehen, ihr heiliges Land vor Abholzung, Drogenkurieren, Ölpipelines und Partisanenkriegen zu schützen. Ich habe Flüchtlinge besucht und ihren Geschichten voll unvorstellbarem Leid zugehört. Ich habe gesehen und selbst erlebt, wie furchtbar und schlimm sich das Ego auf die Menschen auswirken kann. Uns allen fallen Dinge ein, die in unserer Welt schieflaufen, und wir alle haben negative Erfahrungen gemacht. Man lässt sich sehr leicht in diese Negativität hineinziehen, wenn man mit solchen Sachen konfrontiert wird. Fokussieren wir uns dagegen darauf, wie wir eine Situation verbessern oder Veränderungen bewirken können, dann stecken wir unsere Energie in das Positive. Ganz egal, wie trostlos und düster eine Situation erscheinen mag: Wir können uns dafür entscheiden, das Licht anstatt die Dunkelheit zu nähren.

Ich habe einmal ein Konzentrationslager in Deutschland besucht – eine sehr schwierige Erfahrung: Die immer noch zu spürende überwältigende Traurigkeit und Angst war dort fast mit den Händen zu greifen. Als ich dachte, ich würde es keine Sekunde mehr aushalten, sondern gleich zusammenbrechen und wie ein kleines Kind schluchzen, beschloss ich, einen Kristall auf den Grabstein eines Massengrabes zu legen, und begann zu beten. Schon nach wenigen Minuten hörte ich leise Stimmen und neben mir Schritte auf dem Schotter. Ich öffnete die Augen und war völlig überwältigt: Menschen aus allen Lebenssituationen, jeder Hautfarbe und Rasse und jeden Alters hatten sich neben mich gekniet und sprachen ihre Gebete. Mir liefen die Tränen über das Gesicht, und mein Herz floss über. Ja, es gibt Schlimmes und Böses in der Welt, aber auch viel Gutes. Wir haben die Wahl: Wir können uns entscheiden, das Negative oder das Positive zu sehen, zu spüren und zu nähren.

Das Waisenhaus, das ich in Afrika besuchte, war voller Kinder, die Unvorstellbares erlitten hatten. Und doch lächelten sie übers ganze Gesicht, standen da mit ausgebreiteten Armen und wollten umarmt und geküsst werden. Die ehrenamtlichen Helferinnen unterrichteten, ernährten, schützten und kleideten all diese Kinder mithilfe von Spenden aus aller Welt. Das Gebäude wurde von einer wunderbaren Frau bereitgestellt, die den Kindern einen sicheren Platz bieten wollte, das Waisenhaus mit ihrem eigenen Geld und größter Hartnäckigkeit und Entschlossenheit bauen ließ und seitdem jedes Kind wie eine Mutter behütet.

Egal, wie schlimm es manchmal war, immer konnte ich an Orten voller Dunkelheit auch diese hell leuchtenden Lichtfunken finden. Genau das müssen wir tun: Fokussieren wir uns nicht auf die Dunkelheit, sondern darauf, wie hell unser Licht im Dunkeln scheinen kann! Ja, ich habe einige der schlimmsten Dinge auf dieser Welt gesehen, aber auch einige der besten, und das Beste wiegt das Schlimmste immer auf. Die ärmsten Familien haben mir ihr bestes Essen angeboten und mich bei sich willkommen geheißen wie eine alte Freundin. Flüchtlinge, die wirklich gar nichts mehr besaßen, boten mir ihre letzten Süßigkeiten an, die sie aus Syrien mitgebracht hatten. Menschen aus aller Welt haben Kristalle nach Japan geschickt, um die Menschen, die der Strahlung ausgesetzt waren, zu heilen. Ich habe miterlebt, wie Menschen große Güte bewiesen haben, und die vollkommene Schönheit dieses wunderbaren Planeten genossen. Ich war in mehr als 40 Ländern, habe unzählige Menschen aus allen sozialen Schichten, Religionen und Lebensumständen besucht. Ich stand auf einigen der höchsten Gipfel der Alpen, der Rocky Mountains und der Anden. Ich bin mit Walen und Delfinen geschwommen, habe zahllose Pyramiden, Tempel, Schlösser und Paläste in aller Welt besucht. Ich bin durch Dschungel gelaufen und habe in Wüsten geschlafen. Ich habe die Schönheit unserer herrlichen Mutter Erde auf allen Kontinenten gesehen, und sie versetzt mich immer noch in Ehrfurcht und Staunen. Ich habe von den Führern der indigenen Völker und der Aborigines, von den Mamos, Ältesten und Schamanen vieler, vieler Stämme aus aller Welt gelernt, und sie alle sagen das Gleiche: Wir müssen lernen, Mutter Erde und uns gegenseitig wieder zu lieben.

Egal, wohin ich gehe und welche Menschen ich treffe – alle sind sich in einem ähnlich: Wir alle sind im Grunde unseres Wesens gut und wollen Gutes für uns und unsere Familie. Wir müssen unsere Aufmerksamkeit einfach auf das Wesentliche fokussieren und alles andere außer Acht lassen. Wir müssen das wertschätzen, was in unserem Leben wichtig ist, uns selbst als das große *ICH BIN* schätzen, ein Funke des Geistes, der sich entschieden hat, auf diese Erde zu kommen, um zu lernen und sich weiterzuentwickeln. Wir müssen uns wieder unseren Wert in Erinnerung rufen, wieder an uns glauben. Wir müssen dankbar sein für unseren Körper, unsere Leidenschaften und den Sinn und Zweck unseres Daseins und unsere Stimme erheben, um die Saat dieser Leidenschaften zu verbreiten. Unser schöner Planet ist lebendig und gedeiht, weil alle Elemente zusammenwirken, um Leben zu erschaffen und zu erhalten.

Wenn das Wasser am Südpol gefriert, fließen große Mengen an sauerstoffreicher Salzlake wie riesige Wasserfälle bis hinunter auf den Meeresboden, wo dieses sauerstoffreiche Salzwasser auf die Lavaschlote trifft: Diese stoßen tonnenweise nährstoffreiche Mineralien aus, welche die kleinsten Lebensformen ernähren, die Bakterien. Diese Bakterien dienen wiederum als Nahrung für das Plankton, das überall auf der Welt explosionsartig erblüht, die große Nahrungskette in den Meeren versorgt und einen Großteil des Sauerstoffs produziert, den wir einatmen. Die mikroskopisch kleinen Pflanzen, die nicht gefressen werden, sterben ab und schweben mitsamt ihren wertvollen Mineralien auf den Meeresboden, wo sie wiederverwertet werden oder durch die hydrothermalen Quellen wieder hochsteigen. Ein Teil des Planktons versorgt mit seinen Nährstoffen unsere Regenwälder. In manchen Teilen der Welt, beispielsweise der Sahara, wo es einst große Meere gab, die vertrocknet sind und nur Berge von Sand zurückgelassen haben, finden sich große Planktonvorkommen, das extrem phosphorhaltige, sogenannte Diatomit oder Kieselgur. Und wir wissen ja: Phosphor ist ein lebensnotwendiges Mineral, das für die Energieproduktion gebraucht wird. Der Wind trägt Hunderte Tonnen an phosphorreichem Staub hoch in den Himmel und bläst ihn nach Westen zum Regenwald des Amazonas. Jedes dieser energiereichen Staubpartikel vermischt sich mit den Wolken über Südamerika, und es entstehen Wassertröpfchen, die als Regen auf die Erde fallen. Der Wald wird genährt und bleibt gesund dank etwas, was in den Meeren gelebt hat und gestorben ist. Jedes einzelne Element ist absolut essenziell, also von größter Bedeutung für alles Leben auf der Erde; dafür gibt es unzählige Beispiele.

Es ist deutlich zu sehen, wie die Elemente zusammenwirken, sich gegenseitig stabilisieren und sogar erzeugen. Wie wir wissen, hätten wir ohne den geschmolzenen Kern auf dem Planeten Erde kein Magnetfeld; und wir wissen auch, dass die hydrothermalen Quellen und Vulkane reichhaltige komplexe Mineralien wie Schwefel und Eisen mit sich führen, die für alle lebendigen Organismen überlebensnotwendig sind. Unsere Winde lassen die Jahreszeiten entstehen, unsere Sturmwolken bringen Regen mit sich; die Winterstürme kommen mit Schnee und somit mit Wasser – alles, was unser Planet braucht. Der Wind verbreitet die Samen, Pollen und Nährstoffe über den ganzen Globus, um Leben zu erhalten. Wie wir auch wissen, könnte ohne Wasser nichts auf unserem wunderschönen Blauen Planeten überleben. Die Erde selbst birgt alle Elemente in sich, und ohne sie und ihre großzügigen Gaben wären wir nicht hier – ja, wir *könnten gar nicht* hier sein.

Doch wie oft machen wir uns klar, dass die Elemente *in* uns genauso wichtig sind? Du bist ein Kind von Mutter Erde; du bist Teil dieses Planeten, und solange du ein Mensch bist, bestehst du aus komplexen, miteinander verbundenen Elementen. Dein Körper, dein Erdelement, das größte Geschenk, das Mutter Erde dir wohl machen kann, beinhaltet alle anderen Elemente. Dein Feuerelement ist deine Leidenschaft, der Kern deines Wesens, dein Kompass im Leben und deine Flamme, die dir einen Sinn und ein Ziel gibt. Dein Windelement ist deine Stimme, die das nährt und sät, was dich ausmacht, wofür du einstehst und was deine Aufgabe auf diesem Planeten ist. Dein Wasserelement ist die lebensspendende Quelle, das Gefäß, das als Kristall dein wahres Selbst in sich trägt, deine Worte und Taten, deine Überzeugungen und deine Emotionen. So wie der Planet können wir das eine nicht ohne das andere haben und dennoch als gesunder, kreativer Mensch weiterleben. Es ist an der Zeit, nach Hause zu kommen zu unserem wahren Selbst und diesen herrlichen Planeten, unsere Mutter Erde, wirklich zu verstehen.

Seid glücklich und dankbar für diese Welt, meine lieben Brüder und Schwestern, und verliebt euch erneut in die Natur, auch wenn das für euch heißt, »nur« eine Blume zu pflanzen und euch darum zu kümmern. Lernt, Mutter Erde und all ihre Kreaturen wieder zu lieben. Habt Achtung vor der Nahrung, die ihr esst, den Tieren, Früchten, Getreidekörnern und Gemüsen, die Mutter Erde für euch bereitstellt. Behandelt alle Lebewesen so, wie ihr selbst gerne behandelt werden möchtet; lernt, wieder zu lieben. Wenn ihr alles liebt, werdet ihr den Wunsch verspüren, alles zu schützen und zu respektieren; ihr könnt dann gar nicht anders. Das ist der Weg zu einem besseren Leben und zu mehr Freude!

Das Positive anstatt das Negative zu sehen und zu spüren, ist eine Herausforderung. Auch ich bin nicht frei von diesen Dingen. Ich weiß, wie schnell man meint, die Probleme der Welt seien einfach zu groß und man selbst zu klein und unbedeutend; welche Rolle spielt es da schon, wie ich mein Leben lebe? Das kennen wir alle. Wichtig ist, dass wir alle wirklich versuchen, uns an diese fünf Punkte zu halten, durch die wir auf diese Welt großen Einfluss nehmen können. Wir denken so schnell: »Ich bin doch nur ein einziger Mensch, wie kann ich alleine denn etwas verändern?« Doch bedenke: Würden wir alle so denken, würde sich nie etwas verändern! Wir sind die Stärksten der Starken, und wir können das tun, also lasst es uns gemeinsam angehen! Lasst uns am Ende unseres Lebens stolz darauf sein, für etwas eingestanden zu sein, unser Bestes gegeben und etwas verändert zu haben. Wie meine Urgroßmutter Jensen immer gesagt hat: »Wenn du für nichts einstehst, wirst du auf alles reinfallen.« Lasst uns die Herausforderung gemeinsam angehen!

Versuche, dir ein paar der fünf Dinge vorzunehmen, die für dich umsetzbar sind, und tu es auch wirklich, egal ob es nur *eine* Sache ist oder alle fünf. Lasst uns gemeinsam darangehen. So wie der afrikanische Häuptling gesagt hat: »Pflanze die Kartoffel!« Übernimm Verantwortung für dein Leben und den Einfluss, den du auf diesen Planeten hast. Wir alle haben eine Rolle zu spielen, und wir alle beeinflussen unseren Planeten, unser menschliches Bewusstsein und das, was wir an unsere Nachkommen weitergeben. Wir müssen zu Freidenkern werden. Wir müssen uns bewusst werden, wie kostbar diese Erde ist. Wir müssen herausfinden, was unsere Leidenschaften und der Sinn unseres Lebens sind, und unsere Wahrheit zum Ausdruck bringen. Wir sind *diejenigen, auf die wir gewartet haben!* Wir sind *die Stärksten der Starken,* und wir haben eine große Aufgabe zu erfüllen. Es ist an der Zeit, uns an die Arbeit zu machen! Erinnere dich an die Große Mutter; erinnere dich daran, dass du nicht von ihr getrennt bist. Du bist *sie!* Du bist größer, als du weißt. Du bist fähig und stark; du bist kreativ und einzigartig. Du hast dich selbst hierhiergeschickt, um dieses Leben mit Leidenschaft und Sinnhaftigkeit zu leben. Du bist aus einem bestimmten Grund hier. Es ist an der Zeit, uns daran zu erinnern, wer wir sind und wozu wir fähig sind, denn wir sind das große *ICH BIN.* Wir sind der *Stamm der vielen Farben.*

Liebt eure Mutter, liebt euch selbst, liebt einander, dann können wir gemeinsam die Welt verändern!

Ich liebe euch!
Little Grandmother

Bibliografie zum Kapitel »Die fünf wichtigsten Dinge für den Wandel«

Ivana Kottasova: »WWF: World has lost more than half its wildlife in 40 years.« CNN, 30. September 2014. Aufgerufen am 2. Februar 2017 unter http://edition.cnn.com/2014/09/30/business/wild-life-decline-wwf/index.html

Sean Poulter für die Daily Mail: »Up to 98% of our fresh food carries pesticides: Proportion of produce with residues doubles in a decade.« Daily Mail Online, 28. August 2013. Aufgerufen am 28. April 2017 unter http://www.dailymail.co.uk/news/article-2405078/Up-98-fresh-food-carries-pesticides-Proportion-produce-residues-doubles-decade.html

Kate Good: »5 Ways Factory Farming is Killing the Environment.« http://www.onegreenplanet.org/animalsandnature/factory-farming-is-killing-the-environment/, 1. April 2014. Aufgerufen am 2. Februar 2017 unter http://www.onegreenplanet.org

Carl Zimmer: »Ocean Life Faces Mass Extinction, Broad Study Says.« The New York Times, 15. Januar 2015. Aufgerufen am 2. Februar 2017 unter https://www.nytimes.com/2015/01/16/science/earth/study-raises-alarm-for-health-of-ocean-life.html

Richard Black: »Science/Nature | ›Only 50 years left‹ for sea fish.« BBC News, 2. November 2006. Aufgerufen am 28. April 2017 unter http://news.bbc.co.uk/2/hi/science/nature/6108414.stm

Marcus Ericksen: »Plastic Pollution in the World's Oceans: More than 5 Trillion Plastic Pieces Weighing over 250,000 Tons Afloat at Sea.« PMC US National Library of Medicine National Institutes of Health, 10. Dezember 2014. Aufgerufen am 2. Februar 2017 unter https://www.ncbi.nlm.nih.gov/pmc/articles/PMC4262196/

Nicole D'Alessandro: »22 Facts About Plastic Pollution (And 10 Things We Can Do About It).« EcoWatch, 13. März 2017. Aufgerufen am 28. April 2017 unter http://www.ecowatch.com/22-facts-about-plastic-pollution-and-10-things-we-can-do-about-it-1881885971.html

Über Kiesha Crowther (Little Grandmother)

Little Grandmother Kiesha Crowther ist eine weltbekannte spirituelle Lehrerin, Schamanin, Hüterin der Weisheit; sie bringt den Stamm der vielen Farben zusammen. Ihr Buch »Aus Liebe zu Mutter Erde« wurde in 13 Sprachen übersetzt. Ihre Mission: Sie möchte dazu beitragen, die Menschheit wieder an ihr großes Potenzial und ihre persönlichen Beziehungen zu Mutter Erde zu erinnern. Sie hat mehrere Häuptlinge, Älteste, Führer, Großmütter und Großväter von indigenen Stämmen und Völkern aus der ganzen Welt getroffen und wurde von ihnen unterwiesen, um den Menschen Botschaften zu überbringen, in der Hoffnung, ihnen das Heilige wieder in Erinnerung zu rufen.

Vorträge von Kiesha Crowther stehen kostenlos im Internet und auf YouTube zur Verfügung und wurden bereits von Millionen Menschen weltweit gesehen. Auf ihrer Facebook-Seite Little Grandmother Kiesha, ihrer Website www.littlegrandmother.net sowie unter www.earthmotherpublishing.com kann man sich über ihre Arbeit, ihre vielen Reisen, Zeremonien, Veranstaltungen sowie ihre Publikationen informieren. (Little Grandmother ist keine Vertreterin eines indigenen Volkes, einer Volksgruppe oder einzelner Personen.)

Aus Liebe zu Mutter Erde –
Little Grandmothers Botschaft an die Welt

In bewegenden persönlichen Erinnerungen und prophetischen Offenbarungen berichtet Little Grandmother von den Lehren und Visionen, die ihr Mutter Erde und ihre Geistführer übermittelt haben. Der Aufstieg mit Mutter Erde in einen höheren Bewusstseinszustand ist nur durch unsere Herzen möglich. »Aus Liebe zu Mutter Erde« enthält einfache, aber wesentliche Schlüssel für unsere spirituelle Evolution und Visionen der tiefgreifenden Veränderungen, die der Erde und der Menschheit in den nächsten Jahren bevorstehen. Indem wir in unsere Herzen zurückkehren und aus dem Herzen heraus leben, können wir unsere Zukunft verändern und sie zu etwas Schönerem werden lassen, als wir uns je träumen ließen.

Taschenbuch, 272 Seiten, ISBN 978-3-86728-308-3

Aus Liebe zu Mutter Erde – Workshop mit
»Little Grandmother« Kiesha Crowther

DVD

Der einzige Weg, um die Situation, in die wir Mutter Erde und uns selbst gebracht haben, zu bewältigen, besteht darin, aus dem Herzen zu leben. Das ist die zentrale Botschaft von »Little Grandmother«, die durch ihren über YouTube verbreiteten Beitrag zum »Return of the Ancestors«-Gathering 2009 quasi über Nacht weltbekannt wurde. Ihre Lehren beruhen auf den Weisheiten und Erfahrungen, die der Große Geist, Mutter Erde und die Ahnen ihr direkt vermittelt haben.
In diesem Workshop offenbart sie unter anderem Informationen über Kristalle, den Umgang mit Tieren, die Energien der Erde, anstehende globale Veränderungen und das, worauf es in der jetzigen Zeit besonders ankommt.

DVD Video, 233 Min., ISBN 978-3-86728-180-5

Steven Farmer

Magie der Erde –
Heilende schamanische Weisheiten

Faszinierendes schamanisches Wissen, tief gehende Meditationen und zur inneren Reife führende Übungen der Selbst- und Naturentdeckung …
Dr. Steven Farmer gewährt uns Einblick in den Reichtum seiner Erfahrung als Psychotherapeut und Heiler. So entschlüsselt er nicht nur die spirituellen Ursachen körperlicher und emotionaler Krankheiten – wie Seelen- oder Energieverlust, Beeinflussung durch fremde Energien oder Schicksalsschläge –, sondern macht uns auch mit den vielfältigen Geisthelfern des Naturreichs und des Universums sowie heilsamen Zeremonien bekannt, damit wir wieder mit unserem Planeten in Einklang kommen.
Wer Erkenntnisse sucht über die nichtalltägliche Wirklichkeit, über die Schamanische Reise, über das Trommeln, über Töne und Tanzen, Seelenrückholung, Verbindungen mit Krafttieren, Lösungszeremonien, Wunderheilung u.v.a. sowie die Magie von Pflanzen und deren medizinische Wirkung nutzen möchte, wird begreifen, was für einen Schatz er mit diesem Buch in den Händen hält.

Taschenbuch, 304 Seiten, ISBN 978-3-86728-236-9

Tom Kenyon

DVD

Song of the New Earth – Die heilende Kraft der Klänge

Vom jungen, hoffnungsvollen Nachwuchsmusiker in Nashville zum international gefeierten Klang-Alchemisten: »Song of the New Earth« zeichnet die transformative Lebensreise des bekannten Klangheilers, Psychotherapeuten und modernen Mystikers Tom Kenyon nach. Der preisgekrönte Produzent und Regisseur Ward Serrill sowie die Koproduzentin von »What the Bleep do we (k)now!?« begleiteten Kenyon auf seinen Reisen von den Höhlen Südfrankreichs über die Konzerthallen Wiens bis zu den schneebedeckten Gipfeln Tibets.
»Song of the New Earth« ist ein Fest für Augen und Ohren. Und ein sehr persönliches Porträt eines Mannes, der sich nicht nur der eigenen Heilung, sondern auch der Heilung dieses kostbaren Planeten verschrieben hat: unserer Mutter Erde. Tom Kenyons besondere Gabe, durch seine außergewöhnliche Stimme heilende Klänge zu erzeugen, vermittelt selbst per Film eine einzigartige transzendente Erfahrung.

DVD, 88 Min., ISBN 978-3-86728-282-6

CD

Song of the New Earth

Dies ist der Soundtrack des Films »Song of the New Earth«. Tom ist Komponist, Lehrer, Musiker, Sänger, Autor, Psychotherapeut, Hirnforscher und wohl einer der weltweit angesehensten Klangheiler und alchemistischen Lehrer unserer Zeit. Seine kunstvoll und genial eingesetzte, fast vier Oktaven umfassende Stimme ist ein meisterhaft ausgebildetes Instrument zur Bewusstseinstransformation.

ISBN 978-3-86728-289-5

Monika Muranyi

Der Gaia-Effekt –
Gesammelte Kryon-Botschaften:
Wie Erde und Menschheit zusammenwirken

Kann es sein, dass Gaias einziger Sinn und Zweck darin besteht, die Menschheit zu unterstützen? Dass Menschen nicht einfach nur eine weitere Säugetierart auf einem Planeten sind, der sich um die Sonne dreht? Dass die Energie, die aufgrund der Schwingung dieses Planeten entsteht, auf dem Tun der Menschheit beruht, was sich wiederum auf das gesamte Universum auswirkt? Die Antwort auf all diese Fragen lautet: Ja! Wenn das so ist – was ist das für ein System, das so etwas bewirken kann? Die australische Autorin und Naturschützerin Monica Muranyi hat alles zusammengestellt, was Kryon jemals über Gaia durchgegeben hat. Seit rund einem Vierteljahrhundert finden die liebevollen Botschaften von Kryon, wie sie über Lee Carroll – das ursprüngliche Medium für Kryon – gechannelt werden, auf der ganzen Welt Verbreitung.
Die persönlichen Erfahrungen und Erkenntnisse der Autorin bilden das Bindeglied zwischen den einzelnen Kryon-Unterweisungen; so ergibt sich ein einzigartiges Bild, das uns vermittelt, woher wir kommen und warum wir hier sind.

Hardcover, 352 Seiten, ISBN 978-3-86728-242-0